本研究获中央民族大学“汉语国际教育学科理论创新团队项目”资助和华侨大学“中央高校基本科研业务费资助·高层次人才科研启动项目（13SKBS231）”资助

汉语国际传播与国际汉语教学研究丛书　总主编：吴应辉
Series of Chinese Language Globalization & International Chinese Language Teaching Studies
Chief Editor: Wu Yinghui

美国高校汉语教材研究

A Study of Chinese Teaching Materials in American Universities

盛译元／著
By Sheng Yiyuan

中央民族大学出版社
China Minzu University Press

图书在版编目（CIP）数据

美国高校汉语教材研究/盛译元著．—北京：中央民族大学出版社，2018.5 重印

ISBN 978-7-5660-1090-2

Ⅰ.①美… Ⅱ.①盛… Ⅲ.①高等学校—汉语—对外汉语教学—教材—研究—美国 Ⅳ.①H195.4

中国版本图书馆 CIP 数据核字（2015）第 256637 号

美国高校汉语教材研究

编　　著　盛译元
责任编辑　戴佩丽
封面设计　布拉格
出 版 者　中央民族大学出版社
　　　　　北京市海淀区中关村南大街 27 号　邮编：100081
　　　　　电话：68472815（发行部）传真：68932751（发行部）
　　　　　　　　68932218（总编室）　　　　68932447（办公室）
发 行 者　全国各地新华书店
印 刷 厂　北京建宏印刷有限公司
开　　本　710×1000（毫米）　1/16　印张：22. 5
字　　数　290 千字
版　　次　2018 年 5 月第 2 次印刷
书　　号　ISBN 978-7-5660-1090-2
定　　价　88. 00 元

汉语国际传播与国际汉语教学研究丛书总序

吴应辉

目前来华学习汉语人数不到全球学习汉语人数的1%，而在中国境外学习汉语的人数达99%以上。国际汉语教学已成为学术界关注的一个热点，然而从目前出版和发表的有关论著来看，研究对外汉语教学的很多，但研究国际汉语教学的很少。汉语国际传播及国际汉语教学的实践已经超前于理论，或者说我们的汉语国际传播及国际汉语教学理论滞后于实践。作为国际汉语教学的从业者，大家都应肩负起历史使命，对汉语国际传播及国际汉语教学进行研究，深入探讨相关的理论和实践问题。

中央民族大学在20世纪50年代就开始了对越南学生的汉语教学，成为当时中国最早接收外国留学生的八所院校之一，但在对外汉语教学学科建设方面起步较晚。近年来，中央民族大学国际教育学院调整了学科建设方向，将研究力量集中于汉语国际传播和国际汉语教学。在学校的大力支持下，我们的国际汉语教学学科建设已经取得初步成果。我们在全国高校中率先在语言学及应用语言学专业博士研究生培养中设立汉语国际传播研究方向；我们是全国第一个明确把“国际汉语教学”列为重点培育学科加以建设的汉语教学机构；我们创新性地设计并组织实施了“汉语国际教育硕士”的“1+2+X”培养模式；我院绝大部分专职教师和20多位中外博士生都把研究方向集中到了国际汉语教学及其重要组成部分汉语国际传播上，研究领域包括泰国、马来西亚、缅甸、韩国、美国、越南等国家的汉语传播问题，内容涵盖国际汉语教学宏观和微观层次的诸多问题；我们已承担了包括两项国家社科基金课题、教育部新世纪优秀人才支持计划项目和教育部人文社会科学项目在内的多项汉语国际传播纵向和横向课题；我们正在进行国际汉语教学案例库和汉语国际传播数据库建设……

我们才刚刚起步，我们愿不断努力，与兄弟院校一起在汉语国际传播和国际汉语教学领域拓荒、播种，并愿意与国内外同行分享我们的收获。我们将以全球化的视野、国际化的思维和创新务实的行动，努力开展汉语国际传播和国际汉语教学研究，推动国际汉语教学学科建设，为汉语和中华文化走向世界尽一份绵薄之力。

经过中央民族大学国际教育学院两年多的策划和研究，汉语国际传播与国际汉语教学研究丛书陆续开始出版了。希望这套丛书能从各个侧面对国际汉语教学学科的形成和建设起到支撑作用，能为国际汉语教学的专家学者带来另一种清新的学术空气，给青年学者和博士、硕士研究生选择未来的研究领域提供新的视野，并为汉语国际传播有关机构提供决策参考。这套丛书虽为中央民族大学国际教育学院策划，但我们的作者并不限于本院师生，我们热忱欢迎国内外有志于汉语国际传播和国际汉语教学研究的专家学者加盟我们的队伍，我们愿意将符合丛书主题的学术成果列入丛书出版。

鉴于广大读者甚至很多业内学者和学生对汉语国际传播与国际汉语教学的认识尚不够深入，谨以本人在《语言文字应用》2010 年第 3 期上发表的论文“国际汉语教学学科建设及汉语国际传播研究探讨”作为代序，对汉语国际传播与国际汉语教学做一些学术探讨，以增进学界对国际汉语教学学科的认识。

国际汉语教学学科建设及汉语国际传播研究探讨[①]

(代序)

随着汉语快速走向世界，对外汉语教学时代正在转型为国际汉语教学时代，传统的对外汉语教学正在转型为国际汉语教学，因此，有必要努力建立与之相适应的国际汉语教学学科。国际汉语教学学科应该包括传统的对外汉语教学和汉语国际传播两大部分。汉语国际传播是指建立在世界各国对汉语需求的基础之上，汉语遵循语言传播规律，从中国走向世界的语言传播现象。汉语国际传播研究是国际汉语教学研究的重要组成部分。鉴于此前很少有人讨论过相关问题，本文将探讨建立国际汉语教学学科的必要性，国际汉语教学与传统的对外汉语教学、汉语国际传播研究的关系，对外汉语教学向国际汉语教学的转型，国际汉语教学研究的理论基础和研究内容，国际汉语教学的学科建设，当前汉语国际传播研究的领域等问题，以期抛砖引玉，并希望有更多的同行参与到国际汉语教学及汉语国际传播的研究中来，不仅可以推动转型后的国际汉语教学学科建设，而且通过汉语国际传播研究可以为汉语国际推广工作提供更多的智力支持和决策参考。

---

① 吴应辉：国际汉语教学学科建设及汉语国际传播研究探讨，《语言文字应用》2010年第3期，作者对文章进行了部分删节和小的改动。本文获“新世纪优秀人才支持计划资助”(Supported by Program for New Century Excellent Talents in University, “NCET”)。

一、国际汉语教学时代已经到来

随着中国综合国力的迅速增强，尤其是经过金融危机的洗礼，中国与世界发达国家的经济实力对比发生了很大的改变，差距正日益缩小。不久前，世界银行副行长兼首席经济学家林毅夫甚至指出，到2020年中国可能成为世界第一大经济体。① 中国国际地位的快速上升，使世界各国人民了解中国的需要快速增强，汉语热正在世界各地悄然兴起，汉语国际传播的新时代已经到来。国家汉办主任、孔子学院总部总干事许琳说，世界学习汉语的人数也远超中方预期。据介绍，目前全世界有109个国家、3000多所高等学校开设了汉语课程。特别是中小学开设汉语课的热情越来越高。世界各国学习汉语的人数，很多国家以50%甚至翻番的速度增长。全世界现在学习汉语的人数已经超过了4000万。② 世界范围的汉语需求增长迅速，从2004年到2009年，应世界各国有关机构的要求，国家汉办派出汉语教学志愿者达6000多人。仅2008年一年，国家汉办就派出汉语教学志愿者1700多人，分布在46个国家。2008年全国共派出汉语教师2000余人，分布在105个国家。截至2008年，应世界各地有关机构的请求，全球已建立孔子学院249所，孔子课堂56个。③ 周边国家的汉语热尤为突出，“日本有200万人在学习汉语。韩国学习汉语的人数超过100万，现有的142所大学全部开设了汉语课程。韩国教育部计划在全国中小学

① 中国新闻网3月22日：http：//www. chinanews. com. cn/cj/gncj/news/2009/03-19/1608221. shtml

② 新华网：世界“汉语热”远超预期，学习人数已超4000万。2009-03-13。http：//news. xinhuanet. com/edu/2009-03/13/content_ 11002421. htm

③ 以上数字引自前教育部部长周济“在2008年孔子学院大会上的工作报告”。

普遍开设汉语课。印尼目前有1000所中学正式开设汉语课”。[①]“泰国作为汉语热的新兴国家，开设汉语课的中小学已达千所以上，学习汉语的人数10年间增长了20多倍，2007年泰国学习汉语的中小学生超过20万人（206134人）。泰国接收中国汉语教学志愿者人数列各国之首”[②]，2008年接收了870名来自中国的汉语教学志愿者，2009年仅新派志愿者就达800人[③]，加上留任的志愿者，在泰国的汉语教学志愿者人数已达上千人。泰国孔子学院建设也卓有成效，一个只有6000万人口的国家建立了11所孔子学院和孔子课堂。在泰国，学习汉语已经成为一种时尚，泰国汉语传播速度在当今汉语国际传播中是一个奇迹。在美国、欧洲，汉语教学的发展势头也非常好，美国大学理事会的调查结果显示，全美有2400多所中小学有意向在近几年开设汉语课，[④] 美国出于国家安全的考虑，投入巨资开展“关键语言”（Critical Languages）教学，而汉语就是六种关键语言之一。在英国、法国、德国、俄罗斯等国家，开设汉语课的学校也在快速增加。这些事实说明，国际汉语教学的时代已经到来。

二、国际汉语教学时代需要有与之相适应的国际汉语教学学科

对外汉语教学正快速向国际汉语教学转变，对外汉语教学学

---

① 中国网：孔子学院影响力独特：4000万洋人学习汉语，2007-03-20。http://www.china.com.cn/international/txt/2007-03/20/content_7987819.htm

② 吴应辉、杨吉春：泰国汉语快速传播模式研究，《世界汉语教学》2008年第4期。

③ 国家汉办志愿者中心提供数据。

④ 新华网：国外学中文成时尚，美2400学校愿开中文课，2006-07-06。http://news.xinhuanet.com/edu/2006-07/06/content_4800553.htm

科也应该与时俱进，转型为国际汉语教学学科。自20世纪80年代对外汉语教学学科建立以来，我国对外汉语教学学科取得了快速发展，已形成一套自己的理论体系、研究方法，推出了大批研究成果，建立起了本科、硕士和博士三个层次完整的人才培养体系，为中国的对外汉语教学事业做出了应有的贡献。2003年国家汉办推出的“汉语桥工程”① 开始实施，对外汉语教学开始向国际汉语教学转型。2004年，“国务院批准了国家对外汉语教学领导小组制定的对外汉语教学事业2003年至2007年发展规划——《汉语桥工程》，明确提出了‘集成、创新、跨越’作为对外汉语教学和汉语国际推广工作的发展战略，也就是：集成一切资源要素，采取创新的举措，实现对外汉语教学事业的跨越式发展”。② 2005年7月在北京举办的首届世界汉语大会实为汉语国际推广的首次动员大会，来自五大洲66个国家的300多位代表出席了这次大会。此次大会之后，汉语国际推广工作进入了高速发展阶段。

“六大转变”的推出，进一步加快了从对外汉语教学向国际汉语教学的转型。2006年，对外汉语教学向国际汉语教学的转变得到国家汉办等有关部门在政策层面的推动，“针对我国多年来对外汉语教学的主战场在国内，以来华留学生为主要教学对象的传统汉语教学模式不适应国外对汉语的需求状况，提出了转变观念和工作重点，实施六大转变：一是发展战略从对外汉语教学向全方位的汉语国际推广转变；二是工作重心从将外国人‘请进来’学汉语向汉语加快‘走出去’转变；三是推广理念从专业汉语教学向大众化、普及型、应用型转变；四是推广机制从教育系统内推

---

① 汉语桥工程主要包括孔子学院，中美网络语言教学、教材、音像和多媒体制作，国内外汉语教师队伍建设，对外汉语教学基地建设，汉语水平考试，世界汉语大会和“汉语桥比赛”，“汉语桥”基金与援助国外中文图书馆和基本建设九个方面的内容。

② 章新胜：加强汉语的国际传播，促进多样文化的共同发展，《求是》2005年第16期。

进向系统内外、政府民间、国内国外共同推进转变；五是推广模式从政府行政主导为主向政府推动的市场运作转变；六是教学方法从纸制教材面授为主向充分利用现代信息技术、多媒体网络教学为主转变。六个转变实际包含了三个层面：体制和机制，对象和教学类型，教材和教法。换言之，从过去的‘请进来’、对有一定学历的成年人进行面对面教学，发展到‘走出去’、对社会上各式各样的人进行多种方式的教学，需要全方位的改进和改革”。[①]这一政策的推出，更加快了传统的对外汉语教学向国际汉语教学的转型。

目前的汉语教学除了我国国内的对外汉语教学之外，还有100多个国家都在开展汉语教学。据教育部公布的数据，2008年共有来自189个国家和地区的22万多（223499）名各类来华留学人员[②]，与世界各国学习汉语人数相比，仅占不足1%（0.56%，按全世界4000万人学汉语的数字计算）。我国2008年派出的汉语教学志愿者和汉语教师达3000多人，但他们只占世界各国汉语教师中的极小的一部分。这些数据已经充分说明，汉语教学的主体不在国内而在国外。国际汉语教学时代已经到来。因此，我们有必要在传统的对外汉语教学学科的基础上扩充改造，形成与汉语国际传播形势相适应、更有利于学科发展的国际汉语教学学科。对外汉语教学的内涵是“对外国人的汉语教学”，隐含着“老师是中国人，中国老师教外国学生”之意。但进入国际汉语教学时代，当千千万万的外国人就在自己的国度学习汉语的时候，教授他们汉语的老师可能绝大多数都是本国人，对外汉语教学这一名称在中国以外的其他国家就显得不太合适。作为一个学科，其内涵已

① 许琳：汉语国际推广的形势和任务，《世界汉语教学》2007年第2期。

② 教育部2009年第6次新闻发布会：介绍2008年中国教育对外开放总体情况及出国留学、来华留学事业发展情况。见教育部网站：http：//www.moe.gov.cn/edoas/website18/02/info1237941653766102.htm

发生了巨大变化，甚至已变化到原有的学科名称不能涵盖的程度，因此，非常有必要用“国际汉语教学”替代“对外汉语教学”。这样，国际汉语教学学科就能很好地涵盖国际汉语教学时代的学科内涵发展需要。尽管形式上对外汉语教学这一名称的使用仍然居主导地位，但现实中对外汉语教学学科已进入了国际汉语教学学科时代。从这个意义上讲，国际汉语教学这一能够充分反映此变化的新的学科名称替代“对外汉语教学”这一传统学科名称实属必然。

此外，现实中，“国际汉语教学”这一术语已在汉语教学界广泛使用，如由世界汉语教学学会定期召开的学术会议的名称确定为“第×届国际汉语教学讨论会”，由美国中文教师协会与中国大学联合定期举办的学术会议的名称确定为“第×届国际汉语教学学术研讨会”，国家汉办 2009 年 4 月与北京语言大学合作建立了“国际汉语教学研究基地”，其中使用的都是“国际汉语教学”，北京外国语大学出版的学术辑刊叫“国际汉语教学动态与研究”(2009 年开始更名为“国际汉语教育”)，国家汉办制定的一套汉语课程大纲叫“国际汉语教学通用课程大纲”，其他使用较多的还有“国际汉语教学创新奖”、“国际汉语教学资源展”、“国际汉语教学图书展”等。总之，“国际汉语教学”这一术语在没有任何人刻意把它作为学科名称推出的情况下，在现实中已被无声无息地广为接受了。

当然，也有专家认为，应该使用“国际汉语教育”“汉语外语教学”“汉语作为外语教学”“汉语作为第二语言教学”等名称，但笔者认为，“教育”有既教书又育人之意，隐含道德说教之嫌，中国教育特色太明显，毕竟这一学科名称是要涵盖全球汉语教学的，主要任务是“教书”，“育人”之功能宜弱化为佳。而“汉语外语教学”实为“汉语作为外语教学”的缩写，在人们对“汉语作为外语教学”和“汉语作为第二语言教学”两个术语争论不休的今天，“汉语作为外语教学”强调的是汉语在非汉语环境中作为外语的教学，也就是汉语在中国以外的其他国家自己的语言环境下的汉语教学。而“汉语作为第二语言教学”这一术语的内涵存在两种主要争议，一种意见认为，主要指在汉语环境下对外国人或母语不是汉语的其他人的汉语教学，其中也包括对母语非汉语的少数民族的汉语教学，如在中国对外国人进行的汉语教学或对母语为某种民族语言的少数民族的汉语教学；另一种意见认为，“第二语言是根据习得先后顺序来定义的。因此，对那些汉语为非母语者，无论是在美国还是在中国学习汉语，按照时间顺序，汉语都是他的第二语言，只是学习的环境不同。在中国，汉语是在‘第二语言环境’（second language context）习得的，在美国，汉语是在‘外语环境’（foreign language context）习得的。换句话说，第二语言与习得环境无关”。[①] 由此可见，汉语作为第二语言教学不仅存在其内涵方面的争议，而且还存在把“对中国国内少数民族的汉语教学”包括进去的情况，将其作为国际汉语教学时代的反映国际汉语教学现实的学科名称显然不太恰当。综上所述，“国际汉语教育”“汉语外语教学”“汉语作为外语教学”“汉语作为第二语言教学”等名称均存在明显的不足，相比之下，“国际汉语教学”这一名称既能反映汉语走向世界的现实，又能充分反映学科的内涵，而且不带任何道德说教之嫌，显得比较中性，兼顾到了各个方面，作为一个学科名称，应该是最佳选择。当然，也有意见认为，这个学科名称国际接轨程度不够，主要理由是，以英语为例，就没有“国际英语教学”之说。但是，中国应该有自己的创新，中国人应该有勇气创造出一个响亮的学科名称“国际汉语教学”，难说“国际汉语教学”这一名称使用后，世界各国会效仿创造出“国际××语教学”等一批学科名称。

---

① 王建勤：汉语国际传播标准的学术竞争力与战略规划，《云南师范大学学报》（对外汉语教学与研究版）2010 年第 1 期。

三、汉语国际传播研究是国际汉语教学学科的两大组成部分之一

（1）汉语国际推广、汉语国际传播、国际汉语教学的区别与联系

汉语国际推广、汉语国际传播和国际汉语教学是一组既有联系又有区别的概念。三个概念的共同点是，都与汉语走向世界有关。汉语国际推广主要是作为一项事业的名称来使用，反映汉语的母语国中国努力把自己国家的语言汉语推广到世界的主动行为。这一术语曾一度被官方广泛使用，它能充分反映有关机构要把汉语推向世界的主动性、积极性和美好愿望，但会带来“文化侵略”之嫌的负面效应。本人注意到，此术语在正式重要场合，尤其是国际性重大活动中的正式讲话或报告很少使用。汉语国际传播是一个较为中性的学术术语，它能反映汉语走向世界的时代特征，同时也能涵盖与其相关研究领域当前和未来相当长一个时期的学科内涵，同时能为学科发展拓展更广阔的学术空间，是学术界普遍公认并广泛使用的一个国际汉语教学分支学科的学术术语。教育部副部长、国家语委主任郝平2009年5月指出，“当前，要优先发展当代社会急需的分支学科，如语言规划学、语言教学、计算机语言学、法律语言学、播音语言学、汉语国际传播等等。”① 汉语国际传播被国家语委主任列入当前应该优先发展的分支学科，说明发展这个分支学科的必要性和紧迫性。国际汉语教学则是反映全球汉语教学与研究的学科名称，在学科目录中至少应该列为

① 郝平：大力促进应用语言学发展，为国家的繁荣昌盛做贡献，中国语言文字网：http：//www.china-language.gov.cn/

二级学科，是汉语国际传播的上位学科，汉语国际传播是其分支学科，也是国际汉语教学最重要的组成部分。

(2) 国际汉语教学与对外汉语教学的关系

国际汉语教学应包括传统的对外汉语教学和汉语国际传播两大部分。之所以把对外汉语教学列为国际汉语教学的两大部分之一，是因为对外汉语教学不论过去、现在还是未来，都是汉语走向世界的重要途径，只不过开展汉语教学的地域不在国外而在国内，开展汉语教学的语言环境是目的语环境而已。国际汉语教学和传统的对外汉语教学的关系是：对外汉语教学是国际汉语教学的前身和重要组成部分，国际汉语教学是对外汉语教学的继承和发展，它拓宽了对外汉语教学的研究视野，使对外汉语教学的交叉性特征更加明显，研究方法更加多样化。国际汉语教学和对外汉语教学是同一个学科，是一脉相承的，但国际汉语教学具有更强的多学科交叉性。之所以使用“国际汉语教学”这个名称，是因为它更能反映汉语国际传播的现实、当前和未来相当长一个时期的学科内涵，同时能为学科发展拓展更广阔的学术空间，总之，更有利于学科的持续健康发展。

从学科归属的角度说，对外汉语教学和国际汉语教学都应该属于语言学及应用语言学，都是一个以汉语言文字教学为基础、关涉到其他许多学科的交叉性学科；对外汉语教学作为国际汉语教学的前身和重要组成部分，经过20多年的努力，已经建立起了一套初具规模的理论体系，这些理论体系也是国际汉语教学的重要支撑，但国际汉语教学除传统的对外汉语教学理论体系部分外，汉语国际传播方面的理论体系尚处于草创阶段。也有观点认为，对外汉语教学应该属于教育学科，但笔者认为，该学科的基础、主干课程和教学内容均属于语言学，教育学相关内容仅为其中的很小部分，所以，还是应该归入语言学及应用语言学。

从理论基础来看，传统的对外汉语教学以语言学、教育学、心理学、文化学等学科理论为基础，但国际汉语教学除以上学科外，由于汉语国际传播还涉及外交、项目管理、国别文化等方方面面，因此其理论基础还应该包括管理学、文化人类学、传播学、外交学、社会学、历史学、地理学、统计学、计算机科学与技术等。

从研究内容来看，国际汉语教学比对外汉语教学更宽、更广。传统的对外汉语教学，主要研究中国的汉语教师对到中国来学习汉语的外国留学生的汉语教学相关的各种问题，主要侧重于“汉语语言学、汉语习得理论、汉语教学理论和研究方法学等基础理论和总体设计、教材编写、课堂教学、测试评估、教学管理和教师培养等应用研究”①。但国际汉语教学则不仅要研究上述问题，还要研究汉语国际传播相关的各种问题，如世界各国的汉语需求，本土化教材研发，国别化汉语教师的培养，国别化教学理论与方法，孔子学院管理机制、办学模式、布局、评估体系及个案，汉语教学志愿者项目和外派汉语教师项目相关的标准、程序、大纲、教材、管理机制、文化适应等问题，国别语言政策与汉语传播、国别文化与汉语传播、国别政治经济与汉语传播、地缘政治与汉语传播、国际关系与汉语传播、汉语国际传播史等研究领域。由此可见，国际汉语教学的研究内容主要包括两个部分，一是传统的对外汉语教学的研究内容；二是汉语国际传播相关的各种问题。

国际汉语教学主要包括中国国内的对外汉语教学和主要研究汉语走向世界相关问题的汉语国际传播两大组成部分，而国别汉语教学是汉语国际传播的一部分。

国际汉语教学学科建设应该主要抓好以下几个方面：一是学科理论建设，二是学科队伍建设，三是学科人才培养。学科理论

---

① 刘珣：对外汉语教育学引论，北京语言大学出版社，2001 年 1 月第 1 版第 396 页。

建设是最为重要的方面，在继续重视汉语教学研究的同时，要特别重视汉语国际传播理论体系建设和汉语国际传播实践研究，它是国际汉语教学不可或缺的研究领域，可以说，没有汉语国际传播研究，国际汉语教学学科就不完整。因此，开展汉语国际传播研究是国际汉语教学学科建设的需要。目前发表汉语国际传播研究成果的期刊寥寥无几，我们应该努力创办新的专业期刊，或在更多的学术期刊上开辟汉语国际传播研究专栏，以推动这一领域的研究。此外，学科队伍建设是学科建设的另一重要方面。目前研究对外汉语教学的队伍已初具规模，但研究汉语国际传播方面的学者却屈指可数，因此，有必要吸引更多的业内人士参与到汉语国际传播研究的工作中来，力争五到十年内形成一支汉语国际传播研究队伍。人才培养对于一个基础薄弱的学科来说十分重要，除继续加大力度培养对外汉语教学硕士、博士研究生和汉语国际教育专业硕士以外，有必要在硕士和博士层次开设汉语国际传播研究方向，以培养高层次汉语国际传播方面的教学、研究和管理人才，确保国际汉语教学学科后继有人，并能持续健康稳步发展。

四、汉语国际传播研究的主要领域

实践需要理论指导，目前汉语国际传播研究严重滞后于汉语国际推广实践①。汉语国际传播对于国际汉语教学工作者来说，既是艰巨而光荣的任务，也是难得的机遇。既然时代呼唤理论，我们就有责任、有义务研究汉语国际传播相关的各种问题，让汉语又好又快地走向世界。可以预言，未来很长一个时期内，世界范

---

① 吴应辉：加强研究，指导实践，让汉语又好又快地走向世界——汉语国际传播笔谈前言，《云南师范大学学报》（对外汉语教学与研究版）2007年第5期。

围的汉语学习需求将持续快速增长并拉动汉语持续快速走向世界。汉语国际传播实践亟须汉语国际传播研究的支撑，汉语国际传播研究将具有广阔的空间。鉴于汉语国际传播蓬勃发展的形势，笔者认为汉语国际传播研究的主要领域应该包括以下几个方面：

一是汉语国际推广战略研究，包括对中国汉语国际推广的总体战略、国别战略、孔子学院布局战略等方面的研究，同时还应包括各国关于自己国家汉语推广战略的研究。汉语国际推广的总体战略应该成为国家战略的重要组成部分，尤其要配合国家的整体外交战略和国际经贸战略，最好有一定的超前性，因此，汉语国际推广战略研究对汉语国际推广实践具有重要指导意义。

二是汉语国际传播国别问题研究，包括国别教育体制、国别语言政策、国别文化与汉语国际传播等相关问题以及国别汉语教学需求研究。汉语国际传播的成功程度，主要体现在汉语进入国民教育体系的程度，因此，我们应该加强汉语国际传播与不同国家教育体制相关问题的研究，努力促成汉语教学进入所在国的国民教育体系。汉语国际传播必须与所在国的语言政策和当地文化相协调。我们应该把所在国语言政策和文化研究透彻，才能做到知己知彼，顺利传播。各国汉语需求的调查研究对于制定汉语国际传播战略十分重要，我们应该加强各国汉语教学需求的调查研究，定性与定量相结合，为制定长期战略提供科学依据。

三是汉语国际传播体制、机制与科学发展研究。汉语国际传播是新生事物，其管理体制与这项事业的整体可持续发展密切相关，项目的运行机制也直接关系到具体项目的可持续发展，如孔子学院及孔子课堂的发展问题研究，汉语教学志愿者项目、公派汉语教师项目的管理机制研究等，因此，有必要及时研究体制和运行机制面临的新情况和新问题。

四是汉语教学的本土化问题研究。在各国汉语教学中，本土化教材、教师、教学法相关问题的研究制约着日常汉语教学的各个方面。国别语言和文化的不同决定了对汉语教材、教师和教学法的不同要求。随着不同国家汉语需求的增长，本土化汉语教材、教师、相关教学法及教学模式等领域的研究必将成为汉语国际传播研究的重要领域。

五是汉语国际传播与国家软实力建设研究。语言传播对提升国家软实力会起到积极作用，但是，通过什么途径、影响力如何测定等都是十分值得探讨的问题。这一领域的量化研究成果对争取国家对汉语国际传播事业的投入将产生积极作用。

六是汉语国际传播典型个案研究。汉语在世界各国的传播模式各具特色，传播效果有所不同，及时总结不同个案的经验与教训，对其他国家和地区的汉语传播有借鉴意义。

七是汉语国际传播的有关标准研究。标准对一个国家或地区的汉语传播来说十分重要，没有标准，无所适从，要制定标准，就必须科学规范。因此，有必要开展适合不同国家和地区的各种汉语教学相关标准研究，如汉语教师标准、不同阶段的汉语课程标准和汉语能力标准、汉语教学大纲、汉语水平测试等方面的研究。

八是汉语国际传播的项目评估体系研究。项目评估有利于确保项目效益，汉语国际传播项目众多，有必要研发相应的指标体系，用于有关项目的评估，以确保汉语国际传播项目的效益。如孔子学院评估指标体系，志愿者及公派汉语教师的离任考评指标体系等。

九是现代教育技术与汉语国际传播研究。汉语国际传播必须与现代教育技术紧密结合，汉语和中华文化教学的多媒体化已非常普及，中国汉语教学技术产品的本土化、网络汉语教学、广播汉语教学、电视汉语教学等相关课题非常有研究和应用价值，对汉语国际传播将产生巨大的推动作用。

十是汉语国际传播史的研究。据张西平教授的观点，汉语和汉字在域外的传播始于商末周初①，对几千年的汉语国际传播史的研究既具有很好的学术价值，同时将为我们揭开一幅汉语走向世界的历史画卷，将激励更多的汉语教学工作者投身到汉语国际传播事业，并增强其自豪感和使命感。

结　语

汉语走向世界既是中国发展的必然结果，同时也是中国和世界的共同需要。在汉语教学的主要场所已经从中国国内转到世界各地的今天，建立国际汉语教学学科已显得非常迫切。然而，长期以来，由于汉语教学主要在国内开展，人们的研究主要集中在对外汉语教学领域，甚至相当一部分研究属于汉语本体研究，与目前国际汉语教学需求和汉语国际传播形势存在较大差距。在对外汉语教学时代快速转型为国际汉语教学时代的今天，我们的学科需要与时俱进，更多地研究世界各地与汉语教学相关的各种问题，"国际汉语教学"这一名称既能反映汉语走向世界的时代特征，又能涵盖当前和未来相当长一个时期的学科内涵，同时还能为学科发展拓展更广阔的学术空间，且学术界已普遍习惯并广泛使用。我们应该顺应时代的要求，使用"国际汉语教学"这一新的学科名称替代"对外汉语教学"这一传统的学科名称。全面启动国际汉语教学学科建设，加强汉语国际传播研究，推动汉语又好又快地走向世界。

---

① 张西平：在世界范围内书写中国学术与文化，《世界主要国家语言推广政策概览》，外语教学与研究出版社 2008 年 8 月版。

目　　录

下篇：实证研究

绪　论

第一节　研究背景概述

新中国对外汉语教学肇始于20世纪50年代，清华大学开始筹办“东欧交换生中国语文专修班”，“对外汉语教材编写工作也随之开始”，当时使用的《东欧交换生中国语文专修班教材》“就是新中国使用的第一部对外汉语教材”[①]。关于汉语教材编写的研究和讨论随后在语言学界和语言教学界展开。2005年，“世界汉语大会”召开，“这在我国对外汉语教学发展史上是一个历史的转捩点”[②]，标志着“国际汉语教学时代已经到来”[③]。为了适应新形势，2006年中国国家汉办“针对我国多年来对外汉语教学的主战场在国内，以来华留学生为主要教学对象的传统汉语教育模式不适应国外对汉语的需求状况，提出了转变观念和工作重点，实施六大转变”[④]。在教材改革方面，提出“贴近外国人的思维、贴近外国人的生活、贴近外国人的习惯”[⑤] 的改革目标，这一目标的确立对国际汉语教材的编写提出了要求，也为国际汉语教材的研究

---

① 翟讯，《汉语教学资源体系所要求的新一代对外汉语教学》，载《长江学术》，2010年第1期。

② 赵金铭，《从对外汉语教学到汉语国际推广（代序）》，见李泉编著《对外汉语教材研究》，商务印书馆，2005年。

③ 吴应辉，《国际汉语教学学科建设及汉语国际传播探讨》，载《语言文字应用》，2010年第3期。

④ 许琳，《汉语国际推广的形势和任务》，载《世界汉语教学》，2007年第2期。

⑤ 许琳，《汉语国际推广的形势和任务》，载《世界汉语教学》，2007年第2期。

指明了方向。

“教材不但是教师教学和学生学习的材料，同时也是课堂教学的依据，教材在教学中的重要作用是不言而喻的。”[①] 国际汉语教学界十分重视教材建设，目前国内出版的汉语教材无论数量还是种类都非常多，基本上已经满足各国留学生“走进来”学习汉语的使用需求。但随着世界范围汉语热的出现，汉语教学国际化的特征日益凸显。现有的汉语教材编写和研究工作开始出现滞后于汉语教学国际化步伐的现象。有学者认为目前的汉语教材“无论是数量还是质量均不能完全满足世界上学习汉语的热切需求”[②]。另外，国别化的教材相对较少，符合目的国教育体制及目的国汉语学习者学习规律，贴近外国人思维、生活、习惯的优秀教材更是凤毛麟角。

以美国为例。美国将汉语作为外语教学的历史很长，但是汉语真正的兴起和流行却是近二十年的事。“9·11”事件深深地刺痛了美国非传统安全这根神经，语言问题被上升为国家安全问题。”[③] 2006 年，美国正式推出“国家安全语言计划”，将汉语确定为国家重点支持的国家安全语言之一。另外，随着 2011 年中国超过日本成为世界第二大经济体，中美两国在经济、文化、政治等方面的交流更加密切。这些都促使美国想学习汉语的人越来越多。“据全美中文教师协会的统计数据，从 20 世纪 80 年代初起，美国高校选修汉语的学生人数稳步上升，增长率在所有外语类中

---

① 陈作宏，《对外汉语写作教学与写作教材建设刍议——兼论〈体验汉语写作教程〉的编写思想及特点》，载《民族教育研究》，2010 年第 5 期。

② 赵金铭，《从对外汉语教学到汉语国际推广（代序）》，见李泉《对外汉语教材研究》，商务印书馆，2005 年。

③ 王建勤，《美国“关键语言”战略与我国国家安全语言战略》，载《云南师范大学学报》（哲学社会科学版），2010 年第 3 期。

仅次于阿拉伯语，排在第二位。”①伴随着美国汉语教学的飞速发展，对优秀汉语教材的需求也随之增长。但从我们调查的美国高校汉语教材使用情况看，多数教材都不同程度地存在着系统性不足、内容陈旧、与中国当代文化脱节等问题。这对于国内的教材编写与出版机构来说，既是机遇又是挑战。面对广阔的美国市场，如果能编写出贴近美国学生思维、生活、习惯的教材，在进一步推动美国汉语教学发展的同时，还能为教材编写与出版机构带来巨大的经济效益。

针对上述情况，本书选取美国高校汉语教材作为研究对象，首先对美国高校使用的汉语教材进行调查和统计，并建立“美国高校汉语教材数据库”，在此基础上，选取美国高校使用较为广泛的流行汉语教材作为典型案例，从结构编排和构成要素等角度进行全面的分析，提炼国别汉语教材编写的基本原则，总结这些教材的本土化特征，希望为国内编写针对美国的汉语教材提供借鉴，进而为国别汉语教材研究提供参考依据和创新理论。

一、研究意义

（一）教材是教学活动的重要组成部分

教材是教师和学生据以进行教学活动的材料，包括教科书、讲义、讲授提纲、参考书、活动指导及各种视听材料等。教材是教育思想和教学原则、要求、方法的物化，是教师将知识传授给学生、培养学生能力的重要中介物。教材一般以一定的教学理论或某种教学法为指导，是教师组织教学活动的主要依据。如众所知，教材作为教学活动所涉及诸多要素中“有形可见”的规范性和指导性依据，在教学中发挥着重要的作用。在国际汉语教学活

① 张宽，《美国汉语教学还有很长的路要走》，人民网：http：//world. people. com. cn/GB/16090219. html.

动中，教材规定了汉语教学的主要内容、范围等，是形式化了的汉语语言知识的集合。同时汉语教材将汉语语言知识按照一定的语言规律和语言学习规律进行规范化的编排，是学生进行系统化汉语学习的主要依据，是汉语语言知识的系统化集合。正如陈作宏（2010）指出："教材要为教学提供最直接的教学内容和语言材料，因此和其他教材相比，课堂教学与教材的关系就更加密切。一般来说，学习者的汉语水平越低，对教材的依赖程度就越高。因此在不考虑其他因素的情况下，教材质量的好坏将直接影响到教与学的效果。"①

（二）教材建设是汉语国际传播事业的重要基础

随着我国综合实力的不断提升，在国家积极推动汉语教学的指导思想下，汉语热席卷全球，根据第十届国际汉语教学研讨会发布的消息，截止到2010年8月，全球学习汉语的人数达到4000万。在汉语教学三个要素"教师、教材、教法"中，"任何一个方面都直接影响汉语教学的发展"，而教材可以说"是对外汉语教学和国际汉推发展的突破口"②。与此同时，全球汉语热推动了汉语作为二语学习的中心由国内转到了国外，各国汉语教材资源需求不断增大。编写用不同语言注释，适用于不同教学课型，满足课堂、业余等不同学习形式，符合国外教学环境的本土化汉语教材，对推动汉语国际传播事业具有重要意义。

（三）美国汉语教材市场潜力巨大

美国作为世界唯一超级大国，"9·11"事件的发生促使美国政府将语言问题上升为国家安全问题。2006年1月5日，美国总

① 陈作宏，《对外汉语写作教学与写作教材建设刍议——兼论〈体验汉语写作教程〉的编写思想及特点》，载《民族教育研究》，2010年第5期。

② 翟讯，《汉语教学资源体系所要求的新一代对外汉语教学》，载《长江学术》，2010年1期。

统布什在全美大学校长国际教育峰会上，正式推出美国“国家安全语言计划”。在该计划中，美国政府明确提出了鼓励美国公民学习国家需要的八种“关键语言”的政策。在这八种关键语言中，汉语被排在第二位。另外，美国 AP 中文项目的启动，标志着中文教育正式进入美国国民教育中的基础教育体系。“汉语热”的悄然出现及美国汉语教学的飞速发展，使得美国汉语教材的市场潜力逐步显现，也为国内的教材编写和出版机构带来商机。

（四）美国高校汉语教材个案研究为国别汉语教材研究提供参考

据统计，美国高等教育中学习汉语的人数为 51582 人，比 1960 年的 1844 人增加了近 17 倍，是 2002 年的 1.5 倍。从数量上看，学习汉语的人数位居外语学习人数的第七位。[①] “在美国 3000 多所大学中，目前已有 700 多所开设汉语课”[②]，高校汉语教材研究对促进美国汉语教学的发展具有重要意义。另外，美国作为一个联邦制国家，各州在不违背宪法及联邦教育政策的基础上，在制定本州教育政策时享有极大自主权。这决定了美国各州汉语教学情况，尤其是基础教育阶段的汉语教学情况存在很大的差异性。相对而言，高等教育阶段在汉语教学的教学对象、教学目标、使用教材、教学环境、教学策略等方面具有很多共性，使用教材较为统一。对美国高校现有教材进行研究，总结教材共性，探讨教材的本土化特征，总结教材编写经验，提升美国汉语教材编写原则，有助于指导美国汉语教材的编写实践，并为国别汉语教材研究提供参考。

---

① Nelly Furman, David Goldberg, and Natalia Lusin. *Enrollments in Languages Other Than English in United States Institutions of Higher Education*, *Fall* 2006. Modern Language Association. 2007.

② 张西平，《世界汉语教育史》，商务印书馆，2009 年。

二、研究内容

本研究的内容主要包括以下几个部分：汉语教材研究的理论基础，美国高校汉语教材发展与使用现状研究，美国高校汉语教材的个案与对比研究，影响美国高校汉语教材编写的相关因素分析与教材编写的理论探讨。

（一）汉语教材研究的理论基础

教材研究首先是一种应用性研究，而任何应用性研究都离不开一定的理论基础。汉语教材研究首先建立在一定的学科理论基础之上。本研究从宏观上对教材在教学中的地位和作用加以论述，对教材本体研究和非本体研究，对外汉语教材和国际汉语教材分别加以区分，在借鉴对外汉语教材编写理论和编写原则研究成果基础上，结合国际汉语教学的特点，提出应从基本理论、结构编排、构成要素这三个维度入手探讨国际汉语教材编写的原则。这部分研究将为美国高校汉语教材数据库的建立，以及美国流行汉语教材的个案研究奠定理论基础。

（二）美国高校汉语教材发展与使用现状研究

调查是研究的基础，没有调查就没有发言权。本研究主要通过个别访谈及文献查阅和网络查阅相结合的方法，从历史的源头出发，对美国高校汉语教材的发展进行梳理。本研究还重点调查目前美国高校初级、中级和高级汉语教材的使用情况，力图比较全面地反映美国高校汉语教材的现状。

（三）美国高校汉语教材的个案与对比研究

根据对美国高校汉语教材使用情况的调查结果，选取教材，并构建“美国高校汉语教材数据库”，结合教材研究的理论基础和数据库进行个案研究。个案研究的主要内容包括对教材构成要素的定量研究，以及对教材内容和结构编排的文本解读两个部分。

然后将计量分析结果进行对比，总结普通教材和华文教材，初级、中级、高级汉语教材的特点，并找出美国高校汉语教材的不足之处。

（四）影响美国高校汉语教材编写的相关因素分析与教材编写的理论探讨

影响国际汉语教材编写，尤其是国别汉语教材编写的因素很多。在对美国流行教材的特征进行归纳的基础上，本研究将分析《21世纪外语学习标准》和“美国关键语言政策”等美国汉语教育标准和政策对高校汉语教学及教材编写的影响作用。其次，通过分析“合适度评测方法”“分项内容评测方法”及借鉴自经济学领域的“自由市场评估机制”分析教材评估方式对美国高校汉语教材编写的影响。再次，本研究还将分析美国OPI口语考试、HSK考试等汉语能力评估方法，以及美国流行教学法与教学模式对汉语教材编写的影响。以这些分析和研究成果为基础，本研究最后将进行美国高校汉语教材编写的理论探讨，尝试提升出针对美国汉语教学无大纲现象的教材编写原则。另外，美国作为一个移民国家，其文化多元性特征较为明显，本书最后还将探讨在这种多元文化背景下的汉语教材编写原则。

三、主要研究方法

本研究的研究内容范围较广，因此在研究中采用的研究方法也比较灵活。如在对美国高校使用的汉语教材进行统计时，会使用调查法、个人访谈法、文献研究法、网络查阅法等；在建立数据库时则需要使用数据库构建法、语料库分析法、图表法等；在分析高校汉语教材的本土化特征时会使用综合分析法，定量分析法、定性分析法、分类比较法、个案研究法等研究方法。在此，将本研究使用的主要研究方法介绍如下。

（一）文献研究法

文献研究法是人文社会科学中使用较为普遍的研究方法之一。通过查阅大量汉语教材编写方面的文献，可以深入了解汉语教材编写的相关理论、原则和方法，为论文的研究奠定坚实的理论基础。另外，通过阅读美国和世界其他国家汉语教学方面的论著，可以帮助我们理清美国高校汉语教材的历史和现状。同时，其他国家的汉语教学与教材编写经验可以为美国汉语教材研究提供有益的借鉴。

（二）语料库分析法

“自20世纪60年代以来，语言研究出现一种新的方法，即基于语料库（corpus）的语言分析方法。在此基础上，日渐形成一门新学科，即语料库语言学（Corpus Linguistics）。”① 语料库分析法以语料库为基础，借助计算机手段，对语料进行标注、分类和统计。本研究依托中央民族大学国际教育学院的国际汉语教学数据库，利用 Microsoft 电算软件 Excel 和关系型数据库 Access，建立作为子库的“美国高校汉语教材数据库”，利用中国科学院计算技术研究所汉语词法分析系统 ICTCLAS（Institute of Computing Technology, Chinese Lexical Analysis System）对课文文本进行分词，再通过与《汉语国际教育用音节汉字词汇等级划分》语料库和《国际汉语教学通用课程大纲》语料库两个词表语料库进行对比，揭示美国高校汉语教材的语言结构特征。

（三）个案调查法

“个案调查法是针对单一个体在某种情境下的特殊事件，广泛系统地收集有关资料，从而进行系统的分析、解释、推理的过

① 沈紫薇，《英语新闻的一些语言特点：语料库分析法》，载《经济与社会发展》，2003年3月。

程。”[①] 本研究将选取几套美国高校比较流行的汉语教材作为个案研究对象，对这几套教材进行全面系统深入的研究，力图从一定程度上反映美国高校汉语教材的特点。

（四）调查法

在前期研究的基础上，以美国高校汉语教师为调查对象，利用国际会议及网络等方法对美国高校开设汉语课程的种类，使用教材进行调查，为掌握美国高校汉语教材使用情况提供重要的参考。

（五）定量统计法

采用定量分析的方法，首先对美国高校汉语教材的数量和分布进行统计，然后对数据库所收录流行汉语教材的音节、汉字，词汇等项目进行计量统计，并将统计结果进行对比分析。

（六）定性分析法

通过定性分析法对美国高校汉语教材计量分析结构进行“质”的分析。系统运用内容分析、归纳分析和综合分析等方法，对获得的各种数据进行全面考察，总结影响美国高校汉语教材编写的因素，希望能为编写及研究美国高校汉语教材提供一定的借鉴。

第二节 相关研究成果综述[②]

自20世纪50年代对外汉语教材《东欧交换生中国语文专修班教材》诞生以来，关于教材编写的研究和讨论随后在语言学界和语言教学界展开。20世纪80年代以后，随着对外汉语教学学科

---

① 个案调查法：http：//l. w801216. blog. 163. com/blog/，2014-7-25。

② 本节选自盛译元《2005年以来国内汉语教材研究的现状与问题》，载《哈尔滨学院学报》，2012年第8期。

的不断发展，学界愈发重视对教材编写的经验加以总结。根据李泉2005年的统计，“1980—2004年发表的有关对外汉语教材编写研究的论文有350余篇”①。

2005年，“世界汉语大会”召开，“这在我国对外汉语教学发展史上是一个历史的转捩点”②，标志着“国际汉语教学时代已经到来”③。笔者对2005—2011年六年间汉语教学界同人发表的有关教材研究的论文做了初步统计，根据我们掌握的资料，公开发表于期刊的论文和会议论文等共有210余篇，另外，以汉语教材作为主要研究对象的学位论文近160篇。这一统计还不包括国别汉语教学研究和对外汉语教学学科建设总体研究中关于教材使用、编写等方面的研究。与2005年前的对外汉语教材研究相比，新形势下的教材研究视野更广，研究方法更全面。这些研究成果为汉语教材的编写提供了理论的指导。

一、2005—2011年汉语教材研究的特点

（一）教材研究成果的绝对数量稳步增长

近些年来，随着国家汉办和相关教学机构及各方专家、学者对教材研究的日益重视，一方面，一批新型汉语教材出版发行，如杨继洲主编的《汉语口语教程》；马建飞主编的《长城汉语》；姜丽萍主编的《体验汉语基础教程》；刘富华主编的《汉语乐园》等；另一方面，也使得关于教材编写研究的成果日益增多。从绝对数量上看，近六年的研究占过去研究总量的38%，其中国内学术期刊公开发表的文章占研究总量的54%，会议论文占教材研究

① 李泉，《对外汉语教学理论思考》，教育科学出版社，2005年。

② 赵金铭，《从对外汉语教学到汉语国际推广（代序）》，见李泉编著《对外汉语教材研究》，商务印书馆，2005年。

③ 吴应辉，《国际汉语教学学科建设及汉语国际传播探讨》，载《语言文字应用》，2010年第3期。

总量的46%。

(二)汉语教材编写原则研究进一步深化

1988年，赵贤州首次提出对外汉语教材编写的“四原则”：针对性原则、实践性原则、趣味性原则和科学性原则。[①] 此后有吕必松（1993）提出的“六原则”[②]，刘珣（2000）提出的“五原则”[③]，李泉（2004）分三个层面提出的“十原则”[④]等。这些研究进一步探讨了教材编写的规律。

近年来，学界对汉语教材编写的一般性原则日渐达成了共识，转而将研究目光更多地投注到对具体原则进行深入探讨，并就一般性原则之间的相互关系进行研究上。根据我们的统计，此类研究约占研究总量的27%。有代表性的如李泉（2007，2008）分别就教材编写的实用性原则和科学性原则进行了深入的研究，认为“教材的实用性本质上是一个使用程度的问题，是一个优选优化的问题，是一个使用什么样的评价标准的问题……”[⑤]；而“教材的科学性最基本的要求是内容规范，编排合理”。研究还进一步提出“科学性的实质是处理好‘准确与模糊’‘系统与简约’‘规范与灵活’的关系”[⑥]。刘颂浩（2005，2008）在研究中提出“语料属性”的概念，认为若想解决汉语教材编写中的趣味性问题，需要在教材编写过程中，注意“多种形式并用，正确对待故事和笑话”

---

① 赵贤州，《建国以来对外汉语教材研究报告》，见《第二届国际汉语教学讨论会论文选》，北京语言学院出版社，1988年。

② 吕必松，《对外汉语教学概论（讲义）》，载《世界汉语教学》，1993年第3期。

③ 刘珣，《对外汉语教育学引论》，北京语言大学出版社，2000年。

④ 李泉，《第二语言教材编写的通用原则》，见《第三届全国语言文字应用学术研讨会论文集》，2004年。

⑤ 李泉，《论对外汉语教材的实用性》，载《语言教学与研究》，2007年第3期。

⑥ 李泉，《论对外汉语教材的科学性》，载《语言文字应用》，2008年第4期。

等。[①] 另外，他还将教材趣味性分为“过程趣味性和产品趣味性”，他认为“趣味性是教材编写中的辅助原则”[②]。蔡云凌（2009）认为“教材的可操作性是在编写教材的过程中需要考虑的极为重要的一个方面，应作为教材编写的原则之一”[③]。他认为一本具有可操作性的教材应该为教师在课前准备、课堂操作、课后检测三个阶段提供充分的参考依据。

（三）探讨教材构成要素问题的研究占绝对优势

正如陆俭明（2008）指出，“教材建设要以学术引航”[④]，基础性研究在汉语教材编写中占有举足轻重的地位。从调查的结果看，教材构成要素仍然是近些年来教材研究的主要内容，关于语音、词汇、语法、文化等要素的研究约占成果总量的42%。在关于教材构成要素的研究中，又以词汇和文化要素研究为最多。关于如何处理词汇问题的研究，如康艳红、董明（2005）对初级汉语教材的词汇重现率问题进行研究，对《实用汉语课本》和《汉语初级教程》这两套教材中词语的“平均词频，重现频率，重现分布等情况进行了细致考察”，呼吁教材编写中应重视词汇的重现率。[⑤] 苏新春（2006）“从词汇计量研究的手段入手，着力探讨不同目的下进行的词汇计量和词表制作对对外汉语教材编写的影

---

① 刘颂浩，《我们的汉语教材为什么缺乏趣味性》，载《暨南大学华文学院学报》，2005年第2期。

② 刘颂浩，《关于对外汉语教材趣味性的几点认识》，载《世界汉语教学》，2008年第1期。

③ 蔡云凌，《谈对外汉语教材的可操作性——对教材编写原则及课程规范化的思考》，载《汉语教学学刊》，2009年第5期。

④ 陆俭明，《进一步以科学态度对待汉语教材编写. 汉语国际教育标准语多元化教学》，第九届国际汉语教学研讨会，2008年。

⑤ 康艳红、董明，《初级对外汉语教材的词汇重现率研究》，载《语言文字应用》，2005年第4期。

响"[①]。另外，李绍林（2006）[②]、韩萱（2008）[③]、牛书田（2008）[④] 分别就汉语教材中生词的确定、词汇的处理、汉语核心词汇教学大纲等问题进行了研究。

在教材中文化要素处理方面，代表性的研究有孙清忠（2006）[⑤]，他"从文化项目选编的针对性、代表性和方式的多样性三方面对对外汉语口语教材中文化内容的选编"进行了探索。关于文化要素的分析还见于对文化教材的研究中，如赵宏勃（2005）在分析了文化教材重要性的基础上，"从文化教材的基础性和学术性、文化差异、趣味性三个方面探讨了文化教材的编写思路"[⑥]。周小兵等（2010）根据"学习目标、学习对象、内容选择、语言难度和练习设计等指标对九部汉语文化教材进行考察，并对比中外二语文化教材"，指出了"考察现状与需求""借鉴成功经验"等六项汉语文化教材的开发策略。[⑦] 另外，陈晓霞（2010）[⑧] 对教材语音部分的编写提出了自己的建议；王衍军（2009）[⑨] 以五套对

① 苏新春，《对外汉语词汇大纲与两种教材词汇状况的对比研究》，载《语言文字应用》，2006年第5期。

② 李绍林，《〈等级大纲〉与汉语教材生词的确定》，载《汉语学习》，2006年第5期。

③ 韩萱，《对外汉语初级课程核心词汇教学大纲研究》，中央民族大学博士学位论文，2008年。

④ 牛书田，《对外汉语教材中的词汇处理分析研究》，山东大学博士学位论文，2008年。

⑤ 黄方方、孙清忠，《浅析对外汉语口语教材中文化项目的选择和编排》，载《暨南大学华文学院学报》，2006年第2期。

⑥ 赵宏勃，《对外汉语文化教材编写思路初探》，载《语言文字应用》，2005年第3期。

⑦ 周小兵、罗宇、张丽，《基于中外对比的汉语文化教材系统考察》，载《语言教学与研究》，2010年第5期。

⑧ 陈晓霞，《关于对外汉语教材语音部分编写的几点建议》，载《学理论》，2010年第6期。

⑨ 王衍军，《20世纪50年代以来对外汉语精读教材用字情况调查——以五套对外汉语精读教材为例》，载《暨南大学华文学院学报》，2009年第2期。

外汉语精读教材为例，研究了对外汉语精读教材的用字情况；郭晓麟（2010）[①] 以汉语趋向结构为例就教材中语法示例问题进行了研究。

（四）对教材练习和生词注释的研究日渐引起关注

在教材构成内容方面，针对教材练习与生词注释的研究正在日益成为教材研究界学者同仁研究的焦点。众所周知，练习是教材的重要组成部分，练习提供教学项目的复现机会，是学习者掌握学习项目的途径之一。徐子亮（2009）把汉语教学常用的语言练习形式归纳为“扩散性练习、组块性练习、制约性练习、组合性练习、聚合性练习、转换性练习和思维性练习”等七类。[②] 刘颂浩（2009）认为练习研究中的相关概念的准确界定是练习研究的基础，同时，练习的目的与编写原则有所不同。通过研究，他提出汉语教材中练习的五条原则：“目的明确、形式灵活；简洁直接、实用有效；编排有序、彼此配合；主次分明、种类适中；布局合理、文练平衡”。[③] 杨翼（2010）对对外汉语教材练习题的有效性进行了研究，提出“对外汉语教材练习题的设置不仅要有一定的数量，而更为关键的是要保证质量。有效性是衡量练习题质量优劣的最重要指标”[④]。另外，生词注释问题也开始成为汉语教材内容研究的一个重点。如王汉卫（2009）提出了“对外汉语教材生词释义模式的多样性及它们的优先顺序和基础顺序”，“并以甲级词和初级教材为对象，分析了各种释义模式的适应性”，在此

① 郭晓麟，《对外汉语教材语法教学示例的基本原则——以趋向结构为例》，载《语言教学与研究》，2010 年第 5 期。

② 徐子亮，《语言练习设计的认知因素分析》，载《汉语教学学刊》，2009 年第 5 期。

③ 刘颂浩，《对外汉语教学中练习的目的、方法和编写原则》，载《世界汉语教学》，2009 年第 1 期。

④ 杨翼，《对外汉语教材练习题的有效性研究》，载《语言教学与研究》，2010 年第 1 期。

基础上，提出“多模式全景；直接法领先；目的语主导”等教材生词释义主张。[①] 卢桂芝（2010）在总结前人教材中生词注释研究的基础上，指出现行汉语教材的生词注释存在“生词与英文注释语义不对等”“无词性标注”“不区分概念义和非概念义”等问题。[②]

（五）开始探讨以某一教学策略或教学法为指导的教材编写模式

近些年来教材研究的另一个特点是开始进行探讨以某种教学方法或教学策略为指导的教材编写模式与原则。王晓均（2005）探讨了“如何应用互动性教学策略来编写对外汉语教材的问题”，提出了“互动性教学策略对汉语教材编写的启示”[③]。陈贤纯（2005）介绍了《汉语强化教材》这套教材的编写理论与编写特点，提出了以强化教学策略为指导的教材编写思路。[④] 梁宇（2011）以《体验汉语口语教程》为例，在研究中论述了“体验式教学”模式所蕴含的人本主义观念，以及如何将这一观念运用到国际汉语教材的编写实践中，以“增加‘可理解性输入’、促进‘使用语言表达意义’和‘意义协商’、满足‘个性化’需求……实现学习者的主体地位”[⑤]。这些研究将第二语言教学法和教学策略与教材编写紧密地结合了起来，探讨了以某一种方法或策略为指导进行汉语教材编写的新思路。

---

① 王汉卫，《论对外汉语教材生词释义模式》，载《语言文字应用》，2009 年第 1 期。

② 卢桂芝，《有关对外汉语教材中生词英文注释问题》，载《衡阳师范学院学报》，2010 年第 1 期。

③ 王晓均，《互动性教学策略及教材编写》，载《世界汉语教学》，2005 年第 3 期。

④ 陈贤纯，《强化教学：提高效率之路——〈汉语强化教程〉的编写与实验》，载《语言教学与研究》，2005 年第 6 期。

⑤ 梁宇，《基于“学习者感受”的体验式国际汉语教材设计》，载《语言教学与研究》，2011 年第 4 期。

（六）针对流行教材的反思研究增多

随着教材出版数量和种类的不断增多，近年来涌现的优秀汉语教材越来越多。学者开始对这些教材的编写过程进行反思，并希望总结成功的教材编写经验。如姜丽萍（2008）①、刘香君（2010）② 对《魅力汉语》的总体设计、编写特点及出版经验等的研究；陈作宏（2010）③ 对《体验汉语写作教程》编写思想及特点的研究；姜丽萍（2008）④、梁宇、王群（2008）⑤ 对《体验汉语基础教程》的设计理念与实践等的研究等。此类研究的成果可以帮助我们更好地认识现有教材的特点和不足，对教材的编写具有非常重要的实践意义。

二、2005—2011 年汉语教材研究中存在的不足

虽然通过学界同仁的共同努力，2005 年以来我国教材编写研究取得了巨大的成绩，教材研究成果的绝对数量稳步增长。但是随着全球“汉语热”持续升温，如何编写出优秀的汉语教材这一问题仍然未能解决，目前的教材编写研究仍然滞后于教材编写的实践。众所周知，教材编写是一个庞大而系统的工程，需要大量的人力、物力、财力，需要一定的时间和过程，需要更充足而全面的研究作为基础，更需要对目前研究中还存在的一些不足和问

① 姜丽萍，《〈体验汉语基础教程〉（系列教材）编写理念与实践》，见《汉语国际教育标准语多元化——第九届国际汉语教学研讨会论文集》，高等教育出版社，2008 年。

② 刘香君，《对外汉语教材出版刍议——兼论〈魅力汉语〉的产品和品牌延伸》，载《出版广角》，2010 年第 7 期。

③ 陈作宏，《对外汉语写作教学与写作教材建设刍议——兼论〈体验汉语写作教程〉的编写思想及特点》，载《民族教育研究》，2010 年第 5 期。

④ 姜丽萍，《谈〈魅力汉语〉的总体设计》，见《第七届国际汉语教学学术研讨会论文集》，广西师范大学出版社，2008 年。

⑤ 梁宇、王群，《〈体验汉语基础教程〉电子教案的设计理念与实践》，见《第七届国际汉语教学学术研讨会论文集》，广西师范大学出版社，2008 年。

题有一个清醒的认识。

（一）以国际汉语教学为背景的教材研究严重不足，国别化研究欠缺

2006年，我国提出“六大转变”的汉语教学政策，其中明确提出对外汉语教学“工作重心从将外国人‘请进来’学汉语向汉语加快‘走出去’转变”[①]。这一政策的实施预示着汉语教材编写思路的重大转变。首先，教学对象由从前来自不同国家的“国际班”学习者转变为说同一母语的学习者；其次，课程结构由留学生教育中综合、听力、口语、阅读等分课型学习转变为适应目的国教育体制的综合性汉语课型；再次，教学环境由目的语环境转变为学习者母语环境；最后，学习者学习动机由基本掌握目的语交际能力转变为各种不同动机相结合等。这些转变要求对汉语教材的研究必须要以国际汉语教学为背景。但就我们看到的情况而言，目前教材研究的80%仍然集中在来华留学生所使用的汉语教材上，以国际汉语教学为背景的教材研究严重不足。另外，在国际汉语教材的研究中，总体性研究或通用型和普适性汉语教材研究又占相对多数，专门针对国别汉语教材或者本土化汉语教材的研究非常少。有代表性的如罗庆铭（2008）[②] 对新加坡教材研究的研究，津田量（2010）[③] 对日本汉语教材进行综合研究和分析，罗春英（2011）[④] 对美国大学汉语教材进行研究等。

（二）宏观和微观研究多，中观研究少

从研究方式上看，教材研究可以分为宏观、微观和中观三种。

---

① 许琳，《汉语国际推广的形势和任务》，载《世界汉语教学》，2007年第2期。

② 罗庆铭，《新加坡小学汉语教材的沿革》，见《汉语国际教育标注与多元化教学——第九届国际汉语教学研讨会论文集》，高等教育出版社，2008年。

③ 津田量，《日本汉语教材综合研究及分析》，载《汉语学习》，2010年第2期。

④ 罗春英，《美国大学汉语教材现状对海外教材开发的启示》，载《现代教育科学》，2011年第5期。

所谓宏观研究指全局性的总体研究，如教材编写原则研究，教材理论基础研究等；所谓微观研究指针对教材的某一要素、某一项目或某一种类的教材进行的个别研究，如教材构成要素研究，教材内容要素研究等；中观研究介于宏观研究与微观研究之间，是指以一定的教材编写原则为指导，在对语音、汉字、词汇、语法等教材构成要素进行合理组织与编排的过程中应遵循的编写策略和编写准则，如教材的总体设计、结构编排、学习项目在练习中的呈现方式，课文话题的选择，语料难度的厘定等。教材编写的中观研究是连接编写理论与编写实践的桥梁，也可被看作是教材的骨架，是教材研究重要的组成部分。然而相对于教材编写原则和理论基础的研究，以及教材中汉字、词汇、语法项目等的研究，目前从中观层面进行的教材研究还很少见。

（三）本体研究与教材编写相结合的研究未见突破

如何将汉语本体研究与汉语教学研究有效地结合起来，一直是汉语教学界较为关注并致力解决的问题。汉语本体研究是汉语教学的基础，基础研究缺失，汉语教学就成了无源之水，难有成绩。近年来，汉语教学界在对本体研究成果进行总结的基础上，取得了巨大的成绩，如制定了汉语教学音节、汉字、词汇、语法等教学大纲，为教材的编写提供了依据。但是，从现有的教材研究成果看，语义研究和语用研究作为语言本体研究的重要组成部分，将其研究成果与语言教学相结合的研究近年比较少。从我们掌握的资料看，这方面的研究可见于陈晨（2008）[①]《从培养学习者语篇表达能力的视角对海外汉语教材编写的研究》，董于雯（2009）[②]《对外汉语教学视野下的汉语语用研究》等文中。

---

① 陈晨，《从培养学习者语篇表达能力的视角对海外汉语教材编写的研究》，见《第七届国际汉语教学学术研讨会论文集》，广西师范大学出版社，2008 年。

② 董于雯，《对外汉语教学视野下的汉语语用研究》，见《国际汉语学报》，学林出版社，2011 年。

（四）综合性研究多，但定量和对比分析研究不够

在近年来对教材的研究中，综合性研究约占研究总量的 82%，而对教材的具体研究比例较小，尤其是对两套或多套教材的对比研究不足 4%。从研究方法上看，大部分综合性研究基于研究者的个人经验。定量研究的方法多被用在对教材中的字、词、语法项目等的数量，复现率等进行计量统计等方面。如何将定量的方法运用到教材的综合研究或对比分析上，一方面是考量一个研究成果科学性的要素之一；另一方面；可以增强教材研究的理据性，使研究的结果更能经得起推敲。

（五）教材评估研究不足

教材评估的重要性不言而喻，早在 1998 年，赵金铭就提出了教材评估的重要性和必要性，并就如何建立科学的教材评估体系提出了自己的意见。然而，虽然近年来教材数量不断增长，优秀教材和精品教材不断问世，但关于教材评估的研究却少之又少。根据我们的统计，2005 年后有关教材评估的研究不足研究总量的 2%，如陈昌来（2009）① 等的研究。这充分说明研究者对教材评估研究不够重视。一套教材编写完成，投入使用以后，对教材的使用能否满足学习者的需求，以及能否达到教学目的进行评估，对提高教材编写的质量极其重要。另外，如何根据不同的评估方法和评估内容，确定评估的标准、原则、项目等也是一个亟待研究的问题。

作为“三教”问题之一的教材问题一直是汉语国际教学领域的热点问题之一。作为教学活动所涉及诸多要素中“有形可见”的规范性和指导性依据，教材在教学中发挥着重要的作用。近年来，全球范围内“汉语热”的兴起更是推动了世界各国对汉语教材资源的需求不断增大。而教材建设作为汉语国际传播事业的重

---

① 陈昌来，《对外汉语教学概论》，复旦大学出版社，2009 年。

要基础，编写符合国外教学环境的本土化汉语教材，对推动汉语国际汉语传播事业具有重要意义。

近年来，尤其是2005年以来，国内在汉语教材研究方面已经取得了丰硕的成果。总体来说，研究的绝对数量稳步增长；对教材编写原则的探讨进一步深化。其中以教材语音，词汇，语法，文化等构成要素为对象进行的研究数量较多，对教材练习和生词注释的研究日渐引起关注。同时研究者开始探讨以某一种教学策略或教学法为指导的教材编写模式，对流行教材的反思研究也有所增多。但目前的教材研究也存在一些问题，突出表现在以国际汉语教学为背景的教材研究严重不足，国别化研究欠缺；宏观和微观研究多，中观研究少；本体研究与教材编写相结合的研究未见突破；综合研究多，但定量和对比分析研究不够；教材评估研究不足等。

针对上述教材研究中存在的不足，本研究以美国高校汉语教材为研究对象，首先构建美国高校汉语教材数据库，对美国高校使用的基础汉语教材、高阶汉语教材及专业汉语教材进行调查，力图比较全面地反映美国高校汉语教材的现状。然后本研究选取美国高校使用最为广泛，最具有代表性的流行教材，结合教材研究的理论基础和数据库进行教材的个案研究。在对美国流行教材的特征进行归纳的基础上，分析美国外语教育政策、教材评估方法、汉语水平评估方法，以及流行教学法和教学模式等因素对教材编写的影响，对美国高校汉语教材编写进行理论提升。

上　篇

理论探讨与研究现状

第一章　汉语教材研究的理论基础

教材是教学内容最直接的体现之一，要研究教材，首先要给教材下一个定义，也就是回答“教材是什么”，以及“教材在教学中的地位和作用”这两个问题。这两个问题看似简单，但从学术研究的角度出发，实际涉及教育学、课程论等相关学科的理论知识。正确认识这两个问题，是我们进行教材研究的基础。

第一节　教材的定义

关于教材的定义散见于教育学、课程论等相关研究论著之中。以下笔者总结了其中比较有代表性的一些定义。

顾明远（1990）赞同教师、学生、教材为教学活动的“三要素”，提出“教材是教学的工具，是知识传授的媒介和师生认识的对象，是完成教学目的的重要保证。”① 还有学者认为教学活动由教师、学生、教学内容和教学手段“四要素”组成，②“教材”等同于“教学内容”。陈作宏（2010）认为“教材不但是教师教学和学生学习的材料，同时也是课堂教学的依据。”③ 熊川武（2010）认为“教材是一种教学资源”。他在研究中将教学资源分为物力资源、人力资源、制度资源和时空资源。教材是物力资源中的文本

① 顾明远，《教育学大辞典》（第1卷），上海教育出版社，1990年。

② 南京师范大学教育系，《教育学》，人民教育出版社，2002年。

③ 陈作宏，《对外汉语写作教学与写作教材建设刍议—兼论〈体验汉语写作教程〉的编写思想及特点》，载《民族教育研究》，2010年第5期。

资源。这种资源以语言文字为载体，“包括教科书，教学参考书，学生学习参考书等。”[①] 夏征农（1999）则认为教材是“根据教学大纲编选的供教学用和要求学生掌握的基本材料，有文字教材，如教科书、讲义、教授提纲；视听教材，如挂图、投影（幻灯）片、音带、录像等多种形式。”[②] 除此以外，崔永华从教材设计角度对教材做出定义，他认为：“在教学设计中，教材属于产品层次。一般来说，教材是在系统层次的设计之后，在系统层次的指导下进行的。”[③]

以上对教材的定义从不同学科角度进行提炼和总结，虽然各不相同，但对于我们认识教材的本质有一定的帮助。多数学者都能达成这样的共识，教材是教学活动的重要组成部分和基本要素，是教学内容的下位概念，是用来实现教学目标的物质条件和具体体现，是对教学内容所进行的有目的的规范性编排，在一定意义上决定了教学对象的学习范围与成就。

进一步看，教材的定义其实有狭义和广义之分。狭义的教材是“根据课程计划和课程标准编制的，用于教学活动的材料”[④]。即我们通常所说的“教科书”。广义的教材是有形可见的教学内容的集合。教材可以以文本形式，也可以通过视听材料加以体现，此种情况下，教材包括教科书，也包括教师用书、学生用书、练习册、讲授提纲以及与之配套的数字化辅助产品和音像制品。可以看出，一般的狭义的教学内容其实也可以理解为广义的教材。[⑤]

---

① 熊川武，《教学通论》，人民教育出版社，2010 年。

② 夏征农，《辞海》（普及本），上海辞书出版社，1999 年。

③ 崔永华，《对外汉语教学设计导论》，北京语言大学出版社，2008 年。

④ 熊川武，《教学通论》，人民教育出版社，2010 年。

⑤ 本文中所使用的“教材”这一概念如无特殊说明，均取教材的广义概念，即教材等于教学内容。

第二节　教材研究中的两组关系

国际汉语教学中使用的教材，可以笼统地称为“国际汉语教材”。要进行“国际汉语教材”研究，首先要理清两组关系，一是对外汉语教材与国际汉语教材之间的关系，二是教材本体研究以及教材非本体研究之间的关系。

一、对外汉语教材与国际汉语教材

国内以进行汉语教学活动为内容设立学科的历史可以分为上下承接的两个阶段，第一个阶段是从20世纪80年代初招收来华留学生开始到21世纪初“六个转变”的提出，可称为“对外汉语教学”阶段。另一个阶段是从21世纪初至今，可称为“汉语国际教育”阶段。鉴于这两个阶段的传承与过渡关系，其教学活动中使用的教材之间也存在以下几个方面的转变关系：

首先，教材使用者由来自不同国家的“国际班”汉语学习者转变为说同一母语的学习者。我国的来华留学生教育以高校为主要招生单位，学生来自世界不同的国家和地区。为了照顾这种“国际班”学生，国内编写的对外汉语教材首先要考虑的是教材的普适性问题，也就是同时满足来自不同国家，持不同母语，有不同文化背景学生的使用需求。多数教材在追求这种“国际化”的同时也就不可避免地丧失了“国别化”特征。国际汉语教材“走出去”以后，教材的使用对象变成具有相同文化背景的同母语者，这就要求国际汉语教学必须表现出一定的国别化特色，这种特色性在以往的对外汉语教材编写时是不突出也不必要的。

其次，教材适用课型由符合国内留学生教育的综合、听力、口语、阅读等分课型课程转变为适合目的国教育体制的综合性汉语课型。这就要求国际汉语教材必须同时培养学生的听、说、读、学等多项技能。怎样将这四种技能的训练有序地予以编排，是国际汉语教材编写时需要解决的问题。

再次，教材的使用环境由目的语环境转变为学习者母语环境。语言的产生、变化、使用都离不开语言环境，语言教学以传递“语言”这一具有特殊性质的知识为内容，语言环境在语言教学活动中起着举足轻重的作用。对外汉语教材大多强调为学习者营造汉语环境，在教材语言材料的选择、语法编排、练习设计等方面也以使学习者尽快适应在中国的留学生活为目的。国际汉语教材与之不同，编写国际汉语教材需要考虑到学生接触汉语的机会仅限于课堂，因此教材语言材料等的背景应该尽量贴近目的国生活的实际情况。

二、教材本体研究与教材非本体研究

（一）区分教材本体研究与非本体研究的理据

语言学界最早引用“本体”和“非本体”这一组概念是源于就语言研究本质是“语言”还是“言语”的争鸣。不少学者由此将语言研究区分为“语言本体研究”和“语言非本体研究”。这样的划分反映了语言研究者对语言本位观念的认知，并体现了学者对语言本质的深刻反省和思辨。这种思辨精神同样可以被用来处理汉语国际教育领域中教材研究的相关问题。

我们将教材研究区分为教材本体研究与教材非本体研究是基于教材本身的复杂性。前文中我们分析了教材的概念以及表现形式，就是想强调这样一点：教材既可以表现为一种实体形式，又可以以非实体的形式体现；教材有时候可以理解为抽象的教学内容，又可以具体化为教学活动中使用的教科书；教材可以是一个封闭的有限知识的文字表现，又可以是一个无外延的知识集合。教材研究是一个很复杂的过程，其复杂性可以笼统概括为以下两点。

首先，教材编写的复杂性。

如果将教材当作具体有型的具体形式，那么如前文所言，教材是教学内容物质化的复杂过程，这就涉及教材编写的问题。这是一项浩大、精细而复杂的工作。一本教材从开始筹备到最后被学生使用，中间要经历一个漫长的过程。其中关涉的参与人既包括教材策划、选题、定项的管理者，又包括教材编写的实际执行者，还包括负责教材排版、校对、出版的教材编辑者等。

教材作为一种产品，其产生过程大致包括编写准备、编写实施、出版发行、教材评估等四个阶段。如从出版机构角度看，出版一本或一套教材的主要流程为：

1）市场调研、选题策划

2）选题报批、约定作者

3）选题论证与立项、签订出版合同

4）教材编写

5）教材校对、排版、印刷、装订并出版

6）教材的市场推广

7）教材使用情况反馈

其中阶段1）、阶段2）和阶段3）属于教材编写的准备阶段；阶段4）是教材编写的实施阶段；阶段5）、阶段6）是教材出版发行阶段；阶段7）是教材评估阶段。

可以看出，在教材出版流程的不同阶段，实际执行的具体人员也有所不同。在汉语教材编写过程中，教材编写者多为从事汉语教学工作的汉语教师，汉语教学研究专家，语言学家或教育学家等。教材的准备阶段既可由出版社来组织和策划，也可以由教学单位或者专门的研究机构根据教学中的教材需求进行选题，再组织编写团队。甚至从事教学工作的个人，也可以进行这方面的工作。教材的评估工作相对复杂，出版社对教材的评估一般与教材市场调研相结合，另外，教材研究者或编写者也会为了调查某种教材的使用情况，或为了某些研究目的对教材的使用情况进行评估。

其次，教材研究的复杂性。

教材编写的复杂性进一步决定了教材研究的复杂性。

如果进行教材的具体构成要素的研究，比如教材中的字、词、句子、语法要素等，那么不管研究的对象是某一特定教材还是按照一定规则选取的一系列教材，研究中都将涉及一定的语言学、教育学、统计学等相关学科的理论和知识。如果进一步进行教材构成部件的编排，教材语料的总体特征，教材构件的特点方面的研究，则将可能会涉及出版学、语料库等相关知识。

然而，教材研究的内容还远不止于此。现有的汉语教材研究成果中有很大一部分是就教材编写的原则进行研究。这部分研究所涉及的内容更加广泛和繁杂，理论性也更强。比如教材编写的依据问题，教材体系的构建问题等等。这类研究恐怕会涉及更多的学科领域知识。

（二）教材本体研究和非本体研究的内容

教材本身的复杂性决定了教材研究的复杂性。因此，为了更好地进行教材研究，有必要理清和划定教材研究的范围，并对教材研究的内容做科学的分类。当然，这种分类并不是为了使针对教材的不同研究从此泾渭分明，而是为了帮助研究者在进行教材研究时能够更加明确研究内容的特点以及可能涉及的问题。

我们认为，教材研究可分为本体研究与非本体研究两类：其中“就教材而研究教材”，将教材作为一个抽象的物质对象，更加注重教材的内容与构成要素以及编写原则等方面的研究，属于教材本体研究。内容包括教材编写与教材内容研究以及针对教材本身的评估研究，还包括此中涉及的教材编写的相关理论，以及教材内容的特点，进行教材评估的手段、方法，以及教材评估与教材编写之间的关系等等方面。与之相对，将教材作为不可拆分的最小单位或者视为一个有机的整体，并以此作为基础所进行的研究，属于教材的非本体研究。内容包括教材编写前的准备以及教材的出版发行，教材编校技术等的研究。

从这个分类中，我们就可以基本明确这样一点：从事教材研究的研究者基本来自两个不同的领域，一是教学实践领域，二是出版发行领域。来自教学实践领域的教材研究者的身份可能是教材的使用者，或是教材编写的参与者与评估者。他们更加关注教材的构成要素和具体内容，在对教材的"知识客体"即"教学内容"的研究中，他们的专业性和理论性更强。同时，通过与教材的另一个使用对象——学生的接触，他们能够及时获得关于教材使用的反馈信息。其次，由于参与实际教学活动，这一类研究者更容易从学习者的角度出发，反思学习者对教材的需求，并从知识习得、学习者心理等角度进行教材编写的指导原则研究。另外，这类研究者的研究目的多数为理论研究，也就是说一般不会涉及教材的商品性。出版领域的教材研究者也进行教材研究，但是一般极少参与教材的实际编写，也并非教材的使用者。在教材形成过程中，他们主要进行教材研发的前期调研和立项，并参与或实施教材编写的组织工作。在教材研究中，他们除了关心教材编写理论，教材构成要素和具体内容以外，还会尤其关注教材体例、版式、构件编排等因素对教学效果的影响。在对教材进行评估时，他们所得到的关于教材使用的反馈信息也多非第一手资料。同时另一个与教学实践领域研究者的不同还表现在，出版领域的教材研究者尤其关注教材的市场推广和投资回报等商品性特征。

讨论到此，我们基本上就可以对国际汉教材研究的内涵有一个相对深入和全面的了解。首先，国际汉语教材研究的对象应该是汉语教学活动中使用的教学材料。其中"汉语教学活动"不限于国内的留学生汉语教学，也包括国外的汉语教学活动；"教学材料”不限于纸质教学材料，还包括数字化教学材料，以及课堂教学中使用的教科书和教辅类书籍，甚至未出版的但在课堂中使用的，具有教科书性质的其他参考材料。其次，国际汉语教材研究可以区分为教材本体研究和非本体研究。通常所说的“教材编写研究”大多指教材本体研究，研究的内容包括教材编写的理论原则、教材内容、教材的构成要素等。“教材研究”则可能指的是教材本体研究，也可能指的是教材非本体研究，包括教材编写的策划、组织、推广、市场评估等方面。

第二章　国际汉语教材研究的三个维度

汉语教学形势的转变推动了汉语教学理念和研究思路的转变，也促使针对汉语教学“三教”问题的研究方法与研究思路发生了根本的变化。以教材研究为例，赵金铭（2012）指出：“国际汉语教育作为一个学科要跻身于世界第二语言教学之林……要完备和完善具有汉语作为第二语言教学和外语教学特点的科学的课程设置体系和教材。”① 可见，教材建设是国际汉语教育学科的重要组成部分，它与理论建设，人才建设等一样是推动学科发展的重要因素之一。

从学科性质看，教材研究属于教学研究的一部分，而教学研究无疑是一种应用性研究。在有些人文学科，如社会学、管理学研究中，属于应用研究的方法研究已经被认为是非常重要和必不可少的研究，并日渐成为一个专门的研究领域。但在教学研究中，很多人认为应用研究应该也必须受制于理论研究的水平和高度，因此应用研究是具体研究，应服务于理论研究，用以验证理论的可行性，或推动理论的进一步发展。这种观点导致纯粹的应用研究被认为是水平不高的研究，自然不被重视。研究者要想取得一定的研究成果，就必须将应用研究依附于理论研究，服务于理论研究。具体到汉语教材研究方面，甚至有学者从根本上否定教材研究存在的价值。

重视理论研究并没有错，认为理论研究可以指导应用研究这也无可厚非，无论是教材本体研究抑或是教材非本体研究，都必

---

① 参见赵金铭第四届中青年学者汉语教学学术研讨会发言，2012 年。

然会涉及相关学科的理论，并且随着时间的推移，在研究过程中也必然会总结出一些比较抽象的理论。但并不能因此而厚此薄彼。一些论调，如："教材既然是教学内容的物质体现，那么仅研究教学内容就可以了"；"汉语教学的内容是汉语，那么把汉语描写清楚，将汉语习得的理论研究清楚也就可以了"，都是较为片面的。应用研究对于科学研究具有重要的价值，这一点在很多学科中都已经体现出来。汉语教学是一个应用性极强的学科，更应该给予应用研究足够的重视。

除了应用研究不被重视这一问题以外，目前，由于国内外汉语教学研究的起步比其他语种的教学研究晚，与教材研究联系较为紧密的一些学科，如语言学、教育学、出版学等的学科理论水平还有待提高等因素，也导致了目前关于汉语教材的理论研究和系统研究成果不多，结合国际汉语教育发展形势的系统研究更为有限。

笔者在总结对外汉语教材研究成果和经验的基础上，结合国际汉语教学的特点，认为可以将基本理论、结构编排和构成要素作为教材研究的三个维度。这一分类将有助于厘清与教材有关的概念之间的关系，还能兼顾教材应用研究与理论研究，同时，现有针对教材本体进行的研究基本可以涵盖在这三个维度之中。

第一节 国际汉语教材的基本理论维度

教材编写的基本理论是教材编写中宏观层面各要素的总和，是教材编写的基础，它们如同教材的神经，决定了一本教材的基本特征。

在汉语教材研究中涉及的基本理论有很多，多数理论是在借鉴相关学科理论成果的基础上，同时又充分考虑汉语言自身的特点，结合汉语教材编写的实际情况形成的。教师或学生在使用教材的时候，可能更加关注教材中涉及的语言要素，如词汇、语法等，或者关心教材的课文、练习、语法释义、文化项目、翻译等构件的编排，甚至也会关注教材的版式、插画的趣味性等等问题，却一般并不怎么关心教材的基本理论。但其实，一本好的教材，语言要素如何选取，教材一课书的构成部件怎样安排等问题，都是在一定的理论指导下形成的。反过来，无论是进行教材编写还是教材研究，最先应该明确的也是基本理论问题。

教材基本理论主要包括教材编写的一般原则和具体原则。目前关于汉语教材编写一般原则的研究成果很多，一些原则如针对性原则、实践性原则、趣味性原则、科学性原则等已经成为教材编写的基本原则。教材编写的具体原则指教材内容以及构件在选取、编排等方面应该遵循的理论。这部分的研究成果并不多，系统性也不强，是未来教材基本理论研究的重点。汉语教材的编写过程中既涉及汉语言自身的特点，又涉及可分割的构件的编排等问题，与很多学科的理论均有所交叉，因此，在研究中应充分从以下几个学科理论角度进行考察。

一、从语言学理论角度考察

教材编写需要一定的语言学理论作为指导。任何教材都或多或少地体现着编者的语言观点，也就是或多或少地回答了“语言是什么”这样的问题。而对这一问题的回答无外乎“工具说”和“系统说”两种。

其中，侧重于语言工具性的教材注重通过教材学习培养学生利用汉语进行交际的能力，使用口语化的语言材料，重视语言的文化表现。国外有一些汉语教材，在初级阶段用拼音代替汉字进行教学，还有些速成教材，利用学习者母语项目对汉字或者音标进行标注，这些都是单纯追求语言工具性的典型表现。

重视语言系统性的教材可能会忽视语言的交际功能，这种教材以系统讲解汉语语言知识为主要目的，强调建立和培养学习者对汉语的总体认识和理性认识。由于强调语言的系统性，此类教材选用规范的书面语材料，尽量回避或者以消极的方式对待语言中的文化现象，极端者甚至将文化因素从语言教学中剥离。传统的对外汉语教材和汉语专业高级教材大多属于强调语言"系统性"的这一类。

从本质上看，语言是一套规则化的符号系统，它是一种心理实体，工具性是这套系统的核心价值。因此，在编写国际汉语教材时，应注重将这两种语言观有机结合。即以汉语的系统性为教材基础，以训练学习者汉语听说读写技能为手段，以能够熟练而正确的使用汉语作为交际工具为目的。

二、从第二语言学习理论角度考察

第二语言习得理论作为一种比较成熟的语言学习理论，是国际汉语教材编写的重要理论基础。对比研究和偏误分析作为二语习得理论的基础，很多研究成果对教材编写具有非常直接的指导意义，甚至可以直接应用到教材编写中。

近些年来，国内的第二语言习得研究取得了长足发展，这些成果都可以用来指导我们进行国际汉语教材的编写。比如，母语环境中的汉语学习者的生理因素，学习能力因素如何处理；不同国别学生的汉语学习策略和交际策略呈现很大差异，学习动机和态度的不同在教材中应如何处理，再如教材应该怎样体现目的语和汉语语言对比，怎样预见学习者可能出现的偏误，面对偏误的态度是纠正还是忽视，对"输入假说"、"中介语假说"等采取什么样的态度等，这些问题的解决都要仰赖于汉语作为外语的第二语言学习理论为指导。

三、从课堂组织角度考察

如上所述，“教”和“学”之间的关系密不可分，它们是教学活动的组成部分，如同一张纸的两面。在非目的语环境下的汉语教学活动中，一方面，国际汉语教材是教师组织课堂教学的主要依据，另一方面，教材的编排也应该尽量贴近目的国的课堂组织形式。

首先，课堂教学采取沉浸式、半沉浸式还是非沉浸式的教学模式决定了教材涵盖汉语言项目的数量和深度，以及文化介入的广度。其次，我们倡导的国际汉语教材编写应以一种符合学习者特征的教学方法为指导，或者以一种教学方法为主导，以其他几种教学方法为辅助。汉语教学在借鉴英语教学中的听说法、交际法、功能法等方法的基础上，提出了符合汉语特征的“形式-功能-文化”相结合的教学方法，近年来更是在任务式教学法基础上提出“体验式”汉语教材编写模式，“互动式”教材编写模式等。最后，不同国别汉语课堂中的师生关系也从一个方面决定着国际汉语教材的性质。自美国教育家杜威提出“学生中心论”这一教育理念以来，越来越多的人认为在教学活动中，教材、教师、学生是一组“三元”关系。但是，如上文中曾经提到的那样，国别汉语教学情况千差万别，怎样对待师生关系也大不相同。因此，在编写国际汉语教材时需要区别对待。

四、从课程论角度考察

语言学习的模式可以分为自然学习和课堂学习两种。自然学习一般是指学习者在目的语环境中，通过具体真实的语言实践活动掌握目的语的语音、词汇和语法知识的过程。课堂学习则是指学习者通过参加有组织的学校学习，在特定的目的性驱使下，在教师的指导下，应用一定的学习方法，依托教学材料，系统地掌握目的语知识的过程。课程论研究课程的选择、组织和编制方法等，致力于解决知识的无限性与课堂教学的有限性之间的矛盾。作为课程的主体，教材是课堂学习必不可少的教学工具。教材服务于课程，合适的教材促进课程目标的实现。

多年来，我国国内的对外汉语教学在课程设置方面一直沿袭和借鉴英语专业的模式和方法。比如英语专业一般以“精泛读相结合，听说分开训练”的方式进行教学，因此绝大多数留学生的汉语教育均采用分课型的教学方式，听说读写分开，所使用的教材也是一种分课型汉语教材。国外汉语教学的情况却大不相同。最主要的一点是，目前国外大部分国家的汉语课采用综合课的形式，课堂教学同时肩负着口语、听力、阅读、写作等多项教学任务的完成，因此国际汉语教材的编写应强调课程的关联性和包容性。国际汉语教材作为一种综合性教材，编写时要注重将语言知识的教学与语言技能的训练相互结合起来。

第二节　国际汉语教材的结构编排维度

国际汉语教材研究的第二个维度是结构编排维度。教材的结构编排指教材构成要件的组合与排列。其中，教材的构成要件指的是构成教材的一课书的相对独立的可切分的，具有系统性构成部分。一般一本教材中的构成要件的排列应该具有统一性，我们常常称之为“教材的体例”。除了包括教材体例研究以外，教材结构编排维度还包括不同构件的具体编写原则，以及可抽象或组织为一个集合对象的教材语料，人物情节设置的研究。教材的结构编排是教材研究的中观研究，就好像教材的骨骼，支撑教材的内容，在教材基本理论与具体构成要素之间起到一个联系的纽带和桥梁的作用。

一、教材结构编排研究的理据

（一）教材研究的绝对数量较少

前文中我们曾经讨论过，我国语言学界和汉语教学界一贯重视语言学习理论的研究，有些学者认为教师、教材、教学法等“三教”问题，不能“登大雅之堂”，仅仅是某种教学理论在实践中的应用问题。另外，作为教材使用者的教师自身对教材也存在偏见。比如一些短期培训项目基于自身培训的需要，整理或者编写了一些教学材料。但是他们不认为这些材料是“教材”，从而否定教材的存在，也就否定了教材在教学中的地位和作用。还有的学校，尤其是美国的一些学校，在组织教学的时候，为了更好地规避教材的局限性，规定任课教师必须选择多本教材作为教学参考资料，这从某种程度上也削减了教材在教学中的地位和作用。类似的思想倾向导致教材编写与教材研究长期得不到重视。近年来，随着汉语热的持续发酵以及海外孔子学院的落地开花，国际汉语教材编写的数量大幅度增多，教材研究的成果数量也有所增加。但与其他汉语教学问题的研究成果相比，还存在一定差距。在教材研究内部，教材结构编排的研究数量不足教材研究总量的10%。

（二）更倾向于微观层面的研究

对现有汉语教材研究进行考察后我们发现，教材构成要素仍然是近些年来教材研究的主要内容，关于语音、词汇、语法、文化等要素的研究约占成果总量的42%。在关于教材构成要素的研究中，又以词汇和文化要素研究为最多。这表现出了汉语教材中重视微观层面研究的特点。分析原因，首先是因为在教材词汇等构成要素的研究方面，既可以借鉴词表研究的成果，又可以充分与语言本体研究中的词汇研究进行对比，同时又可以使用计量分析的方法，可以说具有理论性与操作性两方面的优势。另外，汉语教材的使用对象为汉语学习者，我们深知语言与文化之间的紧密关系，因此在使用教材过程中处处涉及文化问题就不足为奇。正是出于这种原因，文化问题更容易引起学者的重视，导致教材中文化要素研究的数量也比较多。

（三）缺乏联系性和系统性

正如前文所讨论的那样，教材结构编排如同教材的骨骼，在教材编写中起“承上启下”的作用。教材构成要素组织在一起形成教材的内容，再按照一定的顺序和规则形成教材的结构。不同教材可能因为采用不同的结构编排方式，而形成不同的模式，彰显不同的特色。在这个过程中，语言各要素相互联系，各个组成部分之间相互促进。现有研究者关注教材某一个构成要素的特点，或者关注教材构件的特点，这样，就难免忽略了不同结构要素之间的联系性，导致从总体上看，教材中观研究缺乏系统性。

（四）教材结构编排研究的目的

既然现有的研究中存在着诸如上文中提到的问题，那么从教材结构编排维度对教材进行专门研究，不失为一种完善教材编写体系与研究理论体系的好办法。

教材的结构编排维度研究是一种中观研究。概括地说，教材结构编排是教材构件的搭配和安排，是连接教材编写理论与实践的桥梁。从技术层面看，教材结构编排维度研究的主要任务是解决以下四个问题：①

第一：确定教学内容各组成部分的逻辑关系；

第二：安排教学构件的顺序、人物和情景；

第三：选定教材语料；

---

① 崔永华（2009）认为教学内容包括三部分：1）根据要达到的教学目标，选择具体的教学内容；2）确定教学内容各组成部分的联系，以及教学内容如何搭配；3）安排教学顺序。我们认为1）中的教学内容不属于教材构成要素维度所研究的内容。

第四：制定各构件的规范和原则。

教材是物质化的，有型可见的教学内容。一本教材的诞生，从理论到实践需要经过一定时间的生产过程。教材结构编排是一个教材产品生产的关键环节。从教材研究角度出发，通过研究教材的结构编排，我们可以更进一步地分析和总结教材的编写理念和基本理论，除此之外，教材结构编排维度还为我们进行教材研究提供一种可供参考的可行的划分依据，有了这个依据，我们就可以根据不同研究目的，以教材为蓝本，对不同教学内容进行更为细致和深入的研究。

二、教材中观研究的特点

（一）中观研究的概念

“中观”作为一个一般性概念，多数人对其所表达的内容都有一定的认识。从学术的角度出发对这一概念进行严格的定义，中观研究指的是对实施战略和策略服务的研究，介于宏观研究与微观研究中间，特别注重理论与实践结合的一种研究。①

一般认为中观研究具有“中介性”和“两重性”两个特点。

第一，中介性。中观研究并不像宏观研究那样注意认识和理性思考以及概括抽象化，也不像微观研究那样注重对某个单位、某个事件入微的分析，企图找出解决具体问题的办法。中观研究的特征是：既注重社区环境对某种事物、某种倾向作比较分析，又注重有理论、有效果，离社会实践比较近，离纯学术殿堂比较远的研究。因此，深受实际工作者的欢迎。其原因比较简单，就是因为能在理论和实践之间指导工作。

第二，两重性。中观研究是在宏观研究的基础上，吸取微观研究的素材，沟通二者之间的联系，使宏观研究和微观研究不离

① 百度百科：http：//baike. baidu. com/view，2014-7-25。

开实践的轨道正常运行，并得出正常的、正确的结果。这样既摆脱了工作中的经验性、局部狭隘性的束缚，又能找到解决问题的深度和尺度，能比较全面地审视事物发展的量和度。①

（二）教材中观研究的特点

在现有多数汉语教材研究中，引入中观研究这一概念，可以帮助我们理清教材研究的层次和体系。与宏观和微观研究相比，教材结构编排在教材研究中除了具有中介性和两重性这两种性质以外，还具有网络性这一特点。

1. 教材结构编排研究具有中介性

所谓中介，即从一个层面向另一个层面过渡的媒介。教材结构编排作为中介，连接的是宏观层面的教材编写基本理论和微观层面的教材构成要素这两个方面。

在教材编写过程中，首先要明确教材编写是采用哪种理论作为指导，也就是在宏观上要有高度抽象和概括的基本原则指导教材的编写。比如，一本教材的教学目的是什么，也就是通过系统学习这本教材，学习者的某方面能力有哪些可以量化的进步或者提升？再比如，编写教材的指导思想有哪些？为什么选择这种指导思想，而不是另一种指导思想？在国际汉语教材编写中，要吸收和使用哪种第二语言学习理论？这本教材应该适用于哪种课堂组织形式？是否充分考虑到师生的互动？怎样结合师生互动？是否应该体现以学生为中心的教学理念？怎么在教材中体现这一理念，让教材既能圆满地履行教材资料组织这一基本职能，同时又不过分限制学习者的主观性，同时又能给予老师组织教学以最大的灵活性？这些问题要经过教材编写者进行深入和反复的讨论，并在此基础上结合语言学、第二语言教学、课堂组织、课程论等方面的一些成果加以总结和提升。

---

① 百度百科：http：//baike. baidu. com/view，2014-7-25。

从微观上对教材进行切分，教材就被分解成为一些具体的构成要素。国际汉语教材作为语言教材，其构成要素包括语音要素、汉字要素、词汇要素、语法要素和文化要素，这一点毋庸置疑。诚然，如果对这些要素进行进一步的深入研究，我们会发现它们其实并不属于同一层次。在这里采用这种分解方式是一种宽泛的划分，比较符合目前对国际汉语教材研究的习惯。我们暂且将其当作一种权衡的做法接受之。国际汉语教材的微观研究注重对某一构成要素的计量统计和分析，这些研究的目的是企图解决具体问题。具体来讲这些研究包括三大部分：其一是分类统计，其二是分级，其三是与具体教材的匹配。这方面的研究是近年来国际汉语教材炙手可热的课题，尤其是词汇研究方面，比如近年来各类教材词表的研究，如国际汉语教材中的基本范畴词汇，针对汉语教学的词汇大纲研制，现有教材词汇的统计，教材中词汇的复现问题等等研究。在语法要素方面研究较多的是教学语法，包括语法教学的内容、方法、技巧、容量等。我们将在教材构成要素维度研究中对此类问题进行具体阐释。

教材结构编排在教材研究中的中介作用在于它是连接宏观和微观两个方面的媒介。教材基本理论是教材编写的基石，构成要素是组件教材的基本材料，但是仅有基石和材料是不够的，还需要在基本理论和原则的基础上，采用一定的方法将教材的构成材料按照一定的序列和结构进行有序的安排，这部分工作是由教材结构编排连接起来的。

2. 教材的结构编排研究具有两重性

教材结构编排建立在教材编写基本理论的基础上，吸取语音、汉字、词汇、语法、文化等教材构成要素研究的素材，沟通二者之间的联系，使宏观研究和微观研究不离开实践的轨道正常运行。

从本质上看，教材结构编排的两重性表现在理论和实践、总体和局部、抽象和具体、度和量等几个哲学范畴。一方面，教材的结构处处、时时都需要体现这几组概念之间相互联系又相互区别的辩证统一关系。另一方面，对教材中可分割的任何一个结构进行分析，都体现了这种两重性。

以美国汉语教材《中文起步》第七课课文为例：

第七课　选课①

（甲——李四，乙——张三的妈妈，丙——张三）

甲：喂，请问张三在吗？

乙：张三不在。您有事儿吗？

甲：您有张三的手机号码吗？

乙：请问您是哪位啊？

甲：我是他的同学李四。

乙：张三的手机号码是208-4117 0。

甲：谢谢。

乙：不客气。

………………

甲：喂，是张三吗？

丙：是，我是张三，请问您是哪位？

甲：我是李四，我昨天给你打电话，可是你不在。你好吗？

丙：李四啊，我还好，就是太忙了。这学期选了一门中文课，从星期一到星期五每天都得上课。除了上课以外，还有考试、听写、听录音、写中国字。每天都有做不完的功课。

甲：你好像不太喜欢中文课。

① 注释：为后文讨论方面，在格式上略有改动：生词下加下划线，语法项目加重点号。

丙：不是，不是，我很喜欢中文课。中文课忙是忙，可是非常有意思。你这学期选了什么课啊？

甲：我选了一门英文，一门历史，一门音乐，还有一门数学。

丙：这些课你都喜欢吗？

甲：我最喜欢音乐课，最不喜欢数学课。数学课的老师是个中国人，他说英文说得不好，我常常听不懂他说的话。

——《中文起步》第七课　选课

作为教材构件的一部分，课文是国际汉语教材的主体，是教学内容最主要的体现形式，它向学习者呈现了与教学相关的全部知识点，对学习者具有非常重要的示范作用。同时，课文部分作为教材中可分离的独立构件，必须受到一定基本理论的指导，必须由语音、汉字、词汇、语法和文化等构成要素构建而成。从教材基本理论维度进行分析，这篇课文采用对话的形式呈现语言知识，在叙述中语言精练，多处使用语气词“啊”，对话生动有趣，话题贴近学校生活。这些特征从一个侧面说明，相对于传统句型语法的操练，这本教材在编写中更加注重语言的实际运用。从教材构成要素维度进行分析，教材中共涉及需要学习者掌握的生词46个，如下表：

表 2-1　《中文起步》第七课单词表

	生词	
不客气	李	完
除了…以外	历史	位
从 A 到 B	录音	喂
打电话	忙	问
得	每天	谢谢

续表

	生词	
电话	门	星期五
非常	哪位	星期一
给	您	选
功课	请问	学期
好像	上课	音乐
号码	事	有意思
还好	手机	在
考试	数学	这些
客气	听写	昨天
课	同学	做
做不完	“1”	

显而易见，这些词基本上属于较为简单的初级词汇。这些生词与其他词汇共同构成了这篇课文的词汇集合，学习者通过对课文的学习，达到掌握汉语词汇的目的。除此之外，这篇课文中还包括一共 13 个语法项目，如下表所示：

表 2-2 《中文起步》第七课语法项目表

序号	语法项目
1	请问 My I ask…
2	The honorific measure word 位
3	Greetings
4	Subject 在/不在 .
5	给 somebody 打电话 to call somebody
6	除了…以外
7	从 A 到 B from A toB
8	Auxi11ary verb 得 have to do…
9	Review：The completive 了

续表

序号	语法项目
10	完（finished，complete）as a verb complement
11	好像 It seems that.
12	verb/adj. 是 verb/adj. ，可是…
13	The indefinite measure word 些

在现有的国际汉语教材中，除了极其个别的“字本位”教材以外，大多数教材都采用如本篇课文呈现的这种词汇教学为主导的编排方式，即教材按照一定的顺序将需要学习者掌握的词汇要素和语法要素编排进课文之中，贯穿始终。因此，相对于词汇要素和语法要素而言，教材中的语音要素和文化要素似乎并不明显。然而事实不然。仍以这篇课文为例，我们注意到在生词表中有一个词汇项目“1”，课文将其处理为一个词汇项目，但实际上此处是关于数字“1”的发音规则的介绍，即是一个语音要素。其释义如下：

拼音　词性　释义

yāo　num.　one，pronounced “yāo” when used in phone number and room number

——《中文起步》第七课　选课

由于文化要素的特殊性，通常初级汉语教材课文中的文化要素采用一种隐性的方式予以体现。比如在这篇课文的对话中，当“张三”谈论到中文课的时候，觉得“就是太忙了”，同时又觉得“中文课忙是忙，可是非常有意思”。当“李四”提及自己所选的课时，抱怨自己“数学课的老师是个中国人，他说英文说得不好，我常常听不懂他说的话，”这些内容即体现了中美文化的相同之处，又表现出了他们之间的差异。汉语与印欧语系之间的差异性较大，因此对于美国学生而言，学习汉语具有一定的挑战性，再加上听录音、写汉字等，难免让学习者觉得“每天都有做不完功课”；但与此同时，在学习汉语这种全新语言的时候，一定会不断产生探究新事物的乐趣。除此之外，课文还讨论了来自中国的数学老师英语不好的问题。英语作为一种外语，虽然在中国已经达到几乎“普及”的程度，但是数十年来，英语发音问题仍然是英语学习的一大顽疾。因此中国人说英语的时候带有口音这一点毋庸置疑也在所难免，甚至已经潜移默化地成为中国人的一个文化标签，在美国社会得到广泛的认知。在这一点上，教材编写者没有采取规避的态度，而是用一种自嘲和幽默的方式将其表现出来，这样做即体现了一种克服跨文化交际的意图和理念，同时又抓住了美国人所熟悉的自由主义精神，更容易为学习者所接受。

3. 教材结构编排研究具有网络性

教材结构编排研究同时还具有网络性的特点。要理解这一特点，我们需要引进“网络”这一概念。所谓“网络”是由节点和连线构成，表示诸对象及其相互联系。有时用带箭头的连线表示从一个节点到另一个节点存在某种顺序关系。在节点或连线旁标出的数值，称为点权或线权，有时不标任何数。在数学研究中，网络是一种图，一般认为它专指加权图，是从某种相同类型的实际问题中抽象出来的模型。在计算语言学领域中，有研究认为语言是一种高度抽象的复杂网络，如下图所示：①

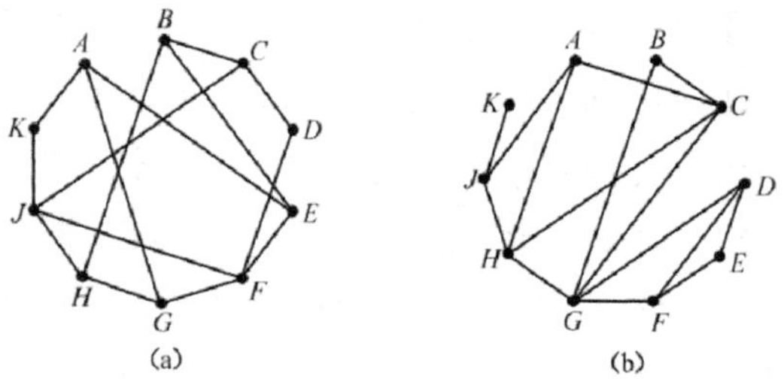

图 2-1 网络示例

① 刘海涛，《语言网络：隐喻，还是利器?》，载《浙江大学学报》，2011 年第 3 期。

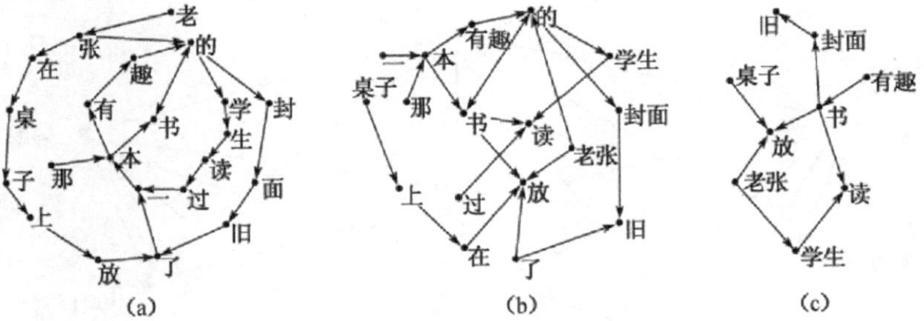

图 2-2　汉语网络示例

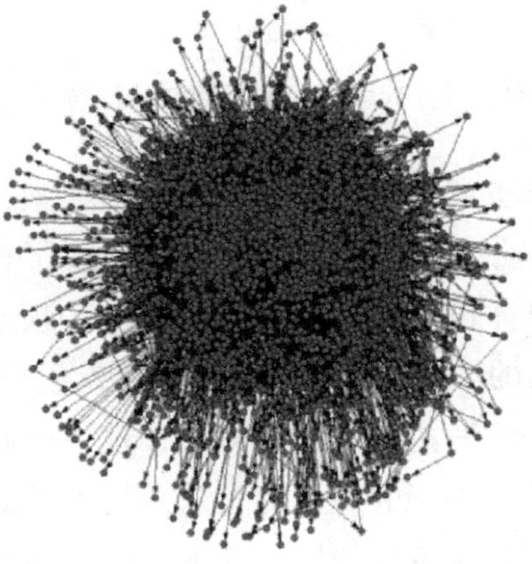

图 2-3　语言网络全景

国际汉语教材的结构编排也可以被看作是一种网络结构。这是因为教材的结构编排并不是孤立的，它是一个相互联系，相互配合，相互作用的有机整体，各个组成部分之间密不可分，不能单纯地将某一个构成部分割裂开来。这种有机整体可以以“一课书”、“一个单元”或“一册数”、“一套书”为单位。

在下图中，我们结合教材结构编排研究的内容对其网络性进行说明。

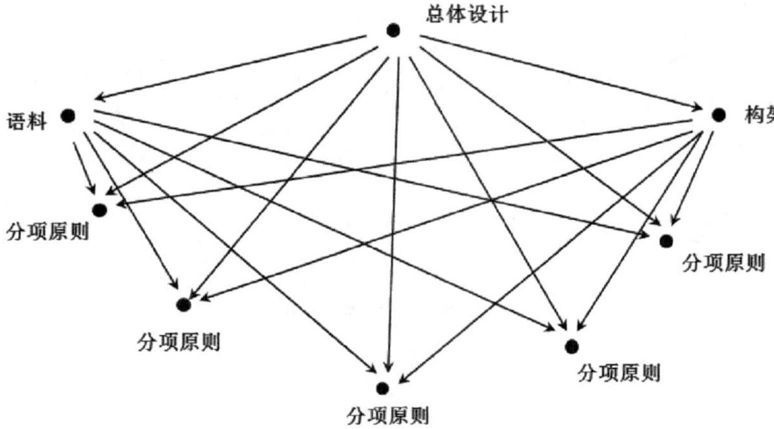

图 2-4　教材结构编排的网络性特征

我们首先提取教材结构编排的四个主要要素，分别是总体设计、构架、语料和分项原则，这四个要素形成了教材结构编排网络。具体来看，总体设计是教材结构编排中的顶层设计，决定了其他几个结构要素的性质。在从宏观层面确定教材编写原则以后，教材编写就进入了编写的实际操作阶段，这一个阶段实际上就是在总体设计的指导下进行的。只有先从总体着手对教材进行详细的设计，才能保证教材编写的顺利完成。语料是教材中使用的语言素材的总称，选择什么性质的语料由总体设计规定，同时语料的取材、难度等又决定了教材构件的特点。举例来说，一本教材选择采用书面语语料，那么构成教材的各个构件，如课文、生词、注释、练习等，都要尽量避免使用口语化的语料。教材各结构的组织、安排和呈现顺序就是教材的构架，主要指教材的体例。有些教材以功能主义的教学思想为理论基础，为了实现这一功能，往往为教材设计几个主要人物，课文语料的编排以这几个主要人物为线索，这类教材的情景设计也是教材构架研究的一部分。另外，作为教材的构成要件，一课书中的课文、词汇释义、语法释义、练习等也有自己编排原则，这在教材结构编排研究中属于分项原则。

现有的多数研究有的在研究的理念上和研究对象上都有微观化倾向，有的混淆了教材结构编排与教材构成要素的研究，还有的仅仅关注教材中所包含的某一个结构要素的特点，这些研究忽略了构成教材的不同构件之间的联系性，归根到底是因为没有认识到教材结构编排的网络性特点。

三、教材结构编排研究的内容

前文中我们讨论了为什么应该进行教材结构编排研究，以及教材中观研究的特点。接下来我们要对教材结构编排研究的具体内容进行具体的讨论。

从教材编写的程序上看，教材结构编排产生在教材编写准备之后，教材编写的实践之前。上文中提到，教材结构编排研究的目的主要包括：确定教学内容各组成部分的逻辑关系，安排教学构件的顺序、人物和情景、选定教材语料、制定各构件的规范和原则等。为了解决这几个问题，教材结构编排应该包括以下基本内容：

1）教材总体设计

2）教材架构

3）语料

4）教材构件分项编写原则

（一）教材总体设计

教材总体设计是教材编写的指导原则，规定了教材的目标和内容，以及完成学习任务所使用的一般方法和手段，是教学总体目标的实现途径。本文认为教材总体设计应包括“编写纲目”、“教材体系”和“编写规范”这三个方面。

1. 编写纲目

“教材编写通常以一个内容作为主线，或几个内容作为线索，从头到尾贯穿整个教材。做主线或线索的，就是教材的纲目”。[①]教材的编写纲目可以分为：1）语言结构为纲；2）交际功能为纲；3）交际话题为纲；4）交际场景为纲；5）课文为纲；6）文化为纲。以上这6种教材编写纲目是教材构架的主线，反映了教材的性质。教材的组织编排可选择同时采用几种纲目为线索，或以某种纲目为主线，其他纲目为辅线的方式进行编写的方式。目前教材编写纲目的研究还并不充分，一方面是由于关注编写纲目的研究还非常少，另一方面是现有大多数教材的编写都不限于使用一种纲目，而是将不同的编写纲目相互结合在一起。产生这种情况的原因是编写者在进行教材总体设计的时候，出于体例、体系、语料等多方面的考虑以及限制，不得不在编写纲目方面有所牺牲。为了更好地完成教学任务，达到教学目的，这种做法虽然无可厚非，但在客观上却为研究者厘清一本教材的编写纲目带来一定的困难。

教材的编写纲目可以将教学理论与教学法相互联系起来。采用什么样的编写纲目，受编写者的教学法理念影响。对外汉语教学学科发展历程中一直十分重视教学法的研究。在70年代末以前，我国对外汉语教学的教学重点始终是语言结构。语法教学和语汇教学占据着整个教学活动的中心。70年代末，随着“交际能力”理论以及情景法、功能-意念法的输入、语言功能开始受到重视，“结构-功能”相结合的教学法成为讨论的热点，并被应用于教材编写实践之中，这一时期出版的很多教材都采用“结构-功能”为纲进行编写。自80年代初起，由于文化背景或文化因素在对外汉语教学中的作用与地位开始引起人们的注意，研究者开始提出“结构-功能-文化”三位一体的教学法的新路子。[②]近些年来，随

① 周小兵，《对外汉语教学入门》（第二版），中山大学出版社，2009年。

② 陶炼，《“结构-功能-文化”相结合教学法试说》，载《语言教学与研究》，2000年第4期。

着汉语教学由“引进来”向“走出去”转变，汉语国际教育学科逐渐形成，本土以外的外语教学法，第二语言教学法与国内汉语教学理念之间的接触逐渐增多，国外的汉语教学逐渐受到启发，并在结合汉语自身特点的基础上有所发展。如近些年兴起的互动教学法（Interactive Teaching Approach）、任务教学法（Task-based Language Teaching）等。互动教学法与我国传统的教学方法过分强调教师的主导作用不同，强调全方位互动地授课，使得师生双方合作密切，师生之间的信息互动、情感互动、问题互动更充分、学生学习的兴趣更浓厚、情绪更高昂。任务教学法是在交际语言教学的基础上发展起来的，其受第二语言习得理论影响较大，保留了交际语言教学的语言观。任务教学法的核心思想是用“参与、体验、互动、交流、合作”的学习方式学习第二语言。

（1）以结构为纲的教材设计

如果教材采用结构为纲这种编写纲目，那么在设计教学内容的时候，就要符合汉语的内部结构。也就是说，教材的体例、构件、语料等的选取要符合汉语从易到难的规律。

以汉字教学为例。汉字形体的结构单位包括笔画、部件和整字，其中整字又包括独体字和合体字；汉字形体的结构形式则可分为基本结构、复合结构和复杂结构。由笔画与笔画直接组合生成的是基本结构；由笔画与基本结构组合生成，或者由基本结构与基本结构组合生成的是复合结构；由基本结构与复合结构组合生成，或者由复合结构与复合结构组合生成的是复杂结构。因此，采用以结构为纲进行教材编写，对汉字的处理方法应该是先教基本的独体字，然后教由这些独体字组成的基本汉字，再进一步教学较为复杂的汉字。

在词汇教学方面，汉语词汇相对稳定，构词语素以单音节语素为基本形式，因此，要先学单音节词，再学双音节词和多音节词。多数词汇大纲可以为这种排列方式提供有力的佐证，进而成为我们以结构为纲对教材中的词汇进行编排的参考。比如“汉语词汇水平等级大纲”将词汇分为四个等级，按照不同音节对每个等级的汉语词汇进行统计如下表所示。

表 2-3 汉语词汇水平等级大纲词汇音节统计

	甲级词		乙级词		丙级词		丁级词	
单音节词	462	44. 72%	568	28. 15%	442	20. 07%	459	12. 86%
双音节词	537	51. 98%	1343	66. 55%	1639	74. 43%	2828	79. 24%
多音节词	34	3. 29%	107	5. 30%	121	5. 50%	281	7. 87%
小计	1033	2018	2202	3569				

如果忽略汉语双音节词占有绝对优势这种情况，仅从比较不同等级单音节、双音节和多音节词所占比例来看，我们可以发现随着词汇等级的提高，单音节词数量逐渐从 44. 72% 下降到 12. 86%，而多音节词占比则从 3. 29%上升到 7. 87%。

除此之外，汉语构词方式和通用度也是衡量词汇结构难易程度的尺度，因此也是影响教材结构编排的因素之一。汉语词汇以单音节语素为基本形式，构词方法有并列、偏正、动宾、动补、主谓等五种。一般认为在这五种构词方式中，并列式比较简单，容易理解，因此在面对汉语初学者的初级教材中应该更多地使用这种形式的词汇；相对而言，主谓式、动补式结构较为复杂，安排在中级及高级阶段重点学习比较好。同样，从结构角度出发，教材应该先讲较为简单的基本词，然后教一般通用词、专业词，以及被吸收的文言词、方言词和外来词等。

最能体现以结构为纲进行教材编写这一总体设计原则的是语法要素的编排。对于这一问题，我们将在本章第三节“国际汉语教材编写的构成要素”中进行详细讨论。在此，仅举两个例子来说明汉语语法结构程度对教材难易程度的影响，以此反映以结构为纲进行教材编写时应该注意的一些问题。

（1）a \ ［爱上老板 \ ］的秘书

b 爱上 \ ［老板的秘书 \ ］

上例是一个歧义句，实验证明（张亚旭、张厚粲、舒华，2000），人们更多地把它理解为一个名词短语 \ ［\ ［爱上老板的 \ ］秘书 \ ］，而不是动词 \ ［爱上 \ ［老板的秘书 \ ］\ ］。从组块的角度来说，是因为分析成动词短语的难度大于分析成名词短语的难度，所以人们更倾向于把这种歧义结构理解为名词短语。

另外，语序变换也会带来结构难易的变化。

（2）a 他去年在国外为了解决这个诱惑了无数人的难题搜索了大量文献。

b 他去年为了解决这个诱惑了无数人的难题在国外搜索了大量文献。

c 他为了解决这个诱惑了无数人的难题去年在国外搜索了大量文献。

d 为了解决这个诱惑了无数人的难题，他去年在国外搜索了大量文献。

e 他去年在国外搜索了大量文献，为了解决这个诱惑了无数人的难题。

根据组块理论的阐释①，从 a 到 d，随着“为了解决这个诱惑了无数人的难题”这一目的状语语块的逐渐前移，结构难度有所降低，e 中采用的是语块理论中“大块置末”的语序策略，减低句子难度的效果最明显。

（2）以交际功能、话题、场景为纲的教材设计

语言是人类最重要的交际工具，语言的交际功能指的是语言在人与人之间的往来接触，互相传递和交换信息所发挥的作用。

---

① 陆丙甫、蔡振光，《“组块”与语言结构难度》，载《世界汉语教学》，2009 年第 1 期。

人是社会的动物，从存在的第一天起，人就必须共同地与自然力进行斗争，取得生活资料。因此语言是一个社会不可或缺的因素，人与人之间的联系靠语言来维持。有了语言，生活在社会中的人才能传递和交换信息，共同生活、生产和斗争。语言的交际功能还突出地表现在，它对于全体社会成员来说是统一的，共同的。语言同样地为社会一切阶级服务，它没有阶级性。任何阶级都得遵守社会的语言习性，谁都不能垄断。

在外语教学领域，重视语言的交际能力的教学理念认为外语习得是指在真实自然的情况下的外语掌握，也就是在这个过程中获得交际能力。语言的获得与教学是两个不同的过程。前者指的是通过各种各样的交际活动来掌握语言结构；后者指的是在教师直接明晰地解释所有的语言结构之后，再帮助学生去掌握语言结构。虽然那样的结果是一样的（即掌握了语言结构）。但是由此得到的交际能力是不同的。如果一个人是通过学习来掌握语言，那么他的交际能力是很薄弱的。但假如是通过另外的途径来掌握语言，那么他的交际能力肯定是会很强的。因此学习语言的正确方法应该是：

1）学生有规律地在小组或者俩俩活动中进行信息差意义传递活动；

2）学生经常从事角色或者课本剧表演，以便使自己的目标语使用适宜于不同的社会语境；

3）课堂材料和课堂活动应该真实可信，以反映现实情景和生活需要；

4）技能一开始就应该是综合的；

5）特定的活动可能涉及读、说、听，也许还有写；

6）老师的任务主要是促进交际，其次才是改正错误；

7）老师应该能流利和恰当地使用目标语。

以这种交际理念为指导进行教材设计，自然十分突出语言的交际性。因此在安排教材的内容时，十分注意为教材使用者创造尽量多的完成交际任务的机会。这类教材还可以进一步地细分为以交际功能为纲，以交际话题为纲，以交际场景为纲等。但是不管哪种方法，教材的目的都是让学习者通过完成尽量真实的交际任务而提高语言运用的实际能力。

应该看到，近些年来随着传统教学法为语言教学所诟病，以交际为纲编写的教材越来越受到学习者的喜爱，这是因为此类教材在选择交际场景和话题时的范围更广，灵活性更强，因此教材更容易贴合学习者的心理，趣味性更高。

以北大版对外汉语教材《跟我学汉语》为例，教材第一册共13个单元，其目录如下：

Unit 1 Introduction 介绍

Unit 2 Cafeteria 食堂

Unit 3 Taking Taxi 坐出租车

Unit 4 Buying Fruits and Telephone Card 买水果和电话卡

Unit 5 Café 咖啡馆

Unit 6 Asking Direction 问路

Unit 7 Making Appointment 约会

Unit 8 Buying Shoes 买鞋子

Unit 9 Renting Apartment 租房子

Unit 10 Restaurant 饭店

Unit 11 Party 聚会

Unit 12 Asking for a Favor 请人帮忙

Unit 13 Travelling by Train 坐火车旅行

Unit 14 Informative Taxi Driver 出租车司机什么都知道

Unit 15 Hotel 宾馆

这套教材的编写突出了语言教学的功能性和工具性特点，与此同时，教材以交际话题为辅助编写纲目，以贴近学习者交际需求的话题为线索展开教材内容。教材的话题范围不限于学校生活，还更加关注如“问路”、“约会”、“租房子”、“坐火车旅游”等日常交际内容，这样做既能提升教材的趣味性，同时又能促使学习者尽快将学到的知识运用到现实生活中，提升他们使用语言进行交际的能力。

（3）文化为纲的教材设计

以文化为纲设计的教材多为文化教材，指的是参照目的语语言的文化特征，以外国人在学习目的语言过程中所接触的异文化作为纲目安排教学顺序和教学内容。

语言与文化有着十分密切的关系。早在20世纪20年代，美国语言学家萨丕尔（E. Sapir）在他的《语言》（Language）（1921）一书中就指出：“语言的背后是有东西的，而且语言不能离开文化而存在。”语言学家帕尔默也曾在《现代语言学导论》（An Introduction to Modern Linguistics）一书中提到：“语言的历史和文化的历史是相辅而行的，他们可以互相协助和启发。”这种关于语言和文化相互关系的认识是以文化为纲进行教材编写的理论基础。

就国际汉语教材而言，现行受欢迎的语言类教材，无不包含着丰富多彩的文化内容，尤其是大部分综合类教材更是在内容中融入很多文化要素。从编写纲目角度进行分析，文化在这些教材中发挥的是一种辅助纲目的作用。真正以文化为纲进行编写的教材当数文化教材。此类教材与语言知识教材不同，是一种专为开设文化课程而编写的教材，其系统性是以文化而不是语言来确立的，文化教学在教学活动中是显性的，是主体，语言教学是隐性的，是从属的。以这一纲目编写的教材，本质上是对外汉语文化教材。

在构成教材的几种要素中，文化要素与语音、词汇、语法等要素有本质的不同。以文化为纲进行教材编写，就要对文化要素进行提取、分类和排序。这些问题我们将在下一节具体讨论。

（4）课文为纲的教材设计

“课文”是一本教材的灵魂和主体，也是教师“教”和学生“学”的对象，是整个教学过程中的主要物质基础。一篇完整的课文既是编写理论和原则的体现，又蕴涵着构成教学内容的各个要素。

目前对国际汉语教材的语料研究大部分都集中在课文语料方面。因此很多人可能会混淆这两个概念。其实“课文”和“语料”不是一回事儿。语料是一个抽象的集合。语料的语序排列不但构成了“课文”，也构成了练习、注释等其他教材构件。也就是说，如果谈到一本教材的“语料”，实际上包括课文语料、练习语料、注释语料和其他语料等。课文语料当然是教材研究中最重要的部分，但是其他教材构件的语料研究也同样不容忽视。目前后者的研究并不为学者所重视，需要在以后的研究中进一步加强。

“课文”是具体的，有型的，是教材中的一个个整体。课文一般都有标题，有人称之为“主题”，表达一个相对完整的内容。课文是教学内容的主要呈现方式，学习者通过课文学习掌握教学计划中应该完成的任务。国际汉语教材中的课文可以分为“对话型”和“短文型”两种。以课文为纲进行教材编写可以分为“课文型”和“单元型”两种形式。“课文型”教材直接由数量不等的课文组成，一篇课文和与之配套的词汇点、语法点和文化点讲解等构成“一课书”，有的教材为了丰富每一课的内容还在每课主课文之外，给出副课文。比如一些阅读教材一般以一篇主课文为精讲精练课文，以几篇与主课文话题相关的副课文为泛读或练习课文。“单元型”教材由几个“单元”构成，可以根据教学内容的难易或者主题内容的不同，将不同“课文”安排在同一个单元中。有时候，“单元”也可以叫作“章节”。如中国高教出版社出版的《中国概况》分为十一章，在每一章又以四至六篇课文阐释相关话题所涉及的内容。

《中国概况》章节目录

第一章　地理环境与中国文化

第二章　中国历史与社会

第三章　中国传统思想

第四章　古代中国人的生活

第五章　中国对世界科学技术的贡献

第六章　移民与中国社会变迁

第七章　中西初识与碰撞

第八章　近现代中国与西方文明

第九章　当代中国人的生活

第十章　当代中国的政治制度及基本国策

第十一章　日益融入国际社会的中国

按照“规定相对完整和系统的教学内容”这一标准，“课文型”和“单元型”这两种形式的教材各具特点。以课文为基本结构组织教材，囿于教材容量方面的限制，一般每一课的内容简练精悍，在反映教学项目方面代表性较强；而以单元为基本结构单位进行教材组织编写，往往在系统性和全面性方面占有优势。

另外需要注意的是，不管采用何种编写纲目，都需要在教材编写实施前，结合教材使用的需求，在总体设计时做出明确的规定。另外，教材编写纲目的选择，一方面要符合汉语言的学习规律，另一方面，还要充分考虑不同国家，不同文化背景学习者的学习特点和规律。

2. 教材的体系

当教材作为一种教学设计或者教育活动产品时，一本教材可能会根据内容形成单元，几本教材或者几种不同形式的教材也会组成一个系列，教材内部以及教材之间的这种相互配套的关系就是教材的体系。这也就是说，我们此处讨论的教材的体系既包括教材的内部关系，也包括教材“一课书”与“一课书”之间的外部体系。

设计教材的体系，这是从教材结构编排维度出发进行教材编写和研究时首先要面临的问题。可以根据不同标准和不同层次划分教材的体系：从国际汉语教育全局出发的所有汉语教材形成一个汉语教材体系；海外华文教育将汉语视为介于母语和第二语言之间的一种教学，华文教材强调海外华族社区的文化传承，重视语言的文化功能，这些教材形成海外华文教材体系；不同教学单位从学生的特点出发选择不同的汉语教材，形成一个教学单位的教材体系；一个学生完成四年本科基本汉语课程过程中所使用的主要语言教材可以形成一个体系；某一课型使用的教材可以形成一个体系；在分课型汉语学习环境下，某一时间学习者在相应的课程中使用的教材可以形成一个相互配合的体系；一套教材相互之间是一个体系，单册教材和与其相关的教辅材料也能形成一个体系。

教材体系有些是自然形成的，有些则是在教材编写时经过精心设计的。国际汉语教材中的综合类、语言知识类教材多数为系列教材，其不同等级之间存在一定的联系性和连续性，这样的设计有利于教学内容的有序推进，也更容易设计有利于学习者学习心理的教学环节，以促进学习者对汉语知识的掌握和巩固。这类教材目前数量非常多。比如在国家汉办推荐的教材清单中，大学汉语教材共有《新实用汉语课本》《大学汉语》《新概念汉语》等11部，其中系列教材共有8种。以周小兵主编，华语教学出版社出版的《阶梯汉语系列》为例，该系列教材共包括五部分，分别为精读、阅读、口语、听力、汉字。每一部分又分为初、中级，其中听力和口语部分配有CD，全套书层级递进，系统周密，是其中比较有代表性的系列教材。

进入汉语学习的中高级阶段，学生们除了进一步学习语言知识外，还要学习语言专项技能课程，如北京语言大学规定其学历生在二年级时除每周12课时必修课外，还要选修4门选修课，包括现代汉语语音（每周2课时），现代汉字概论（每周2课时），成语选讲（每周2课时），中级汉语阅读（每周2课时），汉语写作基础（每周2课时），新闻语言基础（每周4课时），中国文化导读（每周2课时），中国文化专题（每周2课时），中国人文地理（每周2课时），经贸汉语阅读（每周2课时）等等。由于这些课程针对性强，限于了解层面的内容具有一定的局限性，因此所使用的教材多为单行本教材。

美国汉语教学一般不分课型，汉语课不仅要进行语法的讲练，还承担着培养学生听说读写能力的任务，所以所选教材一般综合性较强。这种情况下使用的教材相对为初级阶段的系列教材，其特点是所涉及的教学内容相对较少，难度较低，但是与其配合的教辅产品又比较多。如在美国使用非常广泛的《中文听说读写》系列教材。这套教材的课本共有两个Level，4册书。整个系列的教辅品种多达10种，其中纸质教辅3种，电子教辅3种，视听材料3种，在线学习材料1种。这样设计教材体系的目的，是为了通过丰富的教辅产品最大限度地培养学习者的兴趣，借此使学习者在有限的学习时间内尽可能巩固地掌握语言知识，同时，也能提高使用教材的教师对教材的利用效率，为教师备课提供尽可能多的参考等。

3. 编写规范

汉语教材的编写规范指教材行文过程中在拼音标注、汉字书写、注释语言、词汇和语法讲解时涉及的规范化和标准化用语问题，还包括教材采用的版式、图片的安排等方面。

（1）汉语教材编写规范问题应予以重视

教材编写规范在教材研究中十分必要和重要。但是长期以来，教材研究者和编写者对教材编写规范问题都不够重视。多数人认为教材编写规范是教材编写理论以外的事情，或者认为关于规范的问题是教材出版机构应该负责的事情，不在教材研究范围之内。这种观念忽略了一个重要的问题，那就是语言教材的特殊性。诚如前文论述中提及的那样，语言教材与一般知识性教材有显著的不同。在语言教材中，"语言"即是教学的客体，又是用来教学的媒介。换句话说，语言教材使用"作为知识陈述手段的语言"来传授"作为教学客体的语言"。因此，两者之间在难度、量度以及规范性等方面必须保持高度的统一性。

教材编写规范的重要性还可以从语言习得的角度进行解释。

20 世纪 70 年代末，美国著名应用语言学家克拉申提出第二语言习得理论，输入假设（input hypothesis）被认为是第二语言习得理论的核心部分。这一假设表明了克拉申对第二语言习得者是如何接受并吸收语言材料这一过程的实质的认识。以前的外语教学由于受结构主义语言学的影响，大力提倡先学句子结构（即句型），然后再将这些学得的句型用于交际中加以练习。他们认为只有这样才有可能培养学生流畅地说外语的能力。而克拉申则认为，只有当习得者接触到"可理解的语言输入"（comprehensive input），即略高于他现有语言技能水平的第二语言输入，而他又能把注意力集中于对意义或信息的理解而不是对形式的理解时，才能产生习得。如果习得者现有水平为"i"，能促进他习得就是"i+1"的输入。根据克拉申的观点，这种"i+1"的输入并不需要人们故意地去提供，只要习得者能理解输入，而他又有足够的量时，就自动地提供了这种输入。按照输入假设，说话的流利程度是随时间的流逝自然而然地达到的，不能直接教会。

在语言教学活动中，"可理解的语言输入"主要来源于包括社会环境和教学环境在内的语言环境。比较香港、菲律宾、新加坡等地的英语教学与汉语国际教学。在那里，英语作为第二语言，学生可以通过电视、电台节目、各种报纸、杂志等多种媒介较多地接触英语。在香港，大部分学校开设的学科（除汉语和中国历史外）教材都用英语编写，教师授课也使用英语。然而在汉语国际教学中，学习者学习汉语则主要是通过汉语课和汉语教材。由于通过自然环境获取语言输入机会匮乏，我们的课堂环境就显得尤为重要。作为课堂环境的组成部分，教材必须为教学提供有效输入，并必须保证这种有效输入的数量和准确性。教材编写规范是掌控这种有效输入的准确性的重要标尺。很小的编写错误很可能混淆学习者对汉语知识的认知，给学习者造成不必要的学习负担。一旦这种错误的知识被语言学习者内化为语言结构的组成部分，就容易造成语言石化现象，影响语言学习的效果。

另外，加强教材编写的规范也是减少教材编排错误的最直接的途径。

近年来中国在全球事务中影响力扩大，汉语在国际话语体系中的地位不断提升，对国际汉语教材的需求是教材数量增长的最主要推动力量。这期间优秀教材大量涌现。但也有少数教材的编写质量堪忧。这一方面是少数研究者为了追求短期利益盲目设立教材编写课题和项目，导致教材粗制滥造的情况时有发生。另一方面，主观上对教材规范意识不强也是导致有些教材错误百出，前后不一致等情况的诱因。

（2）汉语教材编写规范性的具体要求

首先，汉语教材编写规范应做到全书统一，与国家标准统一。

汉语教材中涉及的规范性问题可以分为两个部分。一部分涉及到教材的构成要素。如语音方面涉及拼音的标注，汉字方面涉及到汉字的书写，词汇方面涉及到注释语言、词义的讲解，语法方面涉及讲解时的标准化用语问题等。另外一部分还包括教材采用的版式、图片、表格的安排等。这些规范都必须做到全书统一。另外，在有国家标准的情况下，教材编写规范应该尽量与国家标准统一。以语音规范为例。《汉语拼音正词法基本规则》（国家标准）在 1982 年开始草拟，并于 1984 年 10 月经原中国文字改革委员会批准发表的《汉语拼音正词法基本规则（试用稿）》的基础上，经过多次修订而成，由国家技术监督局 2012 年 6 月 29 日批准、发布，2012 年 10 月 1 日开始实施。这套标准规定了用《汉语拼音方案》拼写现代汉语的规则。内容包括分词连写规则、人名地名拼写规则、大写规则、标调规则、移行规则、标点符号使用规则等，适用于文化教育、编辑出版、中文信息处理及其他方面的汉语拼音拼写。

对于教材中所使用的表格、图片等的格式、大小、引用标准等方面，在教材编写中也要做出明确统一的规定。比如教材中如若涉及人物形象，即可以使用卡通动漫形象，简笔画造型，也可以是照片形式，重点是整套教材之间要做到统一。如《泰国人学汉语》系列教材中设计了几个核心人物：王美，何娜，林小平等，均采用卡通动漫人物造型，风格统一，美观而有亲和力。再比如在使用表格的时候，在表格的外框，网格线，甚至在表格所使用的线条的宽度、颜色、样式等方面，全书都要做到规范统一。

其次，汉语教材编写规范应尽量详细具体。

教材编写规范中规定的项目越详细越好。比如《汉语拼音正词法基本规则》国家标准中《汉语拼音方案》共涉及总则 6 项（见下表），基本规则 7 个大项，其中又包括具体规则共 54 个小项（见附录一）。

表 2-4　《汉语拼音正词法基本规则》总则

	规则内容	示　例
1	拼写普通话基本上以词为书写单位。	rén（人）pǎo（跑） fúróng（芙蓉）qiǎokèlì（巧克力）
2	表示一个整体概念的双音节和三音节结构，连写。	quánguó（全国）zǒulái（走来） àiniǎozhōu（爱鸟周）yǎnzhōngdīng（眼中钉）

续表

	规则内容	示　例
3	四音节及四音节以上表示一个整体概念的名称，按词或语节（词语内部由语音停顿而划分成的片段）分写，不能按词或语节划分的，全都连写。	wúfèng gāngguǎn（无缝钢管） huánjìng bǎohù gūihuà（环境保护规划）
4	单音节词重叠，连写；双音节词重叠，分写。 重叠并列即 AABB 式结构，连写。	rénrén（人人）niánnián（年年） láilaiwǎngwǎng（来来往往） shuōshuōxiàoxiào（说说笑笑）
5	单音节前附成分（副、总、非、反、超、老、阿、可、无、半等）或单音节后附成分（子、儿、头、性、者、员、家、手、化、们等）与其他词语，连写。	fùbùzhǎng（副部长） zǒnggōngchéngshī（总工程师）
6	为了便于阅读和理解，某些并列的词、语素之间或某些缩略语当中可用连接号。	bā-jiǔ tiān（八九天）shíqī-bā suì（十七八岁） Zhè-Gàn Xiàn（浙赣线） Jīng-Zàng Gāosù Gōnglù（京藏高速公路）

在基本规则所提出的 7 个大项的规范中，分词连写规则分别对名词、动词、形容词、副词、代词、数量词、连词等不同词类的拼音拼写要求加以规范；人名地名拼写规则规定了汉语人名地名，汉语音译人名词的拼写方法；大写规则和缩写规则规定了在哪种情况下应该大写和缩写；标调规则阐明了汉语拼音标号在拼音中的位置，以及“一”、“不”、“ABB”、“AABB”形式的词语的标调问题；移行规则规定了有隔音符号，有连接号的情况下如何换行；标点符号使用规则针对拼音中出现的中圆点等情况作出规定。这些规则为教材编写中语音现象的标注提供了详尽、具体、规范性标准。

除了语音要素以外，编写国际汉语教材的时候还涉及汉字书写规范的问题。由于历史等方面的原因，汉语的书写方式分为两种，一种是简体字，一种是繁体字。简体字又称为简化字，是中国大陆现行的标准中文汉字，也是新加坡、马来西亚采用的标准汉字。1935 年 8 月，中华民国教育部公布《第一批简体字表》，收简体字 324 个。这是中国政府第一次大规模推行简化汉字。在此之前中国大陆地区使用的汉字是繁体字，中国台湾地区目前还在使用这种书写体系，并将其称之为“正体字”。目前这两种汉字体系在国际汉语教学中是一种并存的关系，并且在未来相当长的一段时间内也将并存下去。因此在规定汉字书写规范的时候，针对不同的教学对象，要处理好简体字和繁体字的关系，选择适合的汉语书写体系。除此以外，教材编写规范还需要做到对课文生词、语法点、课文说明等做注释的时候要使用合乎语法的语言；在语法讲解时要尽量使用通用语法术语；课文中涉及的计量单位，标点符号等要符合国家已经颁布的各种标准。同样，在确定规范的时候越详细越好。

（二）教材构架

教材总体设计是教材编写的总体思路，而教材构架则是教材编写的具体实现方法。教材的构架包括教材的体例和教材人物和情景设计等。在教材编写前设计好教材的构架即能够使教材的编写脉络清新，又能够保证教材编写的顺利进行，还能够形成教材鲜明的特色，更好地体现教材的趣味性。

1. 教材体例

关于教材体例问题，很多研究中都有论述。一般认为“教材体例是指一课书或一个教学单元中的教学内容排列次序”。①可以说，在教材所有构成要件中，教材体例与课堂教学活动的关系非常密切。教材体例是教师进行课堂教学设计，组织教学，完成教学任务的最主要依据之一。符合语言教学规律的，合理科学的教材体例可以激发学生的学习兴趣，推动课堂教学，加强学习者对

① 崔永华，《对外汉语教学设计导论》，北京语言大学出版社，2008 年。

语言知识的掌握。相反，过于简单或者过于复杂的教材体例会造成教师组织教学的障碍，造成学习资源、教师资源的浪费。

最早的第二语言教材是从母语教材发展起来的。美国本土最早展开汉语教学活动的是赴美劳工社群，他们教华族子女识字，讲授文言文的四书、五经、唐诗等。这些教学材料虽与学校教育中使用的教材相去甚远，但也可以算作是美国汉语教材的雏形。随着华人社会的发展，美国汉语教学逐渐从华裔族群母语教学向第二语言教学、外语教学转变，真正意义上适合课堂教学中使用的汉语教材逐渐产生和发展起来。

较早的美国本土汉语教材体例一般都比较简单，这与翻译法在相当长一段时间内，在美国语言教学中占有统治地位这一点有关，也受到教材教材编制技术和水平等的影响。以两套汉语教材《现代汉语中级读本》（Intermediate Reader of Modern Chinese）和《华夏行》（A trip to China-Intermediate Reader of Modern Chinese）为例。这两本教材都由普林斯顿大学出版社出版，供普林斯顿大学中文课使用，属于美国本土自编汉语教材，分别出版于 1992 年和 1995 年。教材体系均为两册，一本为课文，一本可以作为学习手册。在体例上，两套教材也大同小异，一课书的内容共由四部分组成，即课文（简体字，繁体字）、词汇、语法点、练习等。这种体例的特点是清楚简练，但形势单调，趣味性低，难以激发学习者的学习兴趣。

20 世纪 70 年代初期后，以欧洲为发源地，交际法开始出现在语言教学领域中。交际法以培养交际功能为宗旨，非常注重选取真实自然的语言材料，而不是经过加工后的“教科书语言”。为了适应这种教学方法的发展，教材的体例也随之做出了调整和变化，开始逐渐远离单一刻板的体例模式，向多元方向发展。近些年来，“互动法”、“任务法”、“内容教学法”等语言教学方法和模式逐渐出现，并在教学实践中获得了广泛的应用，这些都进一步推动了汉语教材的体例日趋丰富和新颖。为了更好地为教学目标服务，教材编写者也开始注意到教材体例与教学内容的配合关系，利用生动精巧的体例激发学习者的学习兴趣。如《中文听说读写》这套教材在体例的安排上就非常具有代表性。这套教材一改多数汉语教科书构件少，展示方法单一的缺憾，在体例安排上丰满，层次感强，新颖独特。教材的构件达20种之多，除了主题课文以外，还设置了"Enlarged Characters 汉字示例"，"Culture Highlights 文化介绍"等项目，为词汇和语法学习提供辅助。另外，"Learning Objectives 学习目标"，"Relate and Get Ready 准备"等项目为学习者提供使用教材的指导，方便学习者进行学习前的准备。

在设计教材体例的时候，注意要遵循几个原则。首先是与课型之间的相互配合。通常情况下，在进行教材总体设计的时候，教材的编写者应该对教材所适用的课型有深入地了解并做到心中有数。仍然举国内与国外汉语教学的例子。编写国内留学生为使用对象的，在国内汉语课程中使用的对外汉语教材，在设计教材体例的时候要注意突出重点。对外汉语教材分课型，因此每种课型使用的教材必须要做到有所侧重，尤其是综合课教材的体例一定要体现和突出词汇和语法的重要性。因为这两部分是构成语言知识的最重要的部分，是一切交际能力的基础。而综合课的主要教学任务就是建立在词汇和语法教学上的语言综合能力的培养。因此，与文化知识、语音知识、汉字知识等相关的教材构件可以设置，但是绝对不能喧宾夺主，主次不分。其次，要注意与教学对象的年龄层次的配合。在教材市场百花齐放的今天，新颖的教材体例无疑是吸引使用者眼球的有效手段之一。这一点可以在编写少儿汉语教材的时候发挥作用。少儿汉语学习者注意力集中时间较短，直观性较强，容易被非语言知识所吸引，因此尤其要在设计教材体例的时候加以变化，开发多种教材构件，吸引学习者的兴趣。而成人汉语学习者已经开始具有学习目的驱使性，因此成人汉语体例设计应该以内容为本，从内容出发，与内容相适应。最后，要谨慎地对待教材新颖性的问题。随着教材发展，在教材体例的设计方面，教材编写者不断地求新求变。但应该辩证地看待教材体例的“新颖”性问题，要认识到体例仅是对教材内容进行编排的手段，不能盲目追求教材体例的新颖而导致教材结构的过分繁复。

2. 人物和情景设计

国际汉语教材可以分为单册教材和系列教材两种。单册教材的形式多样，但一般内容较为精练，适合在短期课程中使用。系列教材的规模相对较大，既可以涵盖一个课型中的不同等级，也可以涵盖不同课型，一般为由专人或者专门机构统一规划，并统一组织人员进行编写，因此在教材编写理念或指导原则上也较为统一。比如北京大学出版社出版，李晓琪主编的《博雅汉语》，“共分为四个级别–初级、准中级、中级和高级……全套书共九本，既适用于本科的四个年级，也适用于不同阶段的长、短期汉语进修生。”① 再如另一套教材《标准汉语教程》也由北京大学出版，由黄征澄主编②。这套教材自定义为“短期培训教材”，分为“语音篇”、“会话篇”和“阅读篇”三个等级，其中“语音篇”一册以教声母、韵母和声调为主，突出音节教学，同时也编写一些基本、实用的生活用语作为日常会话内容。“会话篇”二册，为语法教学阶段，课文采用对话形式，语言真实、自然、实用。“阅读篇”两册，围绕汉语水平等级大纲中的乙级语法和乙级词汇进行编写。涵盖不同课型和不同阶段的系列汉语教材如《阶梯汉语》和《体验汉语》等。《阶梯汉语》系列教材由华语教学出版社，涵盖初、中、高三级，分为精读、阅读、口语、听力、汉字等 5 部

① 李晓琪主编《博雅汉语》第二版前言，北京大学出版社，2013 年。
② 黄征澄主编《标准汉语教程》第二版前言，北京大学出版社，2008 年。

分。《体验汉语》系列教材由高等教育出版社，从2006年开始陆续出版，既有如英语、日语、泰语等基于不同语言版本的教材，又有如生活篇、留学篇、文化篇、旅游篇等不同领域的教材，还有基础教程、高级教程等不同阶段教材，以及口语教程、写作教程等不同课型教材。

在选择教材的时候，一般初级和中级阶段教学会选择使用系统性强，教材容量较大的系列教材，以利于学习者循序渐进地掌握汉语语言知识，也方便教师按照由易到难的顺序合理科学地安排教学内容。进入高级阶段，学习者的技能型语言知识需要进一步提升，如语言翻译、报刊阅读、经贸汉语等方面都需要有所涉猎。这些课程以语言技能为基础，因此在课程容量上有所局限，所使用的教材也多为单册教材。

为了强调教材的系列性，也为了增加教材的趣味性，有些系列教材在编写时会设计几个主要人物，并根据需要赋予这些人物不同的职业、文化背景以及丰富的性格特点，然后围绕这些人物的见闻和感受展开教材的编排，为课文中的内容设计生动的情节。这样，一套优秀的教材就如同一个剧本，教材编写者也就承担着编剧的角色。多数时候，教材中的人物和情节相辅相成，人物性格在故事情节中得以展示，情节以人物为线索加以开展，与此同时，教学内容循序渐进有系统分阶段的向前推进。采用这种方法设计人物和情节可以增强教材的系统性和趣味性，同时也能增强使用者的“带入感”。比如汉办规划教材《跟我学汉语》。这套教材的主人公王家明是一个十四岁的中学生，课文根据他的学校生活和课余生活展开，引入关于打招呼、过生日、询问年龄、介绍家庭、职业等等的对话，并以此为线索推进学习内容的逐渐深入。

教材中的人物和情节也可以是相互独立的，这一点主要受教材编写纲目的影响。一般以交际话题或者交际场景为纲的教材如果在教材中设计几个核心人物，并用人物互动推动交际内容的展示会提升教材的趣味性。而相对而言，以语言结构为纲编写的教材，通常按照语法和词汇的难易程度编排教学内容，注重语言的规范性以及语言知识的掌握，就不太容易将人物和故事情节融入课文内容中去。

（1）教材人物设计

我们以两组，五种教材中的人物设计为例来讨论设计教材人物和情节时要注意的几个问题。这五种教材分别是《拾级汉语》（吴中伟，高顺全主编，北京语言大学出版社出版，2007）、《博雅汉语》（李晓琪主编，北京大学出版社出版，2005）、《跟我学汉语》（陈绂、朱志平主编，人民教育出版社出版，2003）、《快乐汉语》（李晓琪、罗青松等主编，人民教育出版社出版，2003）、《实用汉语教程》（泰国卫星远程教育基金会汉语教材编写工作委员会，2002）。其中《拾级汉语》《博雅汉语》和《实用汉语教程》的教学对象为高中或大学阶段的汉语学习者，《跟我学汉语》和《快乐汉语》的教学对象为青少年或少儿汉语学习者。

表 2-5 对比教材信息表

教材	适用阶段	教材性质	全套册数	考察教材册数
《拾级汉语》	高中/大学	通用教材	45	第 2 级综合课本
《博雅汉语》	高中/大学	通用教材	9	初级起步篇 II
《实用汉语教程》	高中/大学	本土教材	6	第一册、第二册
《跟我学汉语》	中小学	通用教材	12	第一册
《快乐汉语》	中小学	通用教材	9	第一册

经过初步比较，我们将这几套教材分为两组，选取系列教材中难易程度和教材内容都较为相似的几册书作为对比对象，统计出这几册书中的主要人物，以及他们的一些身份特征和性格特点如下图所示：

表 2-6　教材主要人物统计

教材	主要人物数量	主要人物	人物介绍
《拾级汉语》	16	林娜、田中、大卫、山本、马小红、李大忠、王林、亚历山大、沙夏丽、王海、约翰、马克、玛丽、尼塔、王音、王老师	无
《博雅汉语》	6	大卫、玛丽、李军、张红、安娜、中村	有
《实用汉语教程》	7	吴泰、马丽、宋西、白华、王芳、李天龙、丁秀梅	有
《跟我学汉语》	4	王家明、玛丽、大卫、杰克	无
《快乐汉语》	8	小海、丽丽、小红、明明、Mary、Ann、Tom、Mike	无

不难看出，虽然每册书内容和容量相似，可是教材中人物的数量却有很大出入。《拾级汉语》一册书中涉及的主要人物达 16 个之多，其中还不包括对话中提及或在课文中“客串”的人物。人物众多导致人物的出场率不高，有人对这套教材中前四册（前四级）中的人物数量进行了统计，这 16 个人物中出场率在 10%以上的有 10 位①。其中林娜出场次数最多，但出场率也仅有 50%，尼塔、约翰、王音均仅出场 1 次。而相较之下，《实用汉语教程》中人物为 7 个的出场率普遍较高，其中吴泰、马丽、李天龙和丁秀梅的出场率都在 60%以上，宋西和王芳出场率 25%，白华则仅出场 1 次。用同样的方法对比几本中小学教材。《跟我学汉语》中仅有 4 位主要人物，其中王家明在 36 篇课文中出场达到 26 次，出场率达 72%，其他人物玛丽、大卫、杰克等出场次分别为 11 次、10 次和 9 次，出场率分别为 31%、28%和 25%。《快乐汉语》有 8 个主要人物，出场次数最多的人物依次是 Mike 9 次、Tom 8 次、明明 5 次，出场率分别为 38%、33%和 21%。

通过对这几本教材的内容进行浏览，我们发现在人物安排方

① 王彬，《对外汉语教材人物角色设计问题探讨》，暨南大学硕士论文，2010 年。

面，不同教材呈现出几种不同的趋势。一种是《实用汉语教程》的做法。教材中虽然设计了一些人物，但是其作用主要是进行课文内容的展示，在教材结构编排中的实际功能并不大。另一种比如《拾级汉语》一课书由两到三个对话组成，其中出现的人物最多有6个。这样做的确提高了人物的出场率，但是安排这么多角色的目的就显得薄弱。意义呢？比如一个对话共有7句，涉及的人物有3个，不集中，内容反而显得零散，不利于学生对课文的理解。还有一种类似《快乐汉语》，教材课文的内容不多，篇幅也不长，多由一组对话构成。但是教材练习中也尽量使用主要人物，这种做法既提高了人物的出场率，又在操练层面最大限度地发挥了人物角色在教材中的作用，非常值得提倡。这说明，在篇幅有限的前提下，教材中人物的数量不宜过多，因为这样的做法不利于人物角色的塑造，也很难搭建一个完整的人物形象，就更别说通过饱满的人物性格提升教材的吸引力，增加学习者学习课文的兴趣了。

（2）设计教材人物和情景的时候要注意以下几个方面：

首先，教材中人物与情景的设计要尽量真实可信，避免程式化和形式化。为教材设计人物和故事情节无疑会提高教材的趣味性，但生搬硬套，“为情节而设计情节”的做法也不可取。从现有的教材看，很多时候教材编写者在设计教材人物的时候比较程式化，课文情节虽然与人物之间存在一定的相关性，但千篇一律，过于单调。人物在教材中的意义仅限于一个“代号”，代表课文对话的双方，作用相当于“同学A”、“同学B”或“同学甲”、“同学乙”。这样的人物设计意义不大。教材中人物与情节的设计重在用“巧劲儿”，这样带入教学内容的时候才显得自然。这就要求教材编写者在设计这些虚拟人物的时候，做到从实际出发，尽量确保人物的真实可信。

其次，要兼顾情节与人物的新颖性，符合不同文化背景和不同年级阶段心理特征。

李泉（2006）曾经指出："课文中的人物虽然不必像文学作品中的人物那样讲究典型性，但也不应该是死板板的一副面孔，课文中的人物总的来说精神面貌应该是积极向上的，在此前提下，应充分注意人物性格多样化和人物形象贴近学生生活，课文中的人物只有爱学生之所爱，想学生之所想，做学生之所做，才能为学生所喜闻乐见，才能激发学生学习课文的积极性。"我们十分赞同这种观点。生动的人物和情景无疑将使教材更具有趣味性，在国际汉语教材编写中，怎样有针对性地设计人物和情景以适应不同汉语学习者的心理特征？哪些因素可以为教材的设计提供参考？这些问题都需要我们做进一步深入分析和探讨。

再次，人物情节切忌说教。

将国内编辑出版的汉语教材与国外本土汉语教材进行对比，我们会发现其中一个明显的不同就是教材情节中的说教成分。受中国文化环境的影响，国内教材编写对政治的正确性十分敏感，在汉语教材情节设计中常常不自觉地将编写者的主观意识形态带入其中，处处体现民族主义精神，涉及中国文化方面的问题时也偶有流露出"唯我独尊"的心态，致使汉语教材成为中华民族爱国主义教育的教科书。在国际汉语教材编写中应尽量杜绝这种带有政治色彩或者爱国主义色彩的说教，以避免这种"微言大义"的行为为教材使用者所诟病。

（三）语料

"语料"一词来源于计算语言学中的语料库（Corpus），本指一个文本的集合库。通常，在统计自然语言处理中实际上不可能观测到大规模的语言实例，于是人们使用简单的文本作为替代，将这些文本集合起来形成语料库（Corpus）。在语言教学领域中，语料的外延概念较为模糊。一般认为教材语料指的是教材课文中所使用的语言材料的集合。在有些研究中，研究者直接将"语料"

等同于“课文”。

其实，“语料”与“课文”有本质的不同。首先，“语料”是一个抽象的概念，是一个集合体，是教材中所有教学材料的总和。严格地说，教材中的语料不仅包括“课文语料”、还应该包括“练习语料”。练习是教材中非常重要的一个组成构件，课文中的语言点在练习中不断复现，通过不同形式的操练，达到被使学习者所掌握的目的。鉴于这一点，应该加强对教材练习语料的研究力度，通过与教材课文语料的对比，从数量和复现情况方面入手，揭示其在教材中的作用。

教材中的语料可以看作是一个文本资料的集合，是语言材料的整体。语料是不可见的，它仅以部分的形式体现为教材课文或练习中的对话或短文。同时，教材语料还是语言项目在课文编排中的直观体现。然而，教材不是百科全书，教材语料不可能面面俱到地涉及衣食住行各方面的所有汉语知识。这其中就涉及话题的选择和语料难度的控制这两个方面的问题。

1. 课文的话题

教材的话题是学习内容的概括体现，通过对教材话题进行观察，我们可以大概知道通过学习这本教材，学习者能够掌握的词汇和文化项目，甚至常用句型以及语法项目等。苏新春（2011）认为：“话题是为了体现教学目的与要求而营造出来的一个个围绕着中心而展开的语言环境，在这样的语言环境中融入、组织、安排了需要达到教学目的的知识和技能。”① 话题体现在课文中，有的课文可以包含两个甚至更多个话题。而“课文可以说是课本的灵魂。虽然在语言学习的不同阶段，课文的重要性有所不同，但

① 苏新春等，《话题分析模块及七套海外汉语教材的话题分析》，载《江西师范科技师范学院报》，2011 年第 6 期。

它在相当程度上决定一本教材是否成功。”①

话题的选取就如在浩如烟海的语言材料中选择具有代表性以及学习者感兴趣的材料。可以通过报纸、杂志、书籍、网络等途径组织和收集语料，还可以进行基于经验的课文文本创作。另外，既可以以教学活动的交际目的为导向确定课文话题，也可以从学习者的角度出发，选取贴近特定学习者需求的话题。与对外汉语教材的话题选择有所不同的是，在收集国际汉语教材话题的时候，还可以采集学习者的母语话题的翻译材料。这样做的目的是为了使课文或练习内容更能体现教材的国别化特点，更能引起学习者的学习兴趣。

国家汉办出版的《国际汉语教学通用课程大纲》中“汉语教学课题及内容建议表”将教材话题分为 22 个大类：个人信息，情感与态度，社会交往，日常生活，学校生活，家庭生活，文化娱乐，节日活动，身心健康，习俗与禁忌，旅游与交通，语言与文化，价值观念，文学与艺术，政治、历史与地理，科学与技术，全球与环境，计划与未来，热门话题，教育，植物与动物，自然景观。这为我们进行教材话题分类提供了研究的基础。

话题研究的具体内容包括哪些？这一点目前还没有定论。我们认为至少可以从以下几个角度进行研究。首先是话题的分级问题。语言话题没有外延，任何事物、问题、现象都可以成为话题。同时语言话题又具有无限深度，同一个话题，可以仅就表面现象做讨论，也可以从深层次上进行讨论。通常我们都认为日常生活类的话题适合安排在初级教材中，而社会文化类话题适合安排在中高级阶段，可这种话题有没有进行具体细分的可行性？怎么规范所选话题符合特定教学阶段的实际情况？话题的选取与相应语

① 刘月华，《中文教材的课文和语法》，《中文教材与教学研究-刘月华教授荣退纪念论文集》，北京语言大学出版社，2006 年。

言水平的语言要素要求之间的关系如何等。另外话题研究常常与教材总体设计联系起来，比如在以交际功能为纲编写的教材中，话题的设计常常从实际的交际功能出发。但这种设计很可能使得教学中语言要素的学习无法得到满足。教材话题与语言要素的选取之间是一种怎么样的关系，什么样的话题更有利于解决功能为纲教材编写中的这组矛盾？

2. 语料难度的控制

除了编写者以教材编写为目的进行自创作而形成的教学材料，以及出于特殊的需要不能改写的名家名篇作品语料以外，绝大多数现成的语料是不可以直接被拿来当作课文语料的。这一点尤其明显地表现在初级和中级汉语教材方面。通常情况下，编写者会对现成的语料进行适度的改编和改写，使改编后的语料符合教材的体例、规范以及教材人物和情景的设计，尤其要对这些文本的难度加以控制。

教材语料的甄选首先要注意语言的选择、排序和频率问题。先要对初选语料中的词汇和语法项目进行分析，参照相关大纲进行定级，对超纲词和超纲语法进行删减或者改写，对过于简单或过难的词汇和语法项目进行替换或添加，使其符合教材总体设计的要求。还要注意典型语境中出现的语言点。其次，要注意语料难度的阶梯性排列。这个问题看似简单，可实际操作过程并没有那么轻松，尤其是在处理语言点由易到难过程中，要保持很高的敏感性。最后，还要注意限制教材语料的容量。课文长度要与教学阶段相配合，同时一册书中每一课的语料容量最好做到循序渐进，除课文外其他教材构件的容量和难度也应予以考虑。

在测算语料难度方面，可以将“句子的长短”和“词汇的难易”两个指标作为标准①，也就是测量“每百字段落平均句长”和“每百字含非常用词数”，然后将两项数据相加，得出语料的难度系数。如果借助相关的数据库技术，这种看似复杂的计算其实很容易实现，对教材语料难度的控制也会方便可行。

（四）教材构件编写原则

在教材构架一节中我们讨论了教材编写的体例，即“一课书或一个教学单元中的教学内容排列次序”。实际上，体例中设计的各构件作为教材的组块相对独立而又互相联系，每一个单独的组块自身也有自己的编写原则和规律。对这些分项原则和规律的研究，可以为编写者处理各构件之间的关系以及进行各构件的具体编写提供参考。

构成教材一课书的组块有很多，一般情况下，课文、词汇、语法释义、练习是一本汉语教材必不可少的几个部分。除此外，有些教材体例还包括话题的引入、文化介绍、注释等部分。这些部分在教材中看似并不起眼，但在教材使用过程中却可以为学习者提供最直接和必要的辅助，对学习效果有深远的影响，因此应该在研究中引起重视。在这里我们仅就近年来研究较多的注释、练习等的编写原则做简要讨论。

1. 教材的练习

“语言练习是对外汉语教学的重要一环，也是一部汉语教材成功与否的要素之一。”② 一般认为练习的编写要做到“目的明确，形式活泼；简洁直接，实用有效；编排有序，彼此配合；主次分

① 李燕、张英伟，《〈博雅汉语〉教材语料难度的定量分析-兼谈影响教材语言难度的因素和题材的选择》，载《云南师范大学学报（对外汉语教学与研究）》，2010年第1期。

② 李绍林，《对外汉语教材练习编写的思考》，载《云南师范大学学报》，2003年第3期。

明，种类适中；布局合理，文联平衡"① 等几个方面。

国际汉语教材所涵盖的教材范围广，种类繁多，不同教材在设计练习的时候，必定有所侧重，有所区别。比如针对少儿的汉语教材，要尤其突出练习形式的活泼新颖；专门用途汉语教材要根据使用环境和适用对象有的放矢地设计针对性强的练习项目；操练法为指导编写的汉语教材中所配备的练习量要远远超出一般教材；基础汉语教材的练习需要考虑生词的复现率以及与课文的配合度。以课题和任务为纲编写的教材，在练习设计时还要尽量做到话题的延续以及任务的拓展。

2. 教材的注释

近年来，针对教材注释的研究引发学者的关注。这主要因为一方面，注释是学生理解教学内容，掌握学习项目的主要途径，科学的注释模式和方法助力学习者的语言学习；另一方面，大多数教材中的注释都是一个有限的集合，分类也比较明确清新，方便研究者用计量的方法进行研究。

严格地说，"注释"应该包括"注"和"释"两个部分。教材注释中"注"的部分实际上包括：1）生词的注音和翻译；2）课文的注音和翻译。"释"的部分则包括：1）词汇项目释义；2）语法项目释义；3）文化项目释义。有些教材将"释"的部分统称为"语言点"，有的教材则将其分为"注释"和"语法"两个部分。根据实际情况，可采用"符号释义法、图片释义法、漫画释义法、目的语释义法、媒介语释义法"② 等不同的释义方法。

---

① 刘颂浩，《对外汉语教学中练习的目的、方法和编写原则》，载《世界汉语教学》，2009 年第 1 期。

② 王汉卫，《论对外汉语教材生词释义模式》，载《语言文字应用》，2009 年第 1 期。

第三节　国际汉语教材的构成要素维度

“要素”，指的是“构成事物必不可少的因素”或“组成系统的基本单元”。“要素”与“系统”相对而言，“层次性”是要素的基本属性，“一要素相对它所在的系统是要素，相对于组成它的要素则是系统”。①

到目前为止，我们所说的语言“要素”和“系统”都是抽象的概念，是看不见摸不着的。实现语言的交际功能，可以通过使用抽象的语言，而若想借助语言传递信息，传授知识或者传承文化，则需要对语言进行物质化。用汉字记录语言是对抽象的语言进行物质化的过程，其产物包括今天所能看到的各种纸质和媒体形式的杂志、专著、报刊、书籍和教材等。从这个意义上看，语言教材是一种比较特殊的语言物质化的产物。语言教材是传授知识的工具，其传授的对象是语言本身。这要求语言教材不但要对语言本身进行剖析，还要明确描述语言的“系统”以及构成语言“系统”的各“要素”的一般规律和特点。因此，从构成要素维度审视和分析国际汉语教材的编写是非常有必要的。

一般认为，语音、词汇和语法是构成一种语言的三要素。汉语与其他语言有所不同，因为汉语是一种表意文字。汉语的书写系统汉字在表意和构型等方面遵循特殊的规律。因此一般认为汉语由四个要素构成，即语音、词汇、语法和汉字。在汉语教学过程中，教材除了承担传授汉语语言知识的任务外，还承担一定的文化教学的任务，因此一本汉语教材的构成要素，除了以上四个以外，还应包括文化要素。

---

① 百度百科：http：//baike. baidu. com/view/290205. htm. 2013-1-1。

一、教材语音要素

教材的语音要素，指的是作为教学对象的语音项目内容以及在教材中的分布。目前国际汉语教材，尤指初级教材，对语音的处理大致可以分为两类，一类是将语音作为汉语教学的基础，另一类是将语音作为语言教学的内容和目标。大多数汉语教材采用前者的处理方法，比如综合教材或系列教材；后者对语音的处理方法在学界颇多诟病，但是在有的速成教材或者专门用途汉语教材中也有应用。

根据学者的研究①，目前汉语教材语音编排在初级阶段教材中都比较重视，中高级阶段也有所体现，但总体比较薄弱；教材语音教学的目标和原则不够明确；各教材缺乏统一性；语音编排的方式也呈现出多样性。

教材语音要素研究主要涉及教材语音项目的内容，在教材中的编排顺序，在教材中的分布等问题。在所有的汉语语言要素中，语音要素的数量相对较少，一套教材中应该包含的语音项目的外延也很清晰，但不同教材对教材语音拼写规则的处理可能有所不同。这实际上是汉语语音的规范性和教材语音编排的科学性之间关系的问题。现行汉语拼音方案对汉语拼音做出了准确的规定，多数教材都按照这个标准中列出的声母、韵母顺序安排语音项目。可是在实际教学中，我们不难发现，学习者习得语音的顺序与汉语汉语拼音方案不尽相同，尤其是考虑在二语习得过程中，不同母语者习得汉语语音也存在差异。因此语音部分的编写应该在拼音方案的基础上进行适量的微调，以符合教材使用的实际需求。另外，语音项目在教材中的分布，应该循序渐进，使学习者能够

---

① 宋海燕，《对外汉语教材语音教学编排研究》，载《南阳师范学院学报》（社会科学版），2009年第11期。

由易到难习得汉语语音知识，掌握语音规则，为汉语教学打下良好的基础。

二、教材汉字要素

汉字教学指通过教授一定数量的汉字以及一定的笔画知识、笔顺知识、结构知识等。总而言之，汉字教学的目的是为了培养留学生汉字的认读和书写能力。目前国内汉语教学活动中单独开设汉字课的情况并不多，单独的汉字教材数量也比较有限。比较有名的专门的汉字教材有柳燕梅主编，北京语言大学出版社出版的《汉字速成课本》；张静贤主编，北京语言大学出版社出版的《对外汉语本科系列教材：汉字教程》；周健主编，北京大学出版社出版的《汉字突破》等。在多数课程设置中，汉字教学是综合课的一部分，学习者同时学习汉字和其他语言知识。这种情况下，汉字内容一般安排在教学的初级阶段，比如在每课书的后面给出汉字笔顺表。

教材汉字要素的研究内容可以包含教材汉字的用量、教材汉字的分级、汉字在教材中的分布等方面。目前汉语国际教育领域较新的分级大纲有《国际汉语教育用音节汉字词汇等级划分》，其研制“主要依据包括30多亿字次的当代大型动态语料库和多种具有代表性、针对性的词典、词表、字”①，具有一定的代表意义和科学性，与这个大纲中的汉字等级进行对比有利于把握教材汉字的难度和用字特点等。

三、教材词汇要素

词汇是语言的基础，词汇学习是语言学习中最重要的部分。学

---

① 《汉语国际教育用音节汉字词汇等级划分》课题组，汉语国际教育用音节汉字词汇等级划分（国家标准·应用解读本），北京语言大学出版社，2010年。

习任何一种语言都要过词汇这一关。从目前的汉语教学模式来看，也多数从词汇教学开始。在分课型授课模式中，高级阶段的综合课、阅读课等也十分强调词汇的重要性。汉语词汇教学的目标应该是："根据教学大纲的要求，（使学习者）在有关汉语词汇知识的指导下，掌握一定数量的汉语词汇的音、义、形和基本用法，培养在语言交际中对词汇的正确理解和表达能力"（刘珣，2000）。根据这一目标，国家汉办先后出台了两个大纲，一个是1992年出版的《汉语水平词汇与汉字等级大纲》，另一个是2002年出版的《高等学校外国留学生汉语教学大纲（长期进修）》。这两个大纲对汉语词汇进行的划分有一定的差异，但前者所规定的甲级词、乙级词、丙级词总和与后者规定的初级词、中级词总数比较相近，可以作为初、中级汉语教材编写的参考依据。

语言教材的词汇涉及两个部分，一是课文语料词汇，二是生词词汇，这也是目前汉语教材词汇研究主要关注的问题。课文语料词汇研究与从结构编排维度进行的语料研究的内容部分相同，但是专门的语料研究除了关注词汇以外，还强调语料的其他构成要素以及语料的整体特征。生词词汇的研究主要讨论生词量的控制、生词难度的控制、生词等级覆盖率、生词在课文中的复现率、复现方式、复现间隔等问题。

另外，需要指出的是，目前教材词汇研究中并不太关注除课文外的教材构件中的词汇使用情况。我们认为，练习中词汇的使用情况，能从一定程度上影响学习效果，并从一个侧面反映教材的特点。例如有人提出应对生词注释中使用的词汇做出一定的限制，如果这样的假设成立，那么练习、注释等各方面的用词问题就更值得进一步探讨了。

四、教材语法要素

语法有两种不同的含义，一种指的是语言的结构法则，另一种指对语言结构法则的概括和解释，也就是我们通常说的“语法学”。教学语法可以看作是语法学研究的延伸和拓展，是语法研究的成果在教学中的具体应用，是一个由整体到部分再到整体的过程。因此，单就语法教学而言，教材所承担的作用就是向学习者呈现语法教学的项目，并给出学习这些语法项目的途径和方法。

国际汉语教材要做到这一点，实际上需要处理好的问题有两个：其一是教材的语法态度，包括对“语法”这一概念的认识，对汉语语法特点的认识，对语法研究与语法教学关系的认识等；其二是教材中语法项目的处理，包括语法项目的切分和筛选、等级划分和释义等。这些都是教材语法要素研究的内容。

五、教材文化要素

“心理学研究的成果证实目的语文化的学习可以帮助学习者克服文化心理障碍，有利于他们打破偏见，引导强烈学习动机”①。鉴于多数汉语教材都将文化项目作为一个显性的知识点交代给学习者，因此本文认为，在对教材构成要素进行研究时，对文化项目进行分析是十分有必要的。

文化是一个外延广泛的概念，中华民族的文化源远流长，构建这个文化体系的要素博大精深，单就文化的精髓恐怕也很难说的全面。且不说一般的综合汉语教材，即便是专门的汉语文化教材，也只能从某些侧面或角度阐释中华文化的一些皮毛。甚至于，即便是仅仅讨论中华文化的精髓所在这个问题，恐怕也不是一两本教材能够说得清楚。

汉语教材的中心不是文化，但是文化要素却蕴含在教材之中。

① 沙平，《论第二语言教学的文化导入》，载《福建师范大学学报》，1991年第1期。

这就要求教材的编写者要对文化有一个比较清晰的理性的认知。鉴于文化本身的丰富性和抽象性，并没有跟教材编写相关的专门的文化大纲。教材文化要素的研究可以为汉语文化教学，以及文化大纲的编写提供一定的借鉴。

第三章　美国高校汉语教材数据库的构建与思考

“数据库（Database）是按照数据结构来组织、存储数据的仓库。数据库有很多类型，从最简单的存储有各种数据的表格到能够进行海量数据存储的大型数据库系统都在各方面得到了广泛的应用。”①

语言学领域中，以语言研究为主要目的和内容，以语言项目的各种形式为主要存储形式和研究对象的数据库被称作语料库（Corpus）。语料库中存储的语料可以分成“生语料”和“熟语料”两类。生语料指的是那些未经过加工的文本语料，熟语料则指那些以语料结构为依据，根据研究的需要标注了语法、语义、语音、语用等语言信息的语料。显然，未经处理的生语料对语言研究的意义不大，因此绝大多数较为成熟的大规模数据库建设都以存储熟语料为主。也就是说，在建立数据库的过程中需要根据研究需要对所收集的语料进行标注或其他必要处理。

以语言研究为目建立数据库或语料库的历史可以追溯到 20 世纪 60 年代。随着信息技术的发展，语料获取越发容易，语料加工自动化程度越来越高，数据库建设技术也越来越成熟。进入近现代，数据库的规模常常在千万字甚至上亿字（词）以上。

在语言教学领域，数据库的功能越发受到重视。比如收集学习者学习过程中出现口语或者书面语偏误的“偏误语料库”，研究第二语言习得过程中语言动态的“中介语语料库”，在语言测试方

---

① 百度百科：数据库．http：//baike. baidu. com/view/1088. htm. 2012-6-6。

面使用较为广泛的“测试语料库”等，这些数据库从不同方面推动了语言教学研究和实践的发展。在教材研究方面，建立教材数据库有利于在定量研究的基础上，分析教材编写的特点和规律，为教材的编写提供有益借鉴。

从目前国内的教材数据库建设来看，汉语教材语料库的开发程度相对滞后，大多数教材数据库规模较小，在数据库的规范性方面也差强人意。这些问题导致汉语教材数据库建设明显落后于英语教材数据库建设，并从一定程度上制约着汉语教学中教材研究与编写的发展。因此，建设国际汉语教材数据库有助于了解国别汉语教材现状，进行国别汉语教学情况的评估，有利于指导国别汉语教材的编写研究，推进国际汉语教学的语言信息处理技术，以及满足潜在的学科系统化建设需求。

本章我们将分析国别汉语教材数据库建设的必要性及重要意义，并以“美国高校汉语教材数据库”构建为例，从构建流程、数据库统计分析软件、元数据项处理、数据库的层级和结构等4个方面详细讨论教材数据库构建的相关问题。

第一节　国别汉语教材数据库建设的必要性

一、国内汉语教材数据库现状

我国的语料库开发和研究从20世纪70年代末开始，在语料库建设和应用研究方面取得了一些成绩，比较有名的汉语语料库如国家语言文字应用委员会主持建立的“国家现代汉语语料库”、“台湾中央研究院平衡语料库”、香港理工大学“中港台汉语语料库”等。目前国内较大规模的教材数据库或语料库有上海交通大学建立的“新视野大学英语教材语料库”，北京师范大学建立的

"中国语文教材语料库"①，国家语言资源检测与研究中心的"少数民族地区双语教育教材语料库"② 等。针对汉语教材编写的数据库建设可以说刚刚起步。我们仅知的教材数据库有国家对外汉语教学领导小组办公室和北京语言大学图书馆共同开发的"对外汉语教材检索数据库"，中山大学国际汉语教材研发与培训基地开发的"全球汉语教材库"，以及中央民族大学国际教育学院主持开发的"国际汉语教学数据库"中的"国别化教材研究库"③ 等。

（一）对外汉语教材检索数据库④

"对外汉语教材检索数据库"是由国家对外汉语教学领导小组办公室和北京语言大学图书馆共同开发的教材信息检索数据库，其前身是北京语言大学"世界汉语教学交流中心信息部"。该"信息部"成立于 1989 年，于 1990 年正式归并北京语言大学图书馆，接受国家对外汉语领导小组办公室和北京语言大学共同领导，日常工作由图书馆组织实施。

1. 数据库收录教材范围

教材检索数据库的主要工作是收集、整理、报道世界各国各地区汉语教学及汉语研究的文献资料。⑤ 主要数据的收藏范围自 1864 年伦敦出版的《THE RUDIMENTS OF THE CHINESE LANGUAGE》(汉语入门)、1886 年上海出版的《语言自迩集》到新中国成立以来所有能收集到的对外汉语教材。截至 2006 年，共收录

---

① 国内主要语料库汇编：http：//www. yygrammar. com/Article/201202/2773. html. 2012-6-7。

② "少数民族地区汉语教育教材语料库建设"项目开题会在兰州举行。http：//www. zhyww. cn/Article/201111/54906. html. 2012-6-7。

③ 国际汉语教学数据库：http：//tpi. cie. muc. edu. cn/App_ Pages/Default. aspx. 2012-6-7。

④ 北京语言大学，对外汉语教材检索数据库：http：//lib. blcu. edu. cn/xxb/hyjc/. 2012-6-7。

⑤ 北京语言大学，世界汉语教学交流中心信息部网站：http：//lib. blcu. edu. cn/xxb/xxb. htm 2012-6-6。

教材 667 种，约 3 万条记录。

2. 收录数据体例

主库数据分简易数据和全面数据两种形式，简易数据是简易形式，提供教材的基本信息，如教材封面、内容简介、教材目录、教材前言、序及第一课课文、最后一课课文等。全面数据增加了教材原封面、序言、前言、说明、目次等，包括中外文形式，并有教材第一课与最后一课的原文，部分教材有专家评语，提供教材直观、详细的介绍等。

3. 数据库的用户界面设计

数据库通过方便的交互界面为使用者提供教材检索服务，设有“教材分类检索”和“对外汉语教材检索”两项检索功能。其中，“教材分类检索”按照教材适用课型、教材级别、教材涉及领域、注释语种等对教材进行二次分类。“对外汉语教材检索”提供按照关键词、教材题名、著者、出版社等对教材进行检索的功能。

4. 补充数据库

对外汉语教材检索数据库的补充数据库还包括“教材目录库”“教材呈交本库”和“国外教材库”和“教材编写文献库”。但是由于一些原因，“教材目录库”和“教材呈交本库”并未建成使用。

（二）全球汉语教材库①

“全球汉语教材库”由中山大学国际汉语教材研发与培训基地开发。中山大学国际汉语教材研发与培训基地于 2009 年 5 月正式成立，成为国家汉办汉语国际推广基地之一。其主要任务是大规模收集全球汉语及中华文化教材，建立全球汉语教材信息展示中心，开发多语种汉语文化辅助教材，开展与教材推广相关的应用研究和师资培训。

① 全球汉语教材库，http：//www. ctm-lib. com/search？ keyword=. 2012-6-7。

1. 教材库收录教材范围和数量

截至目前，“全球汉语教材库”共收录世界各国汉语教材记录15444条。按照媒介语不同，各种教材在教材库中的比例见表3-1。

表3-1 “全球汉语教材库”教材统计数据①

媒介语	数 目	比 例
汉语	3793	24.56%
韩语	2640	17.09%
汉语；英语	1852	11.99%
日语	1688	10.80%
英语	1193	7.72%
其他	4298	27.83%
总计	15444	100%

2. 收录数据体例

“全球汉语教材库”所收录教材的信息可分为“展示信息”和“具体信息”两个部分。

教材的展示信息包括教材封面的图片、题名、作者、教材资源类型、出版信息（包括出版社和出版时间）、页数、适用水平、媒介语、内容简介、专家及使用者评价等。教材的具体信息分为内容简介、书号信息、书名信息、责任者信息、出版信息、学习者信息、内容信息、负载物信息、链接信息、其他信息等，详细记录了教材的元数据。

3. 用户界面设计

“全球汉语教材库”有普通检索、高级检索、导航检索三种检索功能。权限用户可以利用这三种方式进行教材检索。

普通检索向使用者提供按照“书名”“出版社”“作者”等关键词对教材进行普通检索的功能。使用高级检索功能，用户还可

① 全球汉语教材库，http：//www.ctm-lib.com/search？keyword=.2012-6-7。

以按照“出版地”“出版时间”“ISBN”“媒介语”“适用水平”“适用学校”“教材资源类型”“适用课型”等关键词进行教材检索。另外，教材库还提供“媒介语”“教材资源类型”和“使用学校”三种导航检索功能。

“全球汉语教材库”的网站语言除了汉语和英语两种外，还包括日语、汉语、西班牙语、印尼语等其他六种语言。目前，教材库仅对权限用户开放使用检索功能，部分教材还提供“阅览教材”和“下载教材”的功能。

（三）国际汉语教学数据库

“中央民族大学国际教育学院国际汉语教学数据库”① （以下简称“教学数据库”）由中央民族大学国际教育学院主持建设，是中央民族大学重点培育学科——“国际汉语教学”学科建设的重要建设项目之一，旨在为本院师生和国际汉语教学相关领域的广大教学及科研人员提供专题性的教学参考和研究支撑。“教学数据库”分“学术资源”“教学资源”和“信息资源”3大类，按5级目录展开，其中“国别化教材研究库”子库（以下简称“教材库”）已建成使用。

“教学数据库”利用清华同方知网（北京）技术有限公司开发的TPI软件为技术支持，依托中央民族大学国际教育学院的研究力量，以中国知网、国家汉办提供的及学院师生收集的汉语国际传播资料为数据资源建立数据库。其中“信息资源”实施开源，查看“学术资源”和“教学资源”中的资源则需要注册。

“国别化教材研究库”是“教学数据库”的一个三级子库。

---

① 中央民族大学国际教育学院国际汉语教学数据库，http：//tpi. cie. muc. edu. cn/App_ Pages/Default. aspx。

二、教材数据库建设中存在的问题

教材研究是教学研究的重要组成部分，而教材数据库无疑是教材研究的技术支持之一。将教材研究与数据库研究有机地结合在一起，可以为教材研究提供科学的计量数据，帮助我们摆脱过去研究中的主观性认识，提升研究的可信度。以数据库研究为基础的教材研究，还可以用以指导汉语教材编写的实践，提高教材编写的质量。目前的教材数据库建设虽然取得了一定的成绩，但相比之下，暴露出的不足也有很多，主要表现在以下两个方面。

（一）教材语料库的开发程度相对滞后

“我国语料库的建设始于 80 年代，当时的主要目标是汉语词汇统计研究。进入 90 年代以后，语料库方法在自然语言信息处理领域得到了广泛的应用，建立了各种类型的语料库，研究的内容涉及语料库建设中的各个问题。90 年代末到新世纪初这几年是语料库开发和应用的进一步发展时期，除了语言信息处理和言语工程领域以外，语料库方法在语言教学、词典编纂、现代汉语和汉语史研究等方面也得到了越来越多的应用。”① 然而，应用于这些新领域的语料库的开发程度还非常滞后，尤其是在语言教学领域中的应用还十分有限，语言教材数据库建设更是少之又少，亟需进一步发展。

（二）大多数教材数据库规模较小

现有的教材数据库基本由个人或某个学术单位建设。这种自建数据库的优点是基于研究的需求，在数据录入、加工处理等方面针对性强，能够最大限度地发挥数据库的研究价值。缺点是规模一般不会太大，某一个学术单位或个人的力量毕竟有限，所能

---

① 傅爱平，《语料库研究与应用综述》，http：//ling. cass. cn/yingyong/courses/corpusbase. htm. 2012-6-12。

收集的教材资源也会受到多方面的限制，因此大多收录某一套或某几套教材的文本语料。国内英语教材数据库建设开始较早，因此在这方面做得比汉语教材数据库好一些。但与其他类型的语料库相比，在规模方面还有进一步提高的空间。

（三）数据库规范性有待加强

张宝林（2010）在对中介语语料库进行研究时指出：语料库建设中“呈现出一种随意状态，不同语料库建设者基本上是依据自己的主观认识与想法各行其是”①。另一个问题是在规范性方面大多差强人意，这影响了数据库数据的适用性。建设数据库的意义是为了实现语料数据的重复使用，使用不同的计量统计方法，对相同的语料进行有针对性的统计分析，实现不同的研究目的。这对数据库的规范性提出了要求。不符合规范的数据库建设会造成有的数据库只能满足某一特定的研究任务，既无法共享，又不能做到开源。或者，不同数据库的信息编码方式、存储方式、管理方式大相径庭，给信息交互使用带来不便，造成了资源的极大浪费。

造成以上问题的原因有可能是：一方面，教材语料库建设目前还处于一个开创和发展的阶段，在语言教学领域中又懂教材编写理论又懂数据库建设的人还比较少；另一方面，教材数据库建设对财力、物力及组织管理等方面的要求都比较高，这些也从一定程度上限制了数据库的发展。

---

① 张宝林，《汉语中介语语料库建设的现状与对策》，载《语言文字应用》，2010年第3期。

第二节　国别汉语教材数据库建设的意义

教材是课堂教学必不可少的工具，是教师和学生进行教学活动的重要参照，教材数据库建设是教材建设的重要组成部分。在语言教学领域，语料库可以帮助我们进行具体语言项目的计量研究、教材编写研究、工具书编纂研究，还可为语言测试提供参考等。随着近些年来国际汉语教学事业的快速发展，建立国别汉语教材数据库对国别汉语教材的研究和编写，以及国际汉语教学事业都具有重要意义。

一、有助于了解国别汉语教学现状

中国经济持续、稳定、快速的发展为汉语的快速传播奠定了坚实的基础，2006 年“走出去”战略提出到现在短短 6 年的时间，国际汉语教学事业虽然还处于一个刚刚起步的阶段，但是世界各国汉语教学的发展势头却十分迅猛。据统计，“在全球 194 个国家中有 150 多个在进行汉语教学”①。在研究方面，“近几十年来海内外汉语作为外语教学，在教学理论、习得理论、教学模式、语言要素教学研究以及教材编写、评估测试等各个方面都取得了可喜的成果”②。面对这种态势，目前首要解决的是对各国汉语传播的现状进行总结，摸清各个国家和地区汉语教学的实际情况。建设和开发国别汉语教材数据库，有利于我们有针对性地了解国别汉语教材的使用情况，并将教材因素作为评估一个国家汉语传播情

① 许嘉璐，《放开眼界，更新观念，让汉语走向世界——在北京师范大学纪念展开对外汉语教学 40 周年大会上的讲话》，载《语言文字应用》，2006 年第 2 期。

② 李泉，《关于建立国际汉语教育学科的构想》，载《世界汉语教学》，2009 年第 3 期。

况的因子之一。另外，了解各国汉语教学的实际情况，有助于我们制定有针对性的汉语教学政策和标准，用以指导本土化汉语教师、教材、教学法等问题的系统研究。

二、有助于加强国别汉语教材的编写和研究

“三教”问题是汉语教学的核心问题。有学者认为，在教师、教学法和教材这三个要素之中，“教材是对外汉语教学和国际汉推发展的突破口”[①]。随着国际汉语教学事业的发展，“国别化”业已成为国际汉语教材发展的必然趋势。

“国别化汉语教材”与“国别汉语教材”同中有异。关于“国别化汉语教材”的定义，很多学者在研究中都有论述。如吴应辉（2012）专门就“国别化汉语教材”和“普适性汉语教材”的基本特征，以及在汉语国际传播中的优势和不足进行了探讨。他指出：“国别化语言教材是指从某一国家学习者的特点和需要出发，以满足特定国家学习者的学习需要为目标而设计、编写和制作的某一语言作为外语或第二语言教学教材。”[②]他认为，“国别化”有时候可以被“本土化”替代，“但国别化更强调以国家为单位，而本土化则既可以在有些地方替代‘国别化’，又可以在一定情况下指‘地方化’，因为在有的场合‘本土’一词还可指比国家更小的行政单位，如省、州等，有时也可指某一领域”[③]。李志凌（2012）在研究中认为“国别化教材”是“为适应个别国家和地区的社会文化和教育教学特点，对教材予以主动改编或重写，以选取本地特色词汇为主要手段进行系统编写，其教材作品有别于其

① 翟讯，《汉语教学资源体系所要求的新一代对外汉语教学》，载《长江学术》，2010年第1期。

② 吴应辉，《关于国际汉语教学“本土化”与“普适性”教材的理论探讨》，载《语言文字应用》，2013年第3期。

③ 吴应辉，《关于国际汉语教学“本土化”与“普适性”教材的理论探讨》，载《语言文字应用》，2013年第3期。

他国家和地区普遍使用的教材”[①]。

相对于“国别汉语教材”，“国别化”是一个动态的范畴。与“本土化”强调教材从“非本土”倾向向“本土”倾向的转变过程一样，“国别化”也应该是一个动态范畴。也就是说，汉语教材的国别化过程，就是第一类和第二类汉语教材向第三类和第四类汉语教材转变，并最终成为“国别汉语教材”的过程。这一转变过程不仅要求我们熟悉和了解目的国的教学政策，还要求我们对不同国家和民族教学对象的特征有明确的把握，并且必须建立在对已有的“国别汉语教材”的编写和使用情况进行深入分析的基础上。建立国别汉语教材数据库无疑将为我们研究国别汉语教材的编写和使用情况提供必要和令人信服的数据支持。

三、有助于推进国际汉语教学信息处理技术的发展

国别汉语教材数据库建设，不仅可以为教材的编写和研究提供有力的支持，与此同时，还能大大提高国际汉语教学语言信息处理技术的发展。

从语言学研究出发，“语料库在语言学研究领域有广泛的应用，它是语言研究现代化的重要基础”[②]，有学者认为，利用语料库我们可以克服传统语言研究中的诸如“语料的客观性不强”“语料占有量不大”“工作量大，效率不高”“语料的共享性不够”等问题。[③] 尤其是近年来，语料库技术已帮助研究者在词典编纂，语言统计，语言监控，语音、词汇、语法研究等多方面取得突破性进展，为国际汉语教学研究提供了有用的范例。国际汉语教学研究作为一个新兴交叉学科，产生在一个信息化的时代，而这个时

① 李志凌，《国际汉语教学常用术语辨义》，载《汉语国际传播研究》，商务印书馆，2014 年第 1 期。

② 何婷婷，《语料库研究》，华中师范大学博士学位论文，2003 年。

③ 侯敏，《计算语言学与汉语自动分析》，北京广播学院出版社，1999 年。

代的特点要求我们善于利用计算机和网络技术为我们的研究提供便利。与此同时，建设国别汉语教材数据库，对这个国家的汉语教材进行全面的调查，除了可以借此了解这个国家的汉语教材面貌以外，更重要的是可以推动国际汉语教学学科的信息化水平。

四、有助于国际汉语教学学科的系统化建设

国际汉语教学作为一个学科，与其他任何一个学科一样，不但需要有成熟的理论基础作为指导，还需要一套科学和严谨的研究方法，需要有区别于其他学科的研究对象等。这是一个长期的系统工程，需要历经一个漫长的过程。信息化程度也是衡量国际汉语教学学科发展程度的重要标准之一，有助于国际汉语教学学科的系统化建设。

第三节 美国高校汉语教材数据库的构建

美国高校汉语教材数据库的构建包括设计数据库的物理结构和逻辑结构。数据库的物理结构是数据库的逻辑存储方式，与本研究的主旨关系不大，在这里不做论述。数据库的逻辑结构“是对语料数据的形式抽象，它要能够方便、直观地表示语料的逻辑组织形式，并能容易地转换成计算机能够处理的数据结构”①。通俗一点儿讲，教材数据库的逻辑结构就是教材语料的入库规则，其目的就是将存在巨大差异的教材语料分门别类，有章有序的存储起来，方便管理者进行分类管理，也方便使用者进行查找、对比、统计等计量操作。

构建美国高校汉语教材数据库最直接的目的无非有两个，一

① 何婷婷，《语料库研究》，华中师范大学博士学位论文，2003年。

是借助数据库了解目前美国高校汉语教材的全貌，二是对教材的内部结构及教材语料进行定量研究和对比研究，找出教材的优势和不足，为教材编写提供可以借鉴的经验。因此，从数据内容上看，教材数据库除了应该包含一本教材的一般信息以外，更为重要的是，还应包括教材的结构和内容等方面的数据。其中教材结构数据包括教材的编排、体例和人物或情景设计等，教材内容则包括课文、生词、练习、注释等文本语料。教材内容语料与一般语料在内容表现形式上也存在差别，教材语料除了包含文字以外，还涉及图片、表格等形式，除了简体汉字以外，还涉及繁体字、拼音、翻译语言等。

在进行"美国高校汉语教材数据库"的构建时，我们首先要确定使用的数据管理和分析软件。以此为基础我们将对比 DC 元数据和中文文献 CN—MARC 等图书馆界使用的著录标准对语料的元数据进行规范化的分类和标注。我们还将根据国际汉语教材自身的特点，结合本研究的需要，对教材的文本语料进行分类和标注，包括对语料进行分词，确定课文语篇和语句，注释和练习等的标注模式，为进行教材文本语料的定量对比研究提供技术支持。另外，在设计数据库的结构时，要保证"美国高校汉语教材数据库"的构建合乎语料库构建的学科规范，并有利于语料资源的共享与进一步拓展。总之，在设计美国高校汉语教材数据库逻辑结构的过程中，我们主要需要完成以下工作：

（1）教材数据库的构建流程；

（2）教材数据库统计分析软件；

（3）教材元数据项的处理；

（4）教材数据库的层级和结构。

一、教材数据库构建流程

美国高校汉语教材数据库的构建流程如图 3-1 所示。

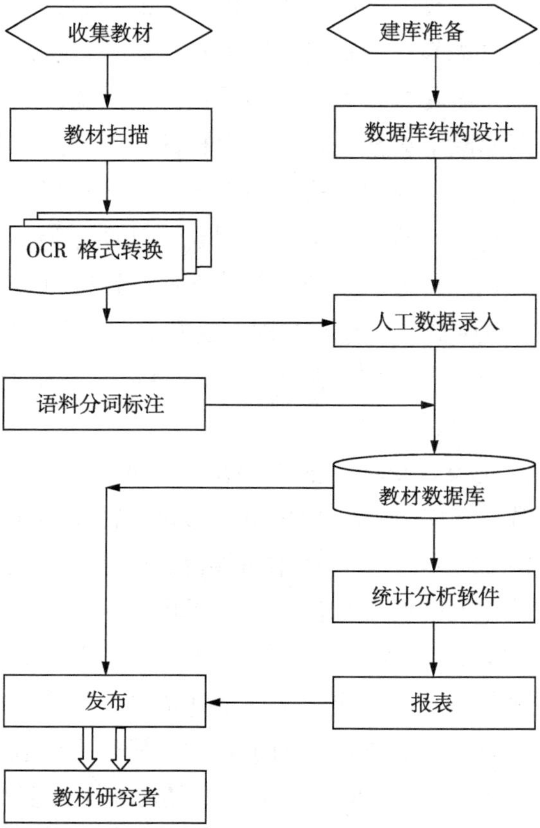

图 3-1 美国高校汉语教材数据库构建流程

二、教材数据库统计分析软件

作为研究型数据库，美国高校汉语教材数据库在建造中需要数据管理软件和词汇标注软件两个主要软件：数据管理软件用来进行底层数据的存储和处理，词汇标注软件用来对教材语料进行分词和标注。考虑到作为研究型数据库，美国高校汉语教材数据库对数据存储、管理、处理等方面的要求并不复杂，因此我们使用 Microsoft 关系型数据库 Access 作为建库软件，利用中国科学院计算技术研究所汉语词法分析系统 ICTCLAS（Institute of Computing Technology, Chinese Lexical Analysis System）对课文文本进行分词和标注。

（一）Access 关系型数据库

Access 是当今最优秀的数据库管理系统之一，具有强大的数据库处理功能，也是 Microsoft Office 办公软件的组件之一，是一种关系型数据库。

关系型数据库区别于层次型和网状数据库，是由若干张依照关系模型而设计的数据二维表组成的集合。数据表之间不但具有独立性，而且若干个表之间有一定的相关性，使存储数据具有最小的冗余性和最大的共享性。同时，将具有不同属性的数据独立存放在一个表中，方便用户对这些数据进行处理，对任何一个表，用户可以新增、删除、修改表中的任何数据而不会影响其他表中的其他数据。

（二）ICTCLAS 汉语词法分析系统

汉语词法分析系统 ICTCLAS（Institute of Computing Technology, Chinese Lexical Analysis System）是由中国科学院计算技术研究所研制的中文分析软件。该系统的功能主要包括：中文分词、词性标注和未登录词识别。分词正确率高达 97.58%（973 专家组评测），未登录词识别召回率均高于 90%，其中中国人名的识别召回率接近 98%，处理速度为 31.5Kbytes/s。ICTCLAS 可以根据需要输出多个高概率结果，有多种输出格式，支持北大词性标注集和 973 专家组给出的词性标注集合。[①] 其训练语料库为北京大学计算语言学研究所加工的《人民日报》语料库，词性标注集合为 ICTPOS，其中有 22 个大类，共 99 个词性标记。[②]

---

① 参见计算所汉语词法分析系统 ICTCLAS 介绍。

② 刘群，《汉英机器翻译若干关键技术研究》，清华大学出版社，2008 年。

之所以在建立数据库过程中使用ICTCLAS分词软件，取决于汉语词汇的特殊性。借助这一软件对教材语料中的词汇进行划分和标注，作为进一步的教材词汇分析的基础。

三、教材数据库元数据项的处理

上文中我们讨论了教材作为课程设计的一种物质产品，本身除了提供语言文本信息以外，还附着大量超语言文本的结构信息，以及教材作为一种出版物的产品信息。这类数据是教材的一般信息，在数据库领域被称为“元数据”。

语料的元数据（Metadata），还有人称之为“data of data”。从这一定义不难看出，元数据其实就是“数据的数据”或者“关于数据的信息”。语料的元数据对于数据库和语料本身都具有重要的意义。通常情况下，“可以通过元数据了解语料的时间信息、地域信息、作者信息、文本信息等各种相关信息；也可以通过元数据形成不同的子语料库，满足不同兴趣的研究者的研究需要；还可以通过元数据对不同子语料库进行比较，研究和发现一些对语言应用、语言发展可能有影响的因素；元数据还可以记录语料的知识版权信息，记录语料库的加工信息、管理信息”①。

在这里，我们将研究“DC元数据”和我国图书馆界普遍使用的中文文献著录标准，作为教材数据库元数据项目分类标准的参考。

（一）DC元数据

DC元数据是“都柏林核心（Dublin Core）元数据”的简称，产生于1995年。提出这套标准的目的是“寻求一套简洁而有弹性，且非专业图书馆人员也可轻易操作和使用的信息资源格式，

① 何婷婷，《语料库研究》，华中师范大学博士学位论文，2003年。

最初主要用于描述文本数据，逐渐支持网络资源的其他非文本资源”①。

DC 元数据将对象资源的元数据分成 15 个著录项②，见表3-2。

表 3-2　DC 元数据著录项

著录项	英文	著录项	英文
题名	Title	其他责任者	Contributor
创建者	Creator	格式	Format
日期	Date	来源	Source
主题	Subject	权限	Identifier
出版者	Publisher	关联	Relation
类型	Type	覆盖范围	Coverage
描述	Description		

对上表进行逐项分析后我们不难发现，DC 元数据所规定的大多数著录项对于我们确定教材数据库中的元数据来说非常有用，比如："题名" 项填写教材名称；"创建者" 项填写对语料内容的创建负主要责任的个人或单位；"日期" 是数据创建或者使数据成为可利用状态的具体时间；"出版者" 是教材出版责任人，一般为出版社，包括中方出版社和外方出版社两个子项；"其他责任者" 项填写教材数据创建的第二责任人。这些数据项可以为我们确定教材数据库元数据规范提供有益的借鉴。

但同时也有一些著录项不符合确定教材数据库元数据的标准。比如 "主题" "类型" "描述" "格式" "来源" "权限" "关联" "覆盖范围" 等著录项对于教材数据来说，有必要进行进一步的细化。以 "类型" 项为例，国际汉语教材的类型相较于一般出版物更为复杂，其中教材难度和适用对象是决定教材类型的决定属性

① 韩立栋，《MARC 与 DC 元数据格式研究》，载《现代情报》，2004 年第 8 期。

② 百度百科，DC 元数据：http：//baike. baidu. com/view/1246142. htm. 2014-07-25。

之一，应在元数据项中有明确的体现。这点需要我们在 DC 元数据著录项基础上加以改进。

（二）中文文献著录原则

中文文献著录原则是由国家颁布的对各类型文献进行客观著录的原则与方法，目前被广泛应用于图书馆系统对图书的管理。该标准详细规定了对著录内容，编目用识别符和文字的用法、结构形式及编目方法等。这套标准共分为 8 个大项和 33 个子项目。

表 3-3　中国文献编目规则著录标准

序号	项目名称	子项目序号	子项目名称
1	题名与责任说明项	1	a. 正题名
		2	b. 一般文献类型标识
		3	c. 并列题名
		4	d. 其他题名信息
		5	e. 责任说明
		6	f. 无总题名文献
2	版本项	7	a. 版本说明
		8	b. 并列版本说明
		9	c. 与本版有关的责任说明
		10	d. 附加版本说明
		11	e. 附加版本说明的责任说明
3	a. 文献特殊细节项	12	a. 文献特殊细节项
4	出版、发行项	13	a. 出版地或发行地
		14	b. 出版者或发行者
		15	c. 出版日期或发行日期
		16	d. 印制地、印制者、印制日期
5	载体形态项	17	a. 数量及特定文献类型标识
		18	b. 图及其他形态细节
		19	c. 尺寸
		20	d. 附件

续表

序号	项目名称	子项目序号	子项目名称
6	从编项	21	a. 从编正题名
		22	b. 从编并列题名
		23	c. 从编其他题名信息
		24	d. 从编责任说明
		25	e. 从编国际标准连续出版物号
		26	f. 从编编号
		27	g. 分丛编
		28	h. 其他丛编事项
7	附注项	29	a. 附注项
8	标准编号与获得方式项	30	a. 标准编号
		31	b. 识别题名
		32	c. 获得方式和（或）定价
		33	d. 附加说明

与 DC 元数据著录标准相比，中文文献著录原则的特点是编目详细具体，根据这一原则，基本上可以对普通图书、古籍、金石拓片、测绘制图资料、乐谱、录音资料、影像资料、图示资料、连续出版物、微缩资料、电子资源等各种中文文献进行编目。以连续出版物为例，见表 3-4。

表 3-4　中文文献著录原则连续出版物编目说明

著录项目	说明
题名与责任说明项	分辑、副刊或集刊等连续出版物题名为正题名；责任者一般为团体责任者
版本项	包括地区版本，如“郊县版”“华东地区版”；特殊对象版本，如“经理版”“医师版”等；特殊版式或外形，如“盲文版”“大字印刷版”等；文本版本，如“蒙文版”等
卷、期、年、月或其他标识项	连续出版物的第一卷、期、出版年月，以及本条资源的卷、期、出版年月

续表

著录项目	说明
出版发行项	出版物出版地、出版者、编者、出版日期及印刷信息等
载体形态项	尺寸等
丛编项	连续出版物正题名、责任说明等
附注项	常用出版频率：日刊、周刊、半月刊等
标准号与获得方式项	著录 ISSN 号

连续出版物与教材，尤其是系列教材之间有很多共性。因此在进行教材语料元数据项目的分类时，我们就可以借鉴这种方法，并在此基础上稍加改造，使分类标准更能反映国际汉语教材的特点。比如教材的“版本”项应区分教材的翻译语种或者面向国家，或者按照课文用字是繁简体为教材进行分类；“卷、期、年、月或其他标示”项应给出一套教材的总册数，并为每套教材规定册序；“载体形态”项除了应交代教材的尺寸外，还应交代教材的版面颜色，版面有无插图等信息。

（三）教材数据库元数据的分类

以上我们对比了 DC 元数据、中文文献著录原则对网络及文献资源的标注，以及分类方式，这些分类方式对我们处理教材数据库中语料的元数据提供了借鉴。在此基础上，我们将教材基本信息分为 7 个大类，每类所包含的教材元数据类型具体见表 3-5。

表 3-5 美国高校汉语教材数据库元数据类型

序号	项目类型	子项目序号	项目名称
1	教材题名与责任说明	1	教材中文名称
		2	教材外文名称
		3	录入者

续表

序号	项目类型	子项目序号	项目名称
2	版本	4	教材面向国家或地区
		5	教材难度等级
		6	适用对象
		7	翻译语言
3	出版发行	8	中/外方编写机构
		9	中/外方出版社
		10	编写者
		11	出版年份
		12	重印年份
		13	印刷次数
4	载体形态	14	开本
		15	印张
		16	字数
		17	版面设计颜色
		18	版面设计插图
5	丛编	19	全套总册数/册序
		20	有无教师用书
		21	有无练习用书
		22	有无教材光盘
		23	有无其他配套教辅
		24	有无网络同步教材
6	标注号	25	ISBN
7	附注	26	定价
		27	出版社社址、网址、电话、邮箱
		28	其他

鉴于美国高校汉语教材数据库用 Access 作为数据存储和管理软件，而 Access 的基本存储单位是“表”，因此教材元数据项就是表中字段的名称，分别用来存储关于每本教材的不同信息。也就是说，以一本教材为基本单位，每本教材都应将以上这 7 个大类，28 个小类的元数据内容作为与其他教材加以区别的标示。与此同时，存储在 Access 其他表中的数据将与元数据表相互关联，并建立一对多的关系，以确保每一条语料元数据的完整性。

四、教材数据库的层级结构

教材的层级和结构指教材语料之间的相互关系，指的是教材具体内容与教材一般信息之间的层级关系，以及教材内容与内容之间的结构关系。

通过前文的讨论，用 Access 作为教材数据库数据存储和管理软件，数据库中的所有数据信息保存在“表”中，通过表与表之间的关联，可以实现对数据的查找、计算统计、打印和编辑修改。“表”又由若干行和列组成，分别称为“记录”和“字段”。前文讨论过的元数据项目，其实就是语料库某一个“表”中的“字段”。国际汉语教材数据库层级和结构设计就是确定在 Access 软件中包含哪几个表，每个表包含哪些字段，以及每个字段的数据类型、宽度、取值范围等。

（一）教材数据库的层级

美国高校汉语教材数据库的层级如下图所示：

图 3-2　美国高校汉语教材数据库的层级

由图 3-2 可以看出，美国高校汉语教材数据库是一个三层结构：第一层是教材的基本信息，也就是一本教材的元数据；第二个层次的数据是美国高校汉语教材的具体内容数据；教材数据库的第三个层次是共享层，用来存储对教材进行扫描后的 PDF 格式或转换后的 OCR 格式电子书，数据库第一层和第二层中的数据均以共享电子书库为基础。

（二）教材数据库的结构

数据库中的“教材基本信息数据”就是教材元数据，上一节中已经讨论过，在此我们将结合教材基本理论的研究，就数据库第二个层次“教材内容数据”结构作进一步讨论。

美国高校汉语教学的情况比较复杂，学习者既有零基础的，也有参加过 AP 中文考试的，既有来自汉语环境中的，也有来自非汉语学习环境的；既有作为选修课的汉语课程，又有必修课汉语课程；既有作为短期班的汉语课程，也有长期班汉语课程。而美国高校汉语教材数据库中的教材内容库又是教材数据库的主要组成部分，是基于数据库的教材研究的基础。因此必须保证教材内容库的结构能够真实反映一本教材的面貌，同时每个结构中的字段设计还要留有一定的可拓展空间，以求能够满足各种不同类型教材的入库需要。这就要求我们在设计数据字段的时候，既要充分考虑不同课程所使用教材的差异性，又要尽量总结不同种类汉语教材的特点，提炼这些教材在内容方面的共性。

通过对美国高校汉语教材的编排结构进行考察，我们将教材数据库的结构设计如下：

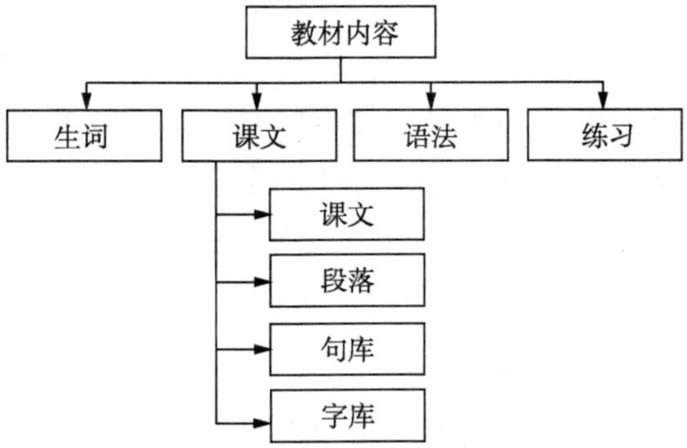

图 3-3 美国高校汉语教材数据库的结构

美国高校汉语教材数据库将教材的内容分为四个部分，分别是生词、课文、语法点和练习。其中“生词语料”包括教材课文后的生词及生词的词性、生词的频度、频率和累计频率。“课文语料”是教材研究的重要部分，其中“课文的基本信息库”主要包括课序、课文题目、课文内容主题、课文文体形式、有无生词解释、导入课文、核心课文、课文翻译、生字笔顺、语法解释、语法对比、文化点介绍等；“字库”是教材课文中的字频统计，包括字的频次、频率以及累计频率；“句库”是教材课文中的句子统计，包括句子文本，以及句长（字符数）；“段落库”是教材课文的段落文本。“语法点语料”是教材课文后知识点文本语料，主要包括知识点标题、知识点文本、语法解释使用语言，有无语法对比，语法对比使用语言等。“练习语料”是教材课后练习语料，包括练习题号和练习文本。

五、对比词表和大纲简介

为了更好地揭示美国高校汉语教材的语言结构特征，我们在研究中除了对教材数据库中收录教材的共同特点和差异性进行对比以外，还将通过与相关词表进行对比。我们将用来对比的词表是《汉语国际教育用音节汉字词汇等级划分》，对比的大纲为《国际汉语教学通用课程大纲》。

（一）《汉语国际教育用音节汉字词汇等级划分》语料库

《汉语国际教育用音节汉字词汇等级划分》“规定了汉语国际汉语教育用音节、汉字、词汇的等级划分，给出了汉语国际教育用分级的音节表、汉字表、词汇表，体现了三维基准体系。”① 这套标准的研制“主要依据包括30多亿字次的当代大型动态语料库和多种具有代表性、针对性的词典、词表、字表。”② 其基本框架如表3-6所示。

表3-6　《汉语国际教育用音节汉字词汇等级划分》基本框架③

等级划分与等级水平			音节	汉字	词汇	汉字音节比	词汇汉字比
一级（普及化等级）	普及化水平	入门等级	272	300	505	1.10	1.68
			608 *	900 *	2245 *	1.48	2.49
二级（中级）	中级水平		300/908	900/1800	3211/5456	1.98	3.03
三级（高级）	高级水平		163/1071	900/2700	4175/9631	2.52	3.57
	高级“附录”		39/1110	300/3000	1461/11092	2.70	3.70
总计			1206 *	3000	11092		

注：此608个音节、900个汉字、2245个词语含入门等级272个音节、300个汉字、505个词语。“总计”中音节数1206是基本音节表的总数，但是3000字覆盖的音节为1110个。

本研究将对比《汉语国际教育用音节汉字词汇等级划分》中汉字以及词汇与教材数据库中的语料进行对比。

① 中华人们共和国教育部，《国家语言文字工作委员会．汉语国际教育用音节汉字词汇等级划分》，北京语言大学出版社，2010年。

② 《汉语国际教育用音节汉字词汇等级划分》课题组，《汉语国际教育用音节汉字词汇等级划分（国际标准·应用解读本）》，北京语言大学出版社，2010年。

③ 《汉语国际教育用音节汉字词汇等级划分》课题组，《汉语国际教育用音节汉字词汇等级划分（国际标准·应用解读本）》，北京语言大学出版社，2010年。

（二）《国际汉语教学通用课程大纲》语料库

《国际汉语教学通用课程大纲》是为了顺应世界各地汉语教学迅速发展趋势，满足各国对汉语教学内容规范化的需求而研制的规范性标准，“对汉语作为第二语言课程目标与内容进行了梳理和描述，旨在对汉语教学机构和教师在教学计划制定、学习者语言能力评测和教材编写等方面提供参考依据和参照指标。”①

《国际汉语教学通用课程大纲》将课程内容分为五级，并对分级目标进行了详细描述，包括课程目标、语言知识、语言技能、策略以及文化意识。同时，《国际汉语教学通用课程大纲》还给出了汉语教学话题和内容、文化题材和任务、常用语法项目、常用字、高频词等方面的建议。这些建议表可以为我们进行美国高校汉语教材中话题、文化等方面进行比较提供重要的参考。

① 国家汉语国际推广领导小组办公室，《国际汉语教学通用课程大纲》，外语教学与研究出版社，2008 年。

第四章　美国高校汉语教材发展纵观与现状调查

第一节　美国高校汉语教学及教材发展历程

美国汉语教学开创于19世纪中后期，发展时间并不长，至今约有一百多年的历史。在此期间，受世界经济政治环境、美国语言政策、中美外交关系等影响，美国汉语教学发展进程也呈现出不同的特点。有的研究者将美国华文教育汉语教学分为萌芽时期（1875-1911）、发展时期（1912-1945）、停滞时期（1946-1970）及振兴时期（20世纪80年代以后）四个时期。[①] 有的研究者将中美建交前的美国汉语教育分为初创期（19世纪30、40年代-太平洋战争爆发前）、转折期（太平洋战争-1949）、跃进期（20世纪50年代后期-20世纪60年代末）及停滞期（20世纪70年代-中美建交）四个阶段。[②] 这些分期虽然都有一定的理据，但都不够全面，对19世纪80年代后美国汉语教学的发展，特别是近些年来美国高校汉语教学的新形势把握得不够精准。因此，本章在全面考察了美国汉语教学发展全貌的基础上，对美国高校汉语教学发展的历程进行深入分析，并将其划分为四个阶段。

---

① 李天锡，《北美洲华文教育的历程及其特点》，载《华侨大学学报（哲社版）》，2002年第4期。

② 吴原中，《中美建交前美国汉语教育史述略》，载《华文教学与研究》，2010年。

一、高校汉语课程设置标志美国高校汉语教学的创立

早期西方人对汉语的学习有两个共同的特点：第一，汉语学习和教学与汉学研究是紧密联系在一起的；第二，这是一个“专业汉学”和“传教士汉学”并存的时期。[①]美国本土最早的汉语教学可以追溯到18世纪下半叶。随着鸦片战争的爆发，大批华工涌入美国，有家室的华工人数也逐渐增多，在美华工子女的汉语教学问题随之展开。这一时期的汉语教学基本上由华侨华工自发组织。一般由当地的华侨组织开办私塾或者学堂，讲授四书、古文、八股、唐诗等内容，属于启蒙教育。由于这些学校的教学对象多为华工或华侨子女，因此从严格的意义上讲，这一时期的汉语教学属于汉语作为母语教学。但不管怎样，民间私塾形式的华文和华文化教育仍然开辟了美国本土汉语教育的先河，标志着美国的汉语教学从无到有，对后来汉语教学的发展产生了深远的影响。

1871年，耶鲁大学正式把汉语列为一门课程。这是美国国民教育体系内首次开设汉语课程，也是真正意义上的汉语作为第二语言教学。1877年，从中国卸任外交官一职回国的美国著名汉学家卫三畏，“受聘担任耶鲁学院汉学讲座第一位中国语言文学教授”[②]。1879年，来自清朝的一位知府候选——举人戈鲲化受聘于哈佛大学，成为美国高等教育中第一位聘请自中国的汉语老师。[③]到了1914年，哥伦比亚大学、克拉克大学、威斯康星大学、华盛顿大学等多所大学也开始举办汉语讲座。根据中国驻美大使馆

① 张西平，《西方人早期汉语学习史的研究初探——兼论对外汉语教学史的研究》，载《国外汉语教学动态》，2003年第4期。

② 李天锡，《北美洲华文教育的历程及其特点》，载《华侨大学学报（哲社版）》，2002年第4期。

③ 崔颂人，《美国汉语教学的先驱——戈鲲化》，载《世界汉语教学》，1994年第3期。

（1928）的报告，当时美国设立中国语言专系的有9所学校，设有汉语专修科的有17所大学。[①] 但是，由于在当时的历史背景下，美国人学习汉语多是出于商业或传教目的，“西方中心论”思想在美国语言教学中占据主导地位，因此“到太平洋战争爆发之前，致力于学习汉语的人仍寥寥无几”[②]。

由于历史久远等原因，现存对当时美国高校所使用汉语教材进行介绍的史料保存下来的较少。我们只能从一些零星的历史文献或美国汉语教学史研究资料中管窥当时的汉语教材情况。根据作者的推测，这一时期使用的汉语教材应该还是沿袭了国内教学传统，多数是自编的或来自国内的传统教材。另外，在高等教育方面，卫三畏在中国期间编写和出版的初级汉语教材《拾级大成》很可能也随着其回国传入美国，成为美国最早的汉语作为二语教学教材之一。

二、战时需要推动美国高校汉语教学的进一步发展

1939年，第二次世界大战爆发。出于战争的需要，美国希望即将参展的军队能够了解远东民俗文化，学习交战区国家语言。然而当时能够教授远东语言的人才以及相关语言教材都少之又少。于是，基于军事和外交的需要，美国军方实施了一系列远东语言教学与研究项目，如美国国防部推行的“特种军事训练计划”，要求新兵必须接受为期6至9个星期的远东语言培训。美国政府也在这方面投入了大量人力、物力和财力，如“外国区域与语言课程”计划。“为了训练美国官兵学习汉语，1943年，耶鲁大学成立远东语文研究院（Institute of Far Eastern Languages），…… 这是美国正

① 吴原元，《试析1949年前美国高校的中国知识教育》，载《江西师范大学学报（哲学社会科学版）》，2008年第4期。

② 吴原元，《中美建交前美国汉语教育史述略》，载《华文教学与研究》，2012年第4期。

式成立汉语专修班的一个开始。”另外，美国政府还分别在哥伦比亚大学和普林斯顿大学设立海军语言学校，在弗吉尼亚的夏洛特维尔设立陆军语言学校。当时作为“美国学术协会总会”（American Council of Learned Societies）成员的布龙菲尔德教授受邀协助美国陆军教育司负责的军方语言培训。这些举措无疑成为美国汉语教育发展的助推剂。

尤其值得一提的是，在此之前的美国汉语教学强调汉语认读能力，晦涩的古代汉语和文法将很多想要学汉语的人拒之门外；而从二战开始实施的各种短期培训计划则强调汉语的听说能力，以“刺激-反应”论为理论基础的密集强化训练模式更是使短期内掌握语言听说能力成为一种可能，这都从客观上大大推动了汉语教学的发展。战争结束后，美国学界就密集强化这种短期培训形式是否也适用于高校汉语长期教学这一问题展开了激烈的讨论，多数大学将这种教学模式加以改造并整合到大学的汉语课程的教学之中。

到19世纪40、50年代，虽然美国军方和政府均大力推动远东语言研究与教学，同时全新教学理念的引介也促使美国高校的汉语教学进一步发展，但是战后美国国内的“反共”和“恐共”情绪仍然挫伤了人们学习汉语的热情，“这一时期大学对中国的兴趣和注册学习中国课程的学生人数都已大大减少。”① 美国高校汉语教学一度陷入低谷。这种情况一直持续到1958年“美国国防教育法案”颁布之后才有所好转。该法案授权美国政府资助高等教育机构约8 000 000美元建立现代外语教学研究中心。汉语研究也从中受益，根据1968年的统计，美国高校开设汉语课程的学校增加

① 韩铁，《福特基金会与美国的中国学》，中国社会科学出版社，参见吴原元，《中美建交前美国汉语教育史述略》，载《华文教学与研究》，2012年第4期。

到 108 所，学习汉语的人数达 5061 人。[①]

教材方面，汉语教学的进一步发展推动汉语教材的快速发展。耶鲁大学“编写出一套教材，拟出适应美国人拼音习惯的‘耶鲁式汉字拼写法’。”[②] 曾在 1921 和 1938 年两次赴美，并先后任教于哈佛大学、夏威夷大学、耶鲁大学等大学的赵元任先生编写的 Mandarin in Primer《国语入门》于 1948 年由哈佛大学出版社出版。另外，美国本土最早被普遍采用的汉语教材还有 Speak Chinese（《说汉语》），Chinese Dialogue（《华语对话》）等。这些教材最开始“用来教耶鲁远东语文学院受训的美国官兵”，战争结束后成为想去中国学习汉语的主要教材。这一时期还出现了专门介绍中华文化的读本，耶鲁大学出版社出版的 Twenty Lectures on Chinese Culture（《中国文化二十讲》）[③]

三、和平时代背景下美国高校汉语教学的快速发展

汉语教学在美国高校真正快速发展是从 19 世纪 70 年代开始。虽然这一阶段美国开始更加关注国内事务，美国政府对语言和区域研究的资助也有所缩减，但是美国民众对汉语学习的热情并没减弱多少。尤其是 1971 年，中国加入联合国，并成为 5 个常任理事国之一；1973 年，联合国投票通过把汉语列为安理会 6 种工作语言之一，这些都大大提升了中国的国际地位，了解中国，研究中国，学习汉语在美国成为风潮。据统计，到 1978 年，美国开设汉语课的高校“增至 260 所，遍及三十九个洲，每个州最少一、两所，最多的达三十所（如纽约州）、二十九所（如加利福尼亚

① 吴原元，《中美建交前美国汉语教育史述略》，载《华文教学与研究》，2012 年第 4 期。

② 常保儒，《美国汉语教学和汉语研究状况》，载《语言教学与研究》，1979 年第 1 期。

③ 本节根据黄博飞《四十年代以来在美国所用的汉语汉文教材》的研究整理而来。

州)。”美国的中学也纷纷开设汉语课，根据1975年的统计，开设汉语课的中学猛增到500所以上。[①] 1979年，中美正式建交，更掀起了美国国内新一波“汉语热”。据统计，1978年美国大专院校开设汉语课的课程报名人物增加到7842人。到19世纪80年代，随着中国改革开放政策的推出，美国的更多有识之士意识到学习汉语的广阔前景。其中最有名的是美国道奇基金会发起的“汉语启蒙教学方案”。另外随着国内汉语教学活动的开展，中美之间的学术交流开始增多，从1980年起，北京语言大学开始举办“中美汉语教学研讨会”，专门邀请美国汉语教学专家在会上报告美国最新的汉语教学情况和研究成果。

70、80年代美国高校使用的汉语教材无论数量还是种类都比较匮乏，主要有耶鲁大学出版的系列教材、迪弗朗西斯（J. Defrancis）主编的汉语教材、北京语言大学的 Basic Chinese Reader（《基础汉语课本》）和 Practical Chinese（《实用汉语课本》）以及赵元任先生编写 Chinese Primer（《国语入门》）等[②]。这些教材的编写和出版年代都比较久远，落后于时代的特点比较明显。直到90年代末，这种情况才有所改观，1997年，中文教材 Integrating Chinese（《中文听说读写》）由 Cheng & Tsui Company 出版，并很快在美国大学和高中广泛使用。另外，由美国著名汉语教学专家周质平组织编写，由普林斯顿大学出版社出版的系列教材开始陆续面世，如1992年出版的 Intermediate Reader of Modem Chinese（《现代汉语中级读本》），1993年出版的 Advanced Reader of Modern Chinese-China's Own Critics（《现代汉语高级读本-中国知识分子的自省》）、The U. S. A in the People's Daily（《人民日报

---

① 常保儒，《美国汉语教学和汉语研究状况》，载《语言教学与研究》，1979年第1期。

② 常保儒，《美国汉语教学和汉语研究状况》，载《语言教学与研究》，1979年第1期。

笔下的美国》），1996 年出版的，A Trip of China－Intermediate Reader of Modern Chinese（《华夏行－现代汉语中级读本》），1997 年出版的 Oh，China（《中国啊，中国!》）等，在美国高校汉语教学中使用也非常广泛。

四、新世纪中国国际地位提升推动美国汉语教学蓬勃发展

进入新世纪，中国的综合国力逐渐提升，中美之间的政治、经济、文化交往日渐密切。美国汉语教学呈现出蓬勃发展的迹象。尤其 2001 年以后，“作为对“9・11”事件的深刻反省，美国提出了旨在维护国家安全的‘关键语言’战略”[①]，将汉语等 8 种语言列为关系美国安全的关键语言。这一战略由美国教育部、国务院、国防部和国家情报主任办公室共同实施，内容包括 K－16 计划、外语资助项目、暑期语言强化培训项目、国家旗舰语言计划、星谈计划等。另外值得一提还有 SAT（学术水平测试考试）中文科目，AP 中文课程等项目。政府层面如此大规模的资金、人力、物力投入使汉语教育从官方到民间、从公立到民办、从高等教育到基础教育都迎来了一个蓬勃发展的时期。

中国政府在国家层面的一系列举措与美国政府遥相呼应，对海外汉语教学发展的推动作用也不容忽视。1987 年国家对外汉语教学领导小组成立，时任教育部部长的周济任组长，小组成员有 11 个部员组成，以指导国内外汉语教学工作。2002 年，国家汉办成立，“在借鉴德国歌德学院、法国法语联盟、西班牙塞万提斯学院等机构推广本民族语言经验的基础上”[②]，从 2004 年开始在全世界范围内建立旨在“增进世界人民对中国语言和文化的了解，发

① 王建勤，《美国“关键语言”战略与我国国家安全语言战略》，载《云南师范大学学报（哲学社会科学版）》，2010 年第 3 期。

② 百度百科：国家汉语国际推广领导小组办公室，http：//baike. baidu. com/view/911559. htm. 2012－9－1。

展中国与外国的友好关系，促进世界多元化文化发展”① 的孔子学院。截止 2014 年 12 月，美国已经建立的孔子学院共 100 所。②

2011 年，中国赶超日本，成为世界第二大经济体。快速发展的经济，稳定的社会治安环境，以及中国在国际事务中表现的大国姿态，促使中国的综合实力持续增长。大国魅力也吸引着更多的人萌生了学习汉语，了解中国的愿望，全球范围内的汉语热持续升温。据统计，“在美国的 3000 多所大学中，目前 700 多所开设汉语课，汉语已成为美国大学的第七大外语。”③“美国高校选修汉语的学生人数稳步上升，增长率在所有外语类中仅次于阿拉伯语，排在第二位。”④

汉语学习人数的增多带来对汉语教材的巨大需求，全球教材市场的巨大潜力因此显现出来。“目前国内有 90 多家出版社出版海外汉语教材，无论是教材的数量还是教材的种类都快速增长，呈现出百花齐放的态势。”⑤ 其中有代表性的是北京语言大学出版社出版的 New Practical Chinese Reader（《新实用汉语课本》），在美国高校使用广泛。美国的汉语教材编写者和出版商也在积极探讨适用于美国本土的汉语教材，除了《中文听说读写》和普林斯顿系列教材依旧占据美国市场的主要份额以外，专门针对美国学生使用的国别化汉语课本、词典、读物的种类和数量都逐渐增多。有代表性的如 Chinese For Tomorrow（《走向未来：新中文课程》），Chinese Made Easy（《轻松学汉语》）等。

---

① 国家汉办：孔子学院总部，http：//www.hanban.edu.cn/hb/node_7446.htm. 2012-9-1。

② 国际汉办/孔子学院总部 2011 年度报告：全球孔子学院（课堂）国别统计表。

③ 张西平，《世界汉语教学史》，商务印书馆，2009 年。

④ 张宽，《美国汉语教学还有很长的路要走》，人民网：http：//world.people.com.cn/GB/16090219.html. 2014-9-25。

⑤ 刘美如、吕丽娜，《建设海外非常规汉语课程本土化教材-波特兰州立大学孔子学院本土教材研发初探》，《国际汉语教材的理念与教学实践研究-第十届国家汉语教学学术研讨会论文集》，浙江大学出版社，2012 年。

第二节　美国高校主流汉语教材使用情况调查

国际汉语教材大致可以分为以下四类：第一类教材是从中国大陆出版社购买的，由中国大陆学者专家编写的，针对来华留学生学习汉语使用的汉语教材。这类教材一般以英语作为注释语言之一，有的还辅以俄语、日语、韩语等语言；在课程安排上，一般以国内留学生教育的培养方案为依据，且系统性较强，强调语言知识的教与学。有学者将这类教材称之为“普适性汉语教材”。另一类是从台湾出版社购买的，由台湾学者专家编写的汉语教材。与从中国大陆购买的教材不同，这类教材一般使用繁体字，并称汉语为“国语”。还有一类教材是由汉语输入国国家当地华人华侨或汉语教学专家编写，一般作为当地华人华侨子女从学前到小学再到中学的母语教材。针对华人华侨子女汉语听说能力发展先于读写水平的特点，这类教材一般以教授书面语为主，重点培养教学对象的读写能力。最后一类教材是由语言输入国的汉语专家学者根据目的国汉语政策、课程设计、教学安排等实际情况编写的，由当地出版社出版的汉语作为第二语言教学的教材。

从以上分类看，第三类和第四类汉语教材均属于“国别汉语教材”的范畴，这两类教材虽然有母语教材和第二语言教材之区别，但是均由目的国本土出版社出版，在编写原则、教材体例、语言要素的选择等方面本土化特征凸显，是一种在目的国较为“普适”的汉语教材。

根据上一节从历史源头对美国高校汉语教学的历史所进行的梳理，尤其是对美国高校汉语教材的历史沿革所做的简要介绍中我们可以看到，美国高校所使用的汉语教材多为第一类或第四类教材。为了对这些教材进行研究，我们将对美国高校使用的汉语教材进行调查。主要采用问卷调查、个别访谈及文献查阅和网络查阅相结合的方法。

一、调查对象

本文将调查对象确定为美国大学排名较前的学校。一方面，这些学校的汉语教学活动开展时间相对较长，因此教学体系较为成熟，在美国高校汉语教学的发展中具有代表性，基本能够反映美国高校汉语教材的使用情况；另一方面这些学校代表着美国高等教育的最高水平，其汉语教材的选取对整个美国汉语教材起风向标作用；还有，这些学校的信息化建设相对完善，参加学术交流活动也比较活跃，这些都有利于对其教材使用情况进行调查和统计。

确定这些大学的主要依据有两个：MUP 发布的“Top American Research Universities Report ”（美国研究性大学年度报告）和 U. S News 发布的“National University Rankings”（美国大学综合排名）。

MUP 是“Center for Measuring University Performance”（美国大学表现评估中心）的简称，该中心最为人知的研究成果就是每年发布的“美国研究型大学年度报告”。这个报告用 9 个指标衡量和评估美国大学的综合研究能力和教学水平：分别是研究总量（Total Research）、联邦研究总量（Federal Research）、年度捐款（Endowment Assets）、美国国家科学院成员数（Annual Giving, National Academy Members）、获学院奖人数（Faculty Awards）、博士学位授予人数（Doctorates Granted）、博士后受聘人数（Postdoctoral Appointee）以及 SAT/ACT 范围（SAT/ACT range）等。[①] 其发布的 2011 Top American Research Universities Report

① 维基百科：http：//en. wikipedia. org/wiki/Center_ for_ Measuring_ University_ Performance . 2014-7-25。

（2011年美国研究型大学年度报告）[①] 按照上述指标对美国大学进行排名。

U. S News 从 1983 年开始使用卡内基高等教育机构分类方法（Carnegie Classification of Institutions of Higher Education）对美国大学、研究生院、高中、网络教学，以及世界最好大学进行评估和排名。[②] 其中，“National University Rankings”（美国大学综合排名）是在美国国内和国际上最具影响力的排名之一。美国每年有超过 1000 所大学参加由 U. S News 进行的排名。评估先根据 Carnegie Foundation for the Advancement of Teaching（卡内基教学促进基金会）对美国高校进行分类，再通过对学校所进行的实际调查以及学校向 U. S. Department of Education’s National Center for Education Statistics（“美国教育部国家教育统计中心”）上报的信息收集数据，然后根据 16 个指标按照不同权重对学校进行评分，最后不同类别的学校按照不同的标准进行综合加权得分。评估的具体内容包括 SAT 和 ACT 成绩、学生人数、研究生人数、录取率、教师、留存率、毕业率等。

由于评估方法、指标、权重计算方法等均有所不同，上述两个排名结果存在一些差异，本文将这两个排名进行了对比，然后将重合部分的学校提取出来，初步将这些学校确定为本研究的调查对象。

二、调查方法

对美国高校汉语使用情况进行调查主要通过三种方法，一种是登陆所调查学校的主页，了解开始汉语课程的学院和系别，获

---

① 2011 Top American Research Universities Report ：http：//mup. asu. edu/research2011. pdf. 2012-9-7。

② How U. S. News Calculates the College Rankings：http：//www. usnews. com/education/best-colleges . 2012-9-7。

取开设专业和使用教材的信息。第二种方法是利用参加国际学术会议的机会，对来自美国的汉语教师进行个别访谈，再通过电子邮件收集调查学校的教材信息。另外，还充分利用网络资源，结合相关文献的研究成果对美国高校汉语教学和教材使用情况进行调查。

三、调查结果

（一）美国高校的汉语课程设置

根据美国教育部官方网站：www. usnews. com 提供的数据，美国高校所开设的汉语专业的称呼不尽相同，但基本上都开设于或下属于以下系的专业之中：

1）汉语语言与文学系 Chinese Language and Literature

2）汉语研究系 Chinese Studies

3）东亚语言与文学系 East Asian Language, Literatures, and Linguistics

4）东亚研究系 East Asian Studies

另外，调查结果还显示，美国高校开设的汉语课分为两种，一种是为汉语专业或者东亚语言文学专业学生开设的必修课，这类课程的系统性很强，根据学习者的水平以及入学年份等，面向从一年级到四年级的汉语专业学习者，既包括初级入门级汉语，又包括高级阶段报刊阅读或文学赏析等专业性较强的课程。另一类汉语课程是面向全校学生的选修课，以初级阶段汉语课程为主，面向从一年级到四年级想要学习汉语或者想要接触或了解中国文化的学生。

根据汉语课程的不同，美国高校汉语课分为“通用课程”、“文学课程”和“语言课程”三类。“语言课程”以教授语言为主要目的，分为初级、中级、高级三类。基本上初级阶段根据教材使用对象的不同，可以分为“通用”和“华裔”教材。高级阶段汉语教材又可以进一步按照专业的不同进行细分，如文学专业教材、商务汉语教材等。有的文学类汉语如《文学中的现实》等又可以作为通用高级汉语教材。

在课时方面，以芝加哥大学（University of Chicago）东亚语言文明学院（East Asian Languages & Civilizations）开设的汉语课程为例。芝加哥大学采用 Quarter 制学期制度，一个学年由秋、冬、春三个 Quarter 组成，2012-2013 学年开设汉语课程名称和课时如下表所示。

表 4-1　芝加哥大学汉语课程设置表①

Quarter	序号	课程名称	周课时	Quarter 课时
秋季学期 10. 1-12. 15 共 11 周	1	初级现代汉语-1	5 * 1h	55h
	2	华裔汉语-1	3 * 1h	33h
	3	清代文学作品	——	——
	4	中级现代汉语	5 * 1h	55h
	5	中级华裔汉语-1	5 * 1h	55h
	6	高级现代汉语-1	5 * 1h	55h
	7	商务汉语-1	3 * 1. 5h	45h
	8	四年级现代汉语-1	3 * 1h	33h
	9	五年级现代汉语-1	3 * 1h+2h	55h
冬季学期 1. 7-3. 23 共 11 周	1	初级现代汉语-2	5 * 1h	55h
	2	华裔汉语-2	3 * 1h	33h
	3	中级现代汉语-2	5 * 1h	55h
	4	初级中国文学-2	2 * 1. 3h	28. 6h
	5	中级华裔汉语-2	5 * 1h	55h
	6	高级现代汉语-2	5 * 1h	55h
	7	商务汉语-2	3 * 1. 5h	45h
	8	四年级现代汉语-2	3 * 1h	33h
	9	五年级现代汉语-2	3 * 1h+2h	55h

① 芝加哥大学东方语言与文明学院，http：//ealc. uchicago. edu/. 2013-2-26。

续表

Quarter	序号	课程名称	周课时	Quarter 课时
春季学期 4. 1-6. 15 共 11 周	1	初级现代汉语-3	5 * 1h	55h
	2	华裔汉语-2	3 * 1h	33h
	3	中级现代汉语	5 * 1h	55h
	4	初级中国文学-3	2 * 1. 3h	28. 6h
	5	中级华裔汉语-3	5 * 1h	55h
	6	高级现代汉语-3	5 * 1h	55h
	7	商务汉语-3	3 * 1. 5h	45h
	8	四年级现代汉语-3	3 * 1h	33h
	9	五年级现代汉语-3	3 * 1h+2h	55h

从上表中我们可以了解美国高校汉语课程设置方面的一些大概信息：

首先，初级汉语课程将 bilingual speakers of Chinese（汉语双语者，这里笔者将其译为“华裔”）与一般汉语学习者相区分。

其次，课程设置具有延续性和系统性，如现代汉语课程区分了基础、中级和高级三个等级，课程贯穿整个学年三个 Quarter，并具有延续性。

另外，每天汉语课的课时 1-1. 5 个小时不等，每周 3-5 个小时，每个学期 28. 6-55 个小时，这样算下来，一学年课时在 57. 2-165 个小时之间，文学和商务汉语课课时较少，而基础汉语课程课时较多。

（二）美国高校汉语教材的使用情况

在本书调查的美国排名比较靠前的高等院校中，大多数都开设了汉语课。其中，通过各种途径获取准确教材信息的高校共有 24 所[①]。除了有的学校高年级使用自编教材以外，这 24 所学校所使用的汉语教材共有 61 种之多。初级教材如北语出版社出版的《新实用汉语课本》(New Practical Chinese Reader)；以台湾语言环境为背景

① 详见附录二。

的《今日台湾》(Taiwan Today);赵元任先生出版于1948年的《国语入门》(Mandarin Primer);以“听、说、读、写、打”为指导编写的《走向未来》(Chinese for Tomorrow)。中高级教材以普林斯顿大学出版社出版的教材占大多数。如《中国的理想与迷惘》(China's Ideals and Perplexities),《中国知识分子的自省》(China's Own Critics)等等。

总体看,教材的选择和使用比较分散,除了几套教材使用量明显多于其他几套教材以外,教材的选用体现了任课老师的教学经验或使用习惯和偏好等等。详见表4-2。

表4-2 美国高校汉语教材排列

	教材		学校(所)
初级	Integrated Chinese	中文听说读写	18
	Chinese Link	中文天地	3
	Oh! China	中国啊,中国	3
中级	Integrated Chinese	中文听说读写	9
	Chinese Link	中文天地	4
高级	All Things Considered	事事关心	6
	A Kaleidoscope of China	中国社会百态	3

根据本文不完全统计,在美国高校汉语课程中使用最多的初级教材是由Cheng & Tsui Company, Inc出版,由刘月华、姚道中编写的《中文听说读写》系列教材;其次Pearson Education出版社出版的《中文天地》和普林斯顿大学出版社出版的华裔教材《中国啊,中国!》也在一些学校的面向华裔学生的汉语教学中使用。中级汉语教材的选用也比较集中,使用最多的仍然是《中文听说读写》和《中文天地》这两套系列教材。统计结果还现实,美国高校高级阶段汉语教材种类非常多,使用较多的有普林斯顿大学出版社出版的《事事关心》和《中国社会百态》,除此以外,由台湾汉语教学专家编写的教材也占有一定的份额。

下　篇

实证研究

第五章　初级汉语教材《中文听说读写》分析

第一节　《中文听说读写》基本情况简介

Integrated Chinese《中文听说读写》由总部设在波士顿的 Cheng & Tsui company（波士顿剑桥出版社）出版。这家公司是美国著名的独立发行和销售亚洲语言学习课本和教学材料的公司，成立于 1979 年，除了出版汉语文学作品翻译、词典、学习资料和参考书以外，还出版日语、韩语、印尼语学习资料。在汉语教材方面，除了《中文听说读写》以外，该公司出版的汉语教材还包括 Chinese Made Easy《轻松学汉语》、Chinese for Tomorrow《走向未来》、Flying with Chinese《飞向中文》、Learn Chinese with Me《跟我学汉语》、Beyond the Basics《乐在沟通》等。

《中文听说读写》第一版出版于 1997 年，由美国著名汉语学家刘月华、姚道中等共同编写，并于 2005 年和 2008 年分别再版，日渐成为目前美国高校中使用最为广泛的汉语教材。本研究建立的汉语教材数据库主要以 2008 年出版的第三版为依据。

编者刘月华，"毕业于北京大学中文系。原为北京语言学院教授，1989 年赴美，先后在卫斯理学院、麻省理工学院、哈佛大学教授中文。主要从事现代汉语语法，特别是对外汉语教学语法研究。"[①] 姚道中，"1946 年生，中国江苏人，在台湾长大，后移居

---

① 《汉语风》作者简介：http：//book. 360buy. com/10153931. html. 2012-9-17。

美国。现任美国夏威夷大学东亚语言文学系中文课程部主任、孔子学院院长、美国 AP 中文测试中心核心成员、中国汉办特聘海外专家、厦门大学和海南大学客座教授。”①

《中文听说读写》注重学生听、说、读、写等综合技能的练习，依据 ACFEL 的 5C 能力指标编写而成，提供真实语境着重训练口语及书写技能、培养文化认知等，是初学者学习中文最扎实、最全面的教材。②

第一版 第二版 第三版

图 5-1 《中文听说读写》版本示意图

在本章中，我们将以《中文听说读写》作为个案，从教材结构编排和构成要素两个层面对这套教材进行全面分析，希望这些分析结果能够为我们进一步了解本土化汉语教材，尤其是基础汉语教材提供理据。

① 百度百科：http：//baike. baidu. com/view/8854562. htm. 2012-9-17。

② http：//www. cheng-tsui. com/store/products. 2012-9-21。

第二节 《中文听说读写》的结构编排分析

教材的结构编排主要包括教材的总体设计、教材构架、教材语料和教材构件分项编写原则等四项内容。本节将分别从这几个角度对《中文听说读写》系列教材的结构编排特点进行具体的分析和研究。

一、《中文听说读写》总体设计

（一）编写纲目

在《中文听说读写》第三版的“序言”中，编者在介绍教材特色时明确提出教材采用“Engaging Leaner-Centered Approach”，也就是“沉浸式的学习者为中心的模式”，并指出：“教材采用任务教学法，旨在提升学生的动机，更清楚地意识到每一课的教学目标。”由此可以看出，《中文听说读写》主要采用以“交际功能为纲”的方式作为教材编写主线。另外，教材采用“一课书”为基本单位，每一课书的内容又围绕某一个话题；有时候为了配合话题的展开，在场景上也有所变化。比如 Level 1 Part 1 第 5 课“看朋友”场景在朋友家，第 9 课“买东西”场景在商店等。因此，笔者认为“课文话题”和“场景”是教材编写的次要线索和辅助编写纲目。

（二）教材编写体系

《中文听说读写》共分为 Level 1 和 Level 2 两个层次，每册又分为 Part1 和 Part2 两册，每个部分以“一课书”作为基本单位进行编排，每一课课文的教学内容相对独立和完整，每一课的内容简练精悍，在反映教学项目方面代表性较强。

《中文听说读写》每册安排 10 课，两册共 40 课。显然，这样的单元设置是为了使这套教材适应美国本土高中和大学汉语课程的设置。

美国本土的基础汉语系列教材与国内出版的系列教材略有不同。国内出版的系列教材多针对长期生和学历生。多数系列教材都需要涵盖学生从零基础到接下来 2-3 年内的学习时间内需要掌握的全部内容，教材容量非常之大。如《新实用汉语课本》一套 6 册，共 70 课；《博雅汉语》一套 9 册，初级共 55 课，准中级 8 个单元共 18 课，中级 22 课，高级 30 课；《汉语教程》一套 6 册，共 76 课。美国汉语教学虽然开始的较早，但以短期、零散、辅修或选修等形式为主。因此美国本土教材虽然也可以称作"系列教材"，但册数都比较少。如 Chinese for Tomorrow《走向未来》这套教材，共两个 Level，每个 Level 都包括课本、语法书和教师用书，整个系列一共 6 本。

《中文听说读写》的教材体系在同类美国本土基础汉语教材中是比较完备的，其特点主要表现在以下两个方面。

1. 教材课程容量符合美国汉语教学课程设置的特点

《中文听说读写》共两个 Level，每个 Level 又分为两个 Part，即全系列共由 4 册书组成。每个 Level 分别有 20 课，全套书共 40 课。这种设计非常符合美国高校汉语课多为选修课或者辅修课的特点。对于一般的大学本科生，在基础汉语学习阶段的头两年刚好可以学完四册书。

2. 教材与配套辅助材料形式多样，内容丰富

《中文听说读写》的教辅材料品种非常丰富，既包括纸质材料又有网络视听材料；既有为老师提供的教师手册，又有学生课下自学使用的练习册；既有供学生在线学习的教材，又有电子教材。如表 5-1 所示。

表 5-1　《中文听说读写》教材辅助材料表

教辅品种	Level 1 Part1	Level 1 Part 2	Level 2 Part 1	Level 2 Part 2
I Book Textbook	√			
Digital Bookbag	√	√	√	√
eTextbook	√	√	√	√
Online Workbook	√	√	√	√
Workbook	√	√	√	√
Character Workbook	√	√	√	√
Audio CDs	√	√	√	√
MP 3 Audio	√	√	√	√
Teacher's Handbook	√	√	√	
Textbook DVD	√	√		

从表中我们可以看出，《中文听说读写》整个系列的教辅品种多达 10 种，其中纸质教 3 种：Workbook、Character Workbook、Teacher's Handbook；电子教辅 3 种：IBook Textbook、Digital Bookbag、eTextbook；视听材料 3 种：Audiu CDs，MP3 Audio，Textbook DVD；在线学习材料 1 种：Online Workbook。另外，教材 Level 1 还有繁体字和简体字两个版本，学生可以根据自己的需要进行选择。健全的教材形式和多种教材辅助材料的开发可以满足各种学习者的不同需求，使教材的灵活性更强，适用性更高，应用面更广。

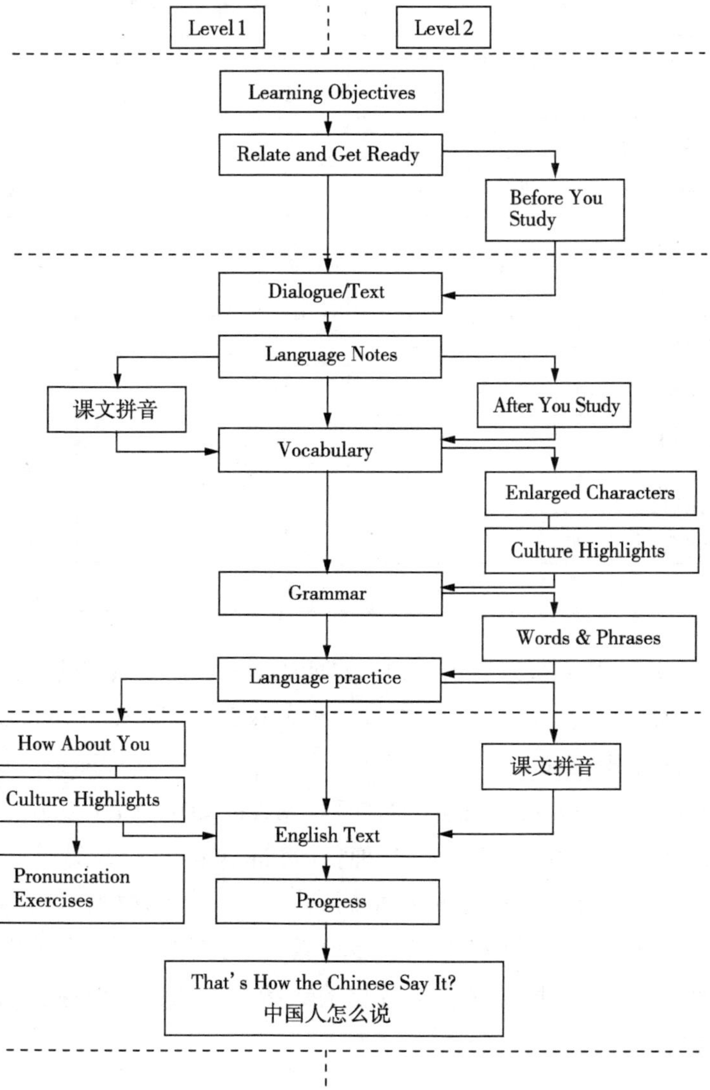

图 5-2 《中文听说读写》教材体例

（三）教材编写体规范

《中文听说读写》（第三版）在前两个版本的基础上，不仅在教材内容方面做了一些符合时代特征的改进，而且在内容规范性、版面颜色的搭配、配图等方面均有显著的改善，主要表现为以下几个主要特点：

1. 教材版面具有设计感和时尚感

在版面设计方面，教材大胆运用不同颜色和不同大小的字体，突出重要的语法点或词汇，使教材无论横向还是纵向都具有很强的层次感，学习者使用教材容易上手，并且很容易抓住每课课文的重点。其中红色用来强调重点，蓝色和绿色在增强设计感的同时，用以突出比较次要的重点，而黑色用来展示课文的主要部分，显得规范庄重。

2. 课文图片设计有效提升教材实用性

《中文听说读写》中使用的图片主要包括三类：一类是在每课课文和短文之前，用以展示本课课文内容的插图。为了突出课文的主旨，这类插图基本上都是专门绘制的，并且图片的线条简单，配色生动活泼。第二类图片是选取具有代表性的照片或者图片。这类图片有的出现在生词表之中或者之后，对相关的词汇进行辅助的解释；如 Level 1 Part 2 第 11 课中谈论天气，编者选取了中国气象局中央气象台的一幅“明天天气预报”图作为插图，这幅图片上标有中国各省省会的名称、天气情况和气温等。

另外，在课文“文化介绍”部分也会配合文化点的内容，插入能够反映中国大陆和台湾地区文化特点的照片，帮助学习者具体直观地了解相关文化内容。第三类图片主要出现在练习中，专门为语言练习项目设计和绘制。学习者可以根据这些图片提供的信息或者要求进行语言练习。

图 5-3 《中文听说读写》图片示例①

3. 教材版式统一，内容、注释、语法解释等合乎规范

《中文听说读写》整套教材的系统性和统一性非常强，每课课文都严格按照统一的版式进行编排。在拼音标注、汉字书写、词汇注释、语法解释等方面也非常规范。

以教材中的拼音为例，全书的拼音严格按照《汉语拼音方案》中的要求进行编排，在标注拼音的时候，对词和非词加以区分。如“刚才 gāngcái”是一个词，因此两个汉字拼音之间没有空格，而“网上 wǎng shang”是一个短语，因此汉字的拼音之间有空格。

二、《中文听说读写》架构

教材的构架是教材编写的具体实现方法，以下我们分别分析教材体例、编写规范以及人物和场景设计。

---

① 《中文听说读写》Level 1 Part 2 第 11 课。

（一）教材体例

《中文听说读写》系列教材课文在体例安排上基本保持一致。每课课前部分包括学习目标、准备部分，课文部分包括注释、生词、语法、练习，课后部分都包括课文的英文翻译和自查表等部分。但是每个 Level 在组成构件的选择和安排的顺序上略有差异。教材课文的编排体例具体见图 5-2。

（二）人物和情景设置

1.《中文听说读写》的人物设计特点

很多语言教材在编写时会设计一些主要人物，并以人物为线索推动课文或者话题的展开，借此进行语言项目的讲解和语言能力的训练。《中文听说读写》这套教材在编写时也设计了几个主要人物，这些人物都经过精心设计，并被分别赋予一定的性格、爱好等。见表 5-2。

表 5-2 《中文听说读写》中的人物表

教 材	人 物
Level 1 Part 1	王明、李友、高中文、高小音、白英爱、常老师
Level 1 Part 2	王明、李友、高中文、高小音、白英爱、常老师、贾先生、海伦、王红、王朋的父母
Level 2 Part 1	张天明、丽莎、李哲、林雪梅、柯林
Level 2 Part 2	张天明、丽莎、李哲、林雪梅、柯林、学妹的舅舅舅妈、天明的表哥、李文的父母

通过分析，本文认为《中文听说读写》在人物设置方面的特点主要表现在以下几个方面：

首先，主要人物以学生为主，人物的性格尽量贴近学习者的思维习惯和生活特点，借此推动课文情境的发展。如教材 Level 1 Part 1 第七课“你考得怎么样”中的“对话一”。课文对话的主要内容是李友作为王朋的好朋友，主动要求帮助王朋练习汉字，预习课文的故事。通过这样的设计，一方面如实地体现了中国人友好的性格特点，另一方面还能将“考试”、“复习”、“写字”、“笔”、“纸”、“教”、“预习”、“语法”等课堂词汇，将描写补语（Descriptive Complements）、双宾语（Double Objects）等语法项目教授给学生。

其次，创造接近学生生活的语言环境，增强教材的真实性和趣味性。教材 Level 1 中，以典型的美国汉语教师为原型，设计了一位来自中国的 50 岁左右的女中文老师：常老师，这基本符合美国人对中文教师的形象认识，体现了教材人物设计方面的真实性。另外，教材还设计了高文中、白英爱、王朋的“三角恋”以及张天明和丽莎，林雪梅和柯林这两对儿情侣。这样的设计是基于教材设计的使用群体是大学生这样的考虑。因为在美国，大学生谈恋爱是一件公开、寻常的事情。因此，这样的设计符合学习者心理特点，贴近学习者日常生活，同时使课文对话轻松有趣，增强了教材的趣味性。

第三，循序渐进的人物设计，带动课文情景范围逐步扩大。在 Level 1 的 6 个主要人物中，除了常老师和高小音以外，其他 4 个都是一年级的大学新生。围绕这些主要人物展开的课文情节也多是学习生活或日常生活。随着学习者汉语知识的掌握和汉语能力的提高，Level 2 中所设计的主要人物虽然只有 5 个，但无论在社会层面还是学校层面都有所拓宽和延伸，既有大一新生，也有研究生；既有美国长大的华裔，又有来自杭州的中国人。这样，不同的成长背景带来了文化的碰撞，使得课文情节可以突破日常学习和生活的桎梏，并开始讨论一些社会问题和现象。

2. 教材的情景设计特点

目前国际汉语教材，尤其是基础汉语教材在情景设计方面无外乎两种：一种是来华留学环境，另一种是本国汉语学习环境。将来华留学环境作为情景设计教材，编写者假设自己是一位来华留学生，以来华留学生活学习中的所见、所闻、所感作为教材编写的主要线索，课文话题多围绕着与中国人打交道、在中国旅游、感受中国文化等方面。这类教材对于来华留学生而言无疑是非常适用的，甚至对于那些在本国学习汉语，但是即将来华或者有来华打算的外国学生也可以起到率先垂范的作用。然而这种教材对于在本国辅修或者选修汉语的外国学生来说就难免有些“水土不服”了。

作为美国本土化汉语教材的代表，《中文听说读写》在情景设置上与国内编写和出版的汉语教材不同，Level 1 以及 Level 2 Part1 将课文故事发生的情景设计为美国汉语学习环境，Level 2 Part 2 为了加强学生的文化比较能力，才将故事场景转移到中国。对于在本国学习汉语的初学者来说，这样做的好处是不使他们觉得课文内容突兀、遥远或不可理解，进而加强汉语交际能力的培养。

三、《中文听说读写》课文语料研究

在本文的第二章中曾经提到“语料”是一个文本资料的集合，是语言材料的整体。语料是“不可见的”，它仅以部分的形式体现为教材课文或练习中的对话或短文，可通过分析教材的话题和课文内容来把握教材语料的特点。

（一）课文话题研究

目前对教材话题研究中有代表性的有苏新春（2011）将话题分为 5 个大类，下辖 52 个小类。[①]《国际汉语教学通用课程大纲》中以附录的形式给出关于汉语教学中话题内容的建议，并将话题内容归纳为 22 个类。[②]《高等学校外国留学生汉语教学大纲（长期

---

① 苏新春等，《话题分析模块及七套海外汉语教材的话题分析》，载《江西师范科技师范学院报》，2011 年第 6 期。

② 国家汉语国际推广领导小组办公室，《国际汉语教学通用课程大纲》，外语教学与研究出版社，2008 年。

进修）》中从功能项目的角度将话题分为 7 类。①

根据不同分类方法得到的分类结果可能不同，上述分类各有道理。为了研究的方便，本论文将采用苏新春的分类方法，将教材中的话题分为个人信息、生活、人际交往、学习与工作、社会话题 5 类。下表是对苏新春的分类进行整理得出的话题分类表。

表 5-3 课文话题分类模板（苏新春 2011）

序号	一级类	一级类包含小类
1	个人信息	姓名、国籍、职业、兴趣爱好、生日、朋友、家人、住址（共 8 个小类）
2	生活	起居作息、购物、健身娱乐、就医、饮食就餐、问路、出游出行、天气、租房与住宿、邮局、银行、美容美发、意外与事故、穿着服饰、计划与未来（共 15 个小类）
3	人际交往	打招呼、介绍、感谢、告别送行、邀请、拜访接待、送礼、询问、打电话、讨论评论、约会聚餐（共 11 个小类）
4	学习与工作	语言水平、请假与通知、上课与学习、找工作、校园生活（共 5 个小类）
5	社会话题	人、世界与环境、思想道德、科学与技术、植物与动物、自然景观、恋爱婚姻与家庭、健康与安全、幸福、交通、经济民生、政治、法律司法、教育（共 13 个小类）

1. 话题分布分析

《中文听说读写》采用“一课书”的编写体例，我们将“一课书”中的“一篇课文”作为一个话题单位，整套教材 60 个话题的分类如表 5-4 和图 5-4。②

① 国家对外汉语教学领导小组办公室，《高等学校外国留学生汉语教学大纲：长期进修》，北京语言文化大学出版社，2002 年。

② 详见附录三。

表 5-4　《中文听说读写》话题分布表

册序	话题类					总计
	个人信息	生活	人际交往	学习与生活	社会问题	
Level 1 Part 1	6	2	5	6	1	20
	30%	10%	25%	30%	5%	
Level 1 Part 2	–	15	4	1	–	20
	–	75%	20%	5%	–	
Level 2 Part 1	–	3	–	4	3	10
	–	30%	–	40%	30%	
Level 2 Part 2	–	–	–	1	9	10
	–	–	–	10%	90%	
总计	6	20	9	12	13	60

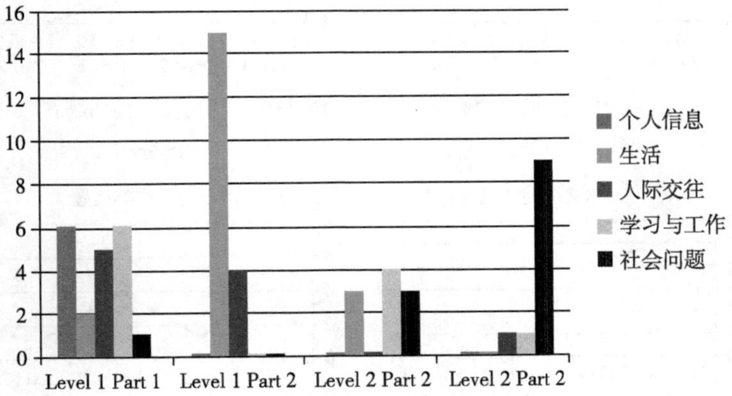

图 5-4　《中文听说读写》话题分布

统计数据反映出这套教材在话题分布方面的特点：

第一，从全套教材整体话题分布上看，“生活”类话题占绝大多数，表现出作为通用汉语教材的特点，同时“社会问题”类话题受重视，彰显国别特色。

整套教材中“生活”类话题共 20 个，占全部话题的 33%。并且分布在教材的前三册。Level 1 Part 2 中此类话题最多，共 15 个，占本册书的75%，充分体现了作为通用汉语教材重视学生交际能力的特点。教材中“社会问题”类话题共13篇，占全部话题的22%，主要集中在Level 2的两本教材中。如Level 2第10课关于“中国地理”、第11课“中国节日”介绍中国的文化、第18课“中国历史”、第12课“中国的变化”等。

第二，从单个话题看，它们在整套教材中的分布符合语言教学规律以及学习者的认知规律。我们对每个类别的话题在四册书中的分布情况进行了分析，得出图5-5、5-6、5-7、5-8和5-9。

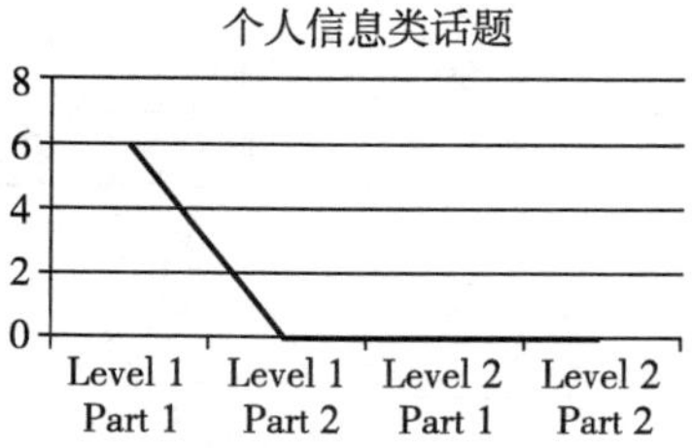

图5-5 “个人信息”类话题在教材中的分布

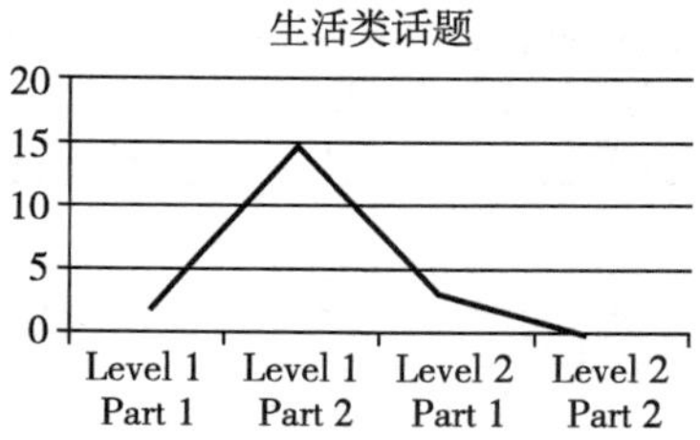

图5-6 “生活”类话题在教材中的分布

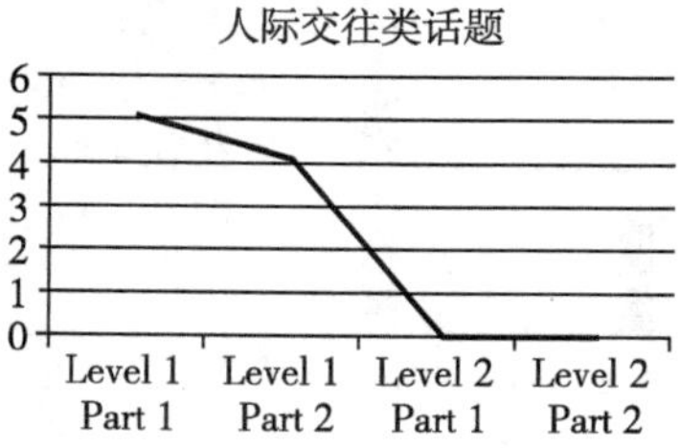

图5-7 “人际交往”类话题在教材中的分布

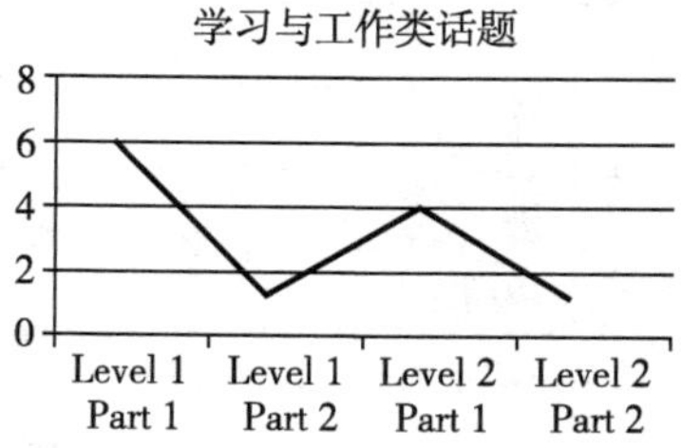

图5-8 “学习与工作”类话题在教材中的分布

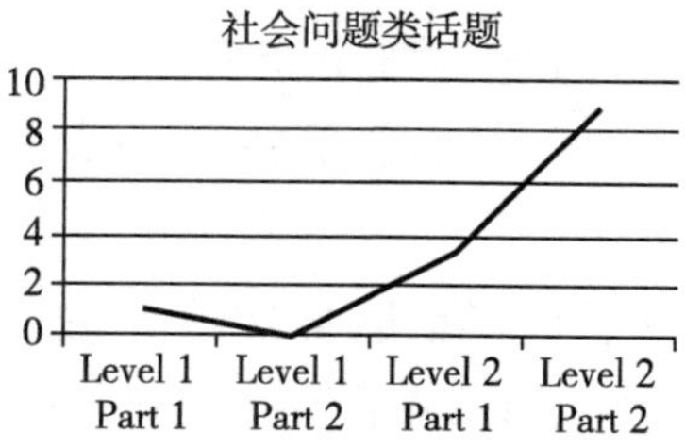

图4-9 “社会问题”类话题在教材中的分布

从上图中我们可以看到 5 个话题大类在四册书中的分布形态。主要呈现出这样几个特点：1）“个人信息”和“人际交往”类话题的分布呈下降趋势。也就是说，随着教材层次的提高，这两类话题越来越少。2）“社会问题”类话题的分布呈上升趋势。3）从分布曲线上看，“生活”类话题有一个明显的峰值。4）“学习与工作”类话题的分布呈曲折形态。数据体现了《中文听说读写》在话题安排上十分注重语言学习规律与学习者的认知规律这一特点。

第三，两个 Level 的低层次教材话题范围较广，高层次教材的针对性的特点突出。从话题种类的覆盖面上看，Level 1 Part 1 包含全部 5 类话题内容，Level 2 Part 1 也包含了 3 类话题内容。而相较之下，两个 Level 的 Part 2 部分都仅分别包含了 2 类话题，其中 Level 1 Part 2 包含“生活”和“个人交际”两类话题，Level 2 Part 2 包含“学习与工作”和“社会问题”两类话题。这说明随着教材水平的提高，教材话题的类别范围反而变窄了。这种做法可以使话题领域相对集中，针对性强，从而深化教材的难度。

2. 话题关联性分析

话题是有限的，语言知识是无限的。因此，一般的系列教材在选择话题的时候会在教材的不同阶段安排相同或者相似的话题，再根据学习层次和学生水平的不同，在话题的深度上做出相应的调整。

在上一节，我们对《中文听说读写》的话题进行了考察和统计，以此为基础，我们对其中具有逻辑上的关联性和延伸性的话题做了统计，根据苏新春对话题的分类，将有联系的话题列表如下：

表 5-5 《中文听说读写》关联话题

一级话题类	二级话题类	所属课文
生活	餐饮就餐	Level 1 第 3 课；Level 1 第 12 课；Level 2 第 3 课
人际交往	打电话	Level 1 第 6 课；Level 1 第 12 课
生活	购物	Level 1 第 9 课；Level 2 第 4 课
生活	出游出行	Level 1 第 19 课；Level 2 第 13 课

对照苏新春对话题的分类来看，教材中重复的话题集中在"生活"和"人际交往"这两个话题类中。所涉及的二级话题类为与衣食住行密切相关的"餐饮就餐"、"打电话"、"购物"和"出游出行"等。初级教材话题的关联一方面使语言知识可以按照不同等级分阶段教授给学习者；另一方面，在学习者每学习一个新的知识点的同时，已经习得的知识点可以通过复现的方式得以巩固。

（二）课文语料难度研究

本节先计算课文语料的容量，然后通过统计"每百字段落平均句长"和"每百字含非常用词数"，计算语料的难度系数。

1. 教材课文语料容量分析

《中文听说读写》共 40 课，我们以"一课书"作为一个统计单位，对每课课文语料的长度、每课课文包含段落数、句子数进行了统计。不同 Level 统计结果见下表。

表 5-6 《中文听说读写》课文语料计量分析

		语料长度	段落数	句子数
Level 1	平均	320. 1	23. 15	33. 4
	合计	6402	463	668
Level 2	平均	744. 8	25	45. 8
	合计	14896	500	916

统计显示，教材平均语料长度 532. 45，平均段落数 24. 075，平均句长 39. 6。由于语料长度与段落数和句子数之间的差值太大，

我们分别对这些数据加以比较，如图 5-10 和 5-11。

图 5-10　《中文听说读写》课文语料长度曲线图

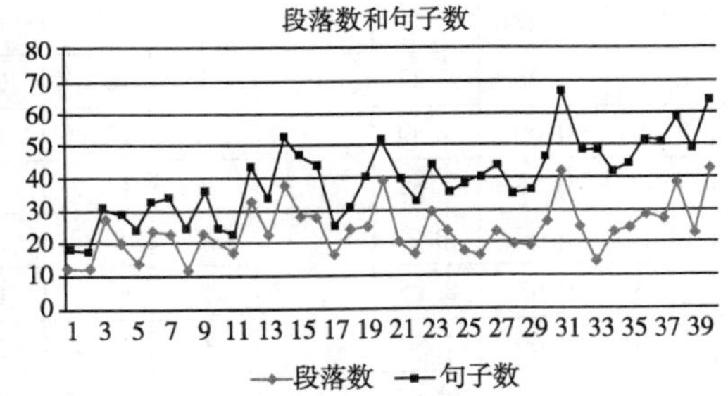

图 5-11　《中文听说读写》课文段落和句子曲线图

上图两个分布曲线图说明：随着教材层次的提高教材课文长度，段落数和句子数都有增多，但教材段落数和句子数的增多并不明显。这也再次证明，在对汉语教材难度进行测算的时候，课文“段落数”和“句子数”对课文语料难度的影响不如“课文语料长度”影响大。

2. 课文语料难度分析①

以表 5-6 为基础，我们按照已有研究中对汉语教材语料难度

① 为了统计的方便，我们在采集百字段落的时候将标点符号算作一个字符。这样做可以使像 Level 1 第 1 课那样长度（汉字数）不足百的课文进入计算之列；由于计算标点符号将降低“平均每百字句子数”，从而增加“平均句长”的值。在后期处理中，我们将计算出的“平均句长”再统一减去 1 个标点符号所占字符，以期将偏差减到最低。

的测算方法，采用随机抽取的方式，每课截取一个百字段落作为样本，分别计算这个百字段落中所包含的句子数和平均句长。本文将《国际汉语教育用音节汉字词汇等级划分》中规定的词汇认定为常用词，并通过分词软件对课文语料进行分词，对比教材词汇和大纲词汇，并对结果进行适当人工干预，剔除“人名”等专有名词，并计算出课文语料中“每百字非常用词数”。最后将两个数值相加，计算出教材课文语料的难度系数。见表 5-7。

表 5-7 《中文听说读写》课文难度系数表

	课序	平均句长	每百字非常用词数	难度系数		课序	平均句长	每百字非常用词数	难度系数
Level 1	1	6. 00	3. 23	9. 23	Level 2	1	16. 83	0. 45	17. 28
	2	9. 30	0. 00	9. 30		2	12. 86	1. 40	14. 25
	3	7. 00	0. 88	7. 88		3	14. 29	3. 41	17. 69
	4	10. 22	0. 00	10. 22		4	8. 80	3. 85	12. 65
	5	7. 33	0. 93	8. 26		5	13. 57	1. 32	14. 89
	6	7. 50	0. 00	7. 50		6	23. 00	0. 93	23. 93
	7	7. 82	2. 21	10. 03		7	24. 25	0. 92	25. 17
	8	18. 80	3. 36	22. 16		8	19. 00	0. 79	19. 79
	9	8. 27	0. 00	8. 27		9	23. 25	2. 41	25. 66
	10	9. 00	0. 00	9. 00		10	23. 75	4. 03	27. 78
	11	8. 45	3. 17	11. 63		11	31. 67	2. 78	34. 45
	12	11. 50	4. 71	16. 21		12	18. 40	3. 47	21. 87
	13	9. 10	0. 54	9. 64		13	25. 75	4. 60	30. 35
	14	13. 14	0. 79	13. 93		14	18. 60	1. 11	19. 71
	15	6. 36	0. 00	6. 36		15	51. 00	2. 83	53. 83
	16	9. 00	0. 46	9. 46		16	16. 33	1. 43	17. 77
	17	11. 50	1. 38	12. 88		17	24. 25	2. 36	26. 61
	18	11. 75	1. 30	13. 05		18	15. 83	5. 33	21. 17
	19	12. 13	2. 79	14. 92		19	33. 00	2. 34	35. 34
	20	11. 50	2. 67	14. 17		20	18. 80	1. 59	20. 39

上表中的难度系数用曲线图展示为图 5-12。

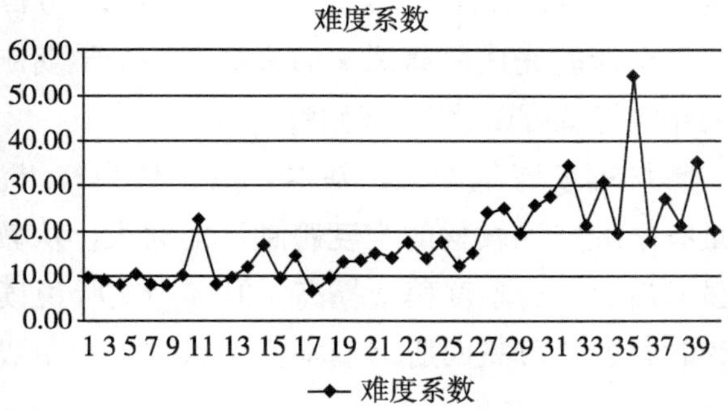

图 5-12　《中文听说读写》课文“难度系数”曲线图

从上图中我们可以看出，整体上教材难度呈现增长的趋势。Level 1 Part 1 难度系数基本上保持在 10 以下。教材 Level 2 Part 1 的难度开始出现小幅度提升，Level 2 Part 2 开始讨论社会问题类话题，难度提升较大。根据研究者对国内出版汉语教材所进行研究所得出的结论，可以将难度系数为 20-30 的教材确定为中级教材。① 按照这样的标准进行分类，教材 Level 1 属于初级教材，Level 2 则基本上可归属为初中级教材。

（三）课文语料特点分析

通过以上的统计分析，笔者认为《中文听说读写》的课文语料有以下两个主要特点：

首先，教材容量相对较小，符合美国高校汉语课程的需要。美国高校的汉语课程多为选修课，根据笔者的了解，每周课时在 2-5 课时之间，这样算下来，一个学期（或者 quarter）的总课时在 20-60 课时左右。面对这种情况，如果教材的容量太大，一方面会造成教学的负担，同时也给学生带来更大的压力，使他们产生学习汉语的畏惧心理。《中文听说读写》所设计的课程的容量非常符

① 张宁志，《汉语教材语料难度的定量分析》，载《世界汉语教学》，2000 年第 3 期。

合美国国内高校汉语课程标准：Level 1 每个 Part 共 10 课，20 篇课文，按照每两个课时完成一篇课文的进度，一个学期刚好可以学完一本，两年时间就可以学完整套书。

其次，教材难度跨越不大，基本可以定位为初级汉语教材。教材的容量有限决定了教材的难度跨越不能太大。从教材的难度系数看，虽然最后一册难度稍微提高，但《中文听说读写》基本上属于初级教材。学习完四册书基本上可以进入准中级或者中级汉语学习阶段。

四、《中文听说读写》练习构件分析

语言教材的构件主要有课文、注释、练习、语法等。上文中我们已经从“课文语料”角度对《中文听说读写》教材课文构件的特点进行了分析。教材“语法”构件的编写原则我们将在教材构成要素一章中详加论述。本节我们将分别对教材练习构件进行分析，并分别总结教材在进行这两部分编写时所遵循的编写原则。

《中文听说读写》的练习可以分为两类，一类是课后练习，另一类与每册书配套的练习册中的练习。教材的课后练习的标题和说明均使用英语，每道练习题开头都给出一个例子，所有汉字都配有拼音。受时间和精力限制，本文主要研究课后练习。

（一）练习类型研究

关于教材练习应该如何分类这一问题，目前学界的研究莫衷一是。如“二分法”、“四分法”、[①] “七分法”[②] 等。在对《中文听说读写》中的练习进行简要分析后，本文从两个维度对练习进行了分类。

① 杨继洲，《编写初级汉语教材的几个问题》，载《语言教学与研究》，2003 年第 4 期。

② 徐子亮，《语言练习设计的认知因素分析》，载《汉语教学学刊》，2009 年第 5 期。

1. 按照“题型”进行分类

不同题型的练习在教材中的总体分布如表5–8。

表 5–8　《中文听说读写》练习题型分类表

题型	造句	表达	补全对话	对话练习	看图造句	看图对话	回答问题	看图说话	翻译
数量	86	76	53	40	31	25	20	10	3
占比	25%	22.09%	15.40%	11.62%	9.01%	7.26%	6.10%	2.90%	0.87%

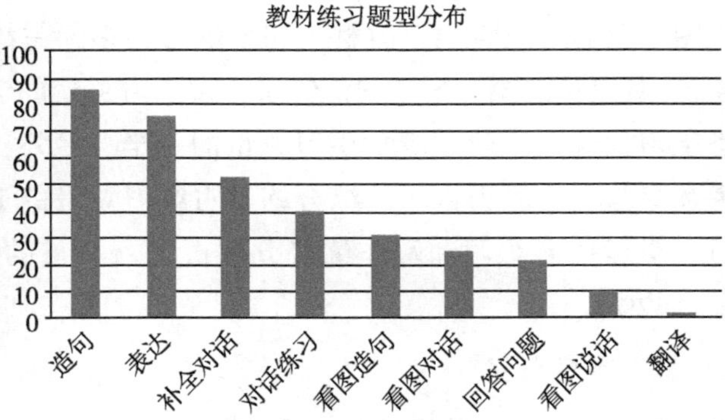

图 5–13　《中文听说读写》练习题型分类图

从以上图表的统计结果看，教材中“造句”类练习的数量最多，共有86项目，占练习总量的25%，“翻译”类练习数量最少，仅有3项，不足练习总量的1%。

2. 按照“目的”进行分类

按照“目的”进行分类，《中文听说读写》中的练习又可以分为“词汇”、“句型”、“对话”、“写作”、“综合”、“交际拓展”六类。它们在教材练习中的分布如表5–9和图5–14所示。

表 5–9　《中文听说读写》练习目的分类统计表

题型	句型	词汇	综合	对话	交际拓展	写作
数量	109	80	72	43	31	9
占比	31.69%	23.26%	20.93%	12.5%	9.01%	2.62%

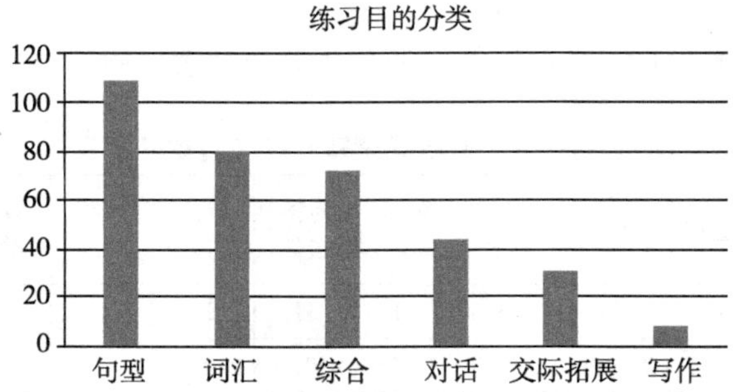

图 5-14 《中文听说读写》练习目的分类统计图

从上图中我们可以看出，教材中句型练习最多，占练习总量的 31.69%，数量位居第二的是词汇练习，占练习总量的 23.26%。仅这两类练习加起来，就占教材练习总量的一半。另外，以训练学生听说读写四项技能为目的的综合练习占练习总量的 20.93%，对话练习，交际拓展练习和写作练习分别占练习总量的 12.5%。9.01%和 2.62%。

（二）练习数量研究

笔者对每册书中练习总量以及“平均每课练习数”进行统计，得出表 5-10。

表 5-10 《中文听说读写》平均练习数统计表

<table>
<tr><td>册 数</td><td>Level 1 Part 1</td><td>Level 1 Part 2</td><td>Level 2 Part 1</td><td>Level 2 Part 2</td></tr>
<tr><td rowspan="2">练习总数</td><td>91</td><td>103</td><td>80</td><td>75</td></tr>
<tr><td colspan="2">194</td><td colspan="2">155</td></tr>
<tr><td rowspan="3">平均每课练习数</td><td>9. 1</td><td>10. 3</td><td>8</td><td>7. 5</td></tr>
<tr><td colspan="2">9. 7</td><td colspan="2">7. 75</td></tr>
<tr><td colspan="4">8. 725</td></tr>
</table>

从统计结果看，Level 1 Part 2 练习数量最多有 103 项，Level 2 Part 2 练习数量最少，只有 75 项。Level 1 练习总量为 194 项，平均每课 9. 7 项练习；Level 2 练习总量为 155，平均每课 7. 75 项练

习，在总量和平均数量上均比 Level 1 少。从整体上看，平均每课练习数 8.725 项。

（三）练习特点分析

经过分析，本文认为《中文听说读写》系列教材中的练习有以下几个主要特点：首先，练习类型多样灵活。可以看出编写者有意识地将不同类型的练习加以搭配，以避免机械操练的枯燥。如造句练习有的是给出关键的词汇或者固定搭配，要求学习者仿照例子进行造句；有的仅给出提示图片，学习者可以一定程度地进行自由发挥。其次，重视对词汇和句型的操练，且紧扣每课学习目标。一方面，在课文注释或者课后语法项目中重点讲解的语言知识点或者语法项目，课后都配有专项练习。另一方面，教材针对学习目标中列出内容，要求学习者仿照课文中的示范例句进行造句、补全对话、看图说话等练习，充分体现了教材重视语言交际性的编写理念。最后，充分利用图片和照片辅助进行各种类型和各种目的的练习项目。照片大多取景于中国国内，让学习者感受真实的汉语场景或者情景。

第三节　《中文听说读写》构成要素分析

前文中我们将教材构成要素分为语音、汉字、词汇、语法和文化 5 个部分。本节我们将采用统计的方法，并借助数据库，从以上 5 个方面对《中文听说读写》系列教材中构成要素的特点进行定量分析。

一、《中文听说读写》语音分析

（一）语音部分分布分析

从分布上看，教材采用“集中讲解”的方式进行拼音教学。

在《中文听说读写》Level 1 Part 1 开始部分，专门对汉语的特点进行介绍。这部分主要包括以下内容：

1）Chinese Language and Dialects

2）Syllabic Structure and Pronunciation of Modern Standard Chinese

3）The Chinese Writing System

4）Useful Expressions

在“Syllabic Structure and Pronunciation of Modern Standard Chinese”部分，教材介绍性地描述了汉语拼音的规则，所有的介绍都使用学习者英语媒介语。在介绍中还安排了一定数量的练习，并配有光盘，帮助学习者边学边练边纠音。

（二）语音项目的内容

《中文听说读写》中语音部分的内容如下表所示。

表 5-11　《中文听说读写》语音项目内容表

序号	项　目	内　容
1	Simple Finals	a o e i u ü
2	Initials	b p m f d t n l g k h j q x z c s zh ch sh r
3	Compound Finals	ai ei ao ou an en ang eng ong ia iao ie iu ian in iang ing iong ua uo uai ui uan un uang ueng üe üan üun er
4	Tone	Four Tones and Neutral Tone Tone Sandhi Neutual Tone
5	Combination Exercises	Practices

从上表中我们可以看到，教材对汉语语音知识的介绍比较全面。只是在对语音项目进行分类的时候，以及在介绍方式的处理上有所不同。如对汉语拼音的“拼写规则”并没有单独说明，而是在学习完声母和韵母后，专门对其进行介绍。

（三）语音部分的特点

《中文听说读写》语音部分特点突出表现为：首先，突出汉语拼音的工具性。教材在课文之前，用短小精炼的篇幅介绍了汉语语音系统的规则，由此可见教材编写者将语音教学看作是汉语教学的基础，同时又仅把语音项目看作是汉语语言系统中记录语言声音的工具。其次，借助对比方法帮助学习者掌握汉语拼音的发音。由于教材采用文字作为其表现方式，而语音具有现实性。因此，通过与学习者目的语语音系统中相同或者相似的发音进行对比，能有效降语音的学习难度，有利于学习者对汉语拼音的了解和掌握。

二、《中文听说读写》汉字分析

（一）教材课文汉字量统计

通过对《中文听说读写》两个 Level 共 4 册教材课文汉字量进行统计，并与《国际汉语教育用音节汉字词汇等级划分》中的“汉语国际教育用分级汉字表”继续比较，得出下表。

表 5-12　《中文听说读写》汉字数量统计表①

教材	汉字总数	汉字总量（无重复）	一级字	二级字	三级字	附录字	超纲字
Level 1 Part 1	2376	366	346	18	2	0	0
			94. 54%	4. 92%	0. 55%	0. 00%	0
Level 1 Part 2	4015	580	496	72	11	1	0
			85. 52%	12. 41%	1. 90%	0. 17%	0
Level 2 Part 1	5942	712	577	100	24	4	7
			81. 04%	14. 04%	3. 37%	0. 56%	7
Level 2 Part 2	8939	933	690	182	40	8	13
			73. 95%	19. 51%	4. 29%	0. 86%	13
总计	21271	2591	2109	372	77	13	20

由上表可见，四册教材中一级字的比例均在 70%以上，随着教材难度的增加比例渐次下降，其中 Level 1 Part 1 中一级字比例最高，为 94. 54%，Level 1 Part 2 中一级字比例最低，为 73. 95%。二级汉字、三级汉字和附录汉字在教材用字中的比例与之相反，随着教材难度增加比例渐次上升，Level 2 Part 2 的比例均为最大，其中二级字占 19. 51%，三级字占 4. 29%，附录字占 0. 86%。从总体上看，整套教材采用的一级字占绝对多数，达 81. 40%，超纲字仅有 20 个。这说明不管是否是有意为之，教材编写者在汉字使用方面对难度较高的汉字，不常用字，生僻字的使用均有所控制。

（二）教材课文汉字字频统计

教材中汉字出现的频次越多，说明汉字复现率越高，学习者掌握这些汉字越容易。根据统计，教材中汉字频次区间为 568-1，平均频次为 12. 83。以此为基础对教材汉字频次分布进行了统计，得出表 5-13：

---

①　详见附录四。

表 5-13　《中文听说读写》汉字频次与频率语料中占比统计表

	区　间	字　数	在语料中的比率
频次	12.8 以下	1549	82.35%
	7 及以上	821	43.63%
	1	396	21.05%

*注释：统计基数为 1881，数据指经过人工干预，除去重复汉字并适当合并后得出的教材汉字总量。

统计结果显示频次在平均值以下约为 82.35%，在 6.4 次以下的约为 65.18%，而 21.05%的汉字在教材中出现的频次为 1。由此可见，只有小部分汉字集中在高频区间，在教材中反复出现。过半汉字出现频次低于 7 次，近四分之一汉字在教材中仅出现 1 次。这就需要教师在课堂教学过程中对这一类汉字进行更多的讲解和训练，才能保证学习者理解和掌握。

通过对《中文听说读写》中总汉字量的分级分析我们基本上可以认为这套教材使用汉字的难度较小，生僻字也非常少。

三、《中文听说读写》词汇分析

（一）教材词汇量统计

教材词汇量统计包括两部分，生词表词汇量和课文词汇量。借助 Access 关系数据库，我们得出教材词汇进行统计。数据显示《中文听说读写》四册教材共有生词 1644 个，其中 Level 1 共有生词 806 个，平均每课生词 40.3 个；Level 2 共有生词 838 个，平均每课生词 41.9 个。教材课文词汇总量 14833 个，其中 Level 1 4774 个，平均每课 238.7 个词；Level 2 词汇总量 10059 个，平均每课 502.95 个。无论从词汇总量还是每课平均数看，Level 2 都较 Level 1 成倍提升。

总体来看，教材对生词词汇量的处理比较随意，除了在总量上有所控制外，对每一课课后的生词量并无要求，课后生词量与课文难度之间并没有明显的正相关关系。

（二）教材生词难度统计

我们对教材中的生词进行统计，然后与《国际汉语教育用音节汉字词汇等级划分》词库进行关联，得出不同等级词汇的数量以及占比情况如下表所示。

表 5-14 《中文听说读写》生词等级统计表①

	生词总量	一级词汇	二级词汇	三级词汇	附录词汇	超纲词汇
Level 1 Part 1	431	373	12	2	0	44
		86. 54%	2. 78%	0. 46%	0. 00%	10. 21%
Level 1 Part 2	375	231	72	12	1	59
		61. 60%	19. 20%	3. 20%	0. 27%	15. 73%
Level 2 Part 1	366	186	70	32	5	73
		50. 82%	19. 13%	8. 74%	1. 37%	19. 95%
Level 2 Part 2	472	209	132	49	8	74
		44. 28%	27. 97%	10. 38%	1. 69%	15. 68%
合计	1644	999	286	95	14	250

上表显示《中文听说读写》课后生词总量 1644 个。② 单册教材生词总量总体差别不大，Level 2 Part 2 最多为 472 个；Level 2 Part 1 生词数最少，为 366 个。其中一级词汇 999 个，二级词汇 286 个，三级词汇 95 个，附录词汇 14 个，超纲词汇 250 个，约占生词总数的 15%。各册教材生词中的一级词汇均达到 44% 以上。其中又以 Level 1 Part 1 中一级词汇最多，占比达到 86. 54%。附录词汇所占比例最少，仅为生词总量的 0. 85%。每册教材中的超纲词在 10%-20%之间。

① 详见附录五。

② 如果教材中的一个词条有拆分成两个进行翻译或解释的情况，则在本研究的统计中处理为两个词。

（三）教材生词词频统计

《中文听说读写》共收录生词 1644 个，这些生词在课文以及练习中出现的复现率，即除首次以外出现的次数，如下表所示。

表 5-15　《中文听说读写》生词平均复现率统计表

	Level 1 Part 1	Level 1 Part 2	Level 2 Part 1	Level 2 Part 2
生词量	431	375	366	472
课文累计复现率	1755	655	606	880
课文平均复现率	5. 29	2. 19	1. 91	2. 11
练习累计复现率	1891	346	225	428
练习平均复现率	6. 9	2. 25	1. 88	2. 82

上表显示，生词在教材练习中平均复现率大多数高于课文中平均复现率。而生词在练习中的累计复现率又普遍低于在课文中的累计复现率，这说明在练习中存在大量的生词零复现情况，生词词汇整体复现率偏低。参照 Nation 提出的“对大多数学习者来说，新词要在复现 7 次以后才能被记住”① 这一说法，仅有 Level 1 Part 1 练习部分的生词复现情况勉强达到标准。教材中复现率为“7 以上”以及“零复现”的生词比例如下表。

表 5-16　《中文听说读写》零复现生词统计表

	Level 1 Part 1	Level 1 Part 2	Level 2 Part 1	Level 2 Part 2	合计
复现率7 以上	293	101	51	28	473
	73. 07%	30. 79%	15. 36%	6. 51%	31. 72%
零复现	14	45	89	155	303
	3. 49%	13. 72%	26. 81%	36. 05%	20. 32%

* 注释：由于教材生词表中的生词有重复，因此，四本教材中生词量计算参数分别为 401、328、332 和 430。

---

① 王森，《〈汉语教程〉生词复现情况统计及分析》，载《江西科技师范学院学报》，2011 年第 6 期。

上表显示，随着教材难度的提高，四册教材中复现率为 7 以上的生词词汇所占比例呈现下降趋势，与此同时，复现率为 7 以下的生词词汇占比成反比增长。复现率为 1 的生词词汇数量也随之从 14 个增加到 155 个，比例从 3. 49%上升到 36. 05%。这说明较高层次的汉语教材对生词复现的控制力度越弱，这需要引起教材编写者的注意。另外，从全套教材着眼，教材中复现率在 7 以上的生词仅占生词总量的 31. 72%，不足三分之一，零复现的词汇占总量的 20. 32%。

（四）教材词汇特点分析

根据上文的统计数据，笔者认为《中文听说读写》教材中词汇要素在使用方面有以下几个主要特点：首先，教材词汇量比较适中，各册生词词汇总量和课文词汇总量随着教材难度的增加而呈现增加趋势。其中生词词汇以一级词汇为主，超纲词和生僻词总体数量较少。其次，课文生词复现率较低，复现率在 7 以上的词汇量随着教材难度增加而减少，复现率为 1 的词汇在全套教材中占有很高比例，这非常不利于学习者对课后生词词汇的习得。

四、《中文听说读写》语法项目分析

（一）语法项目的种类分析

《中文听说读写》中的语法相关的项目可分为三类。

第一类“课文注释”类语法项目是以“边注”或“脚注”的形式对课文中出现某一个词进行详细的解释和进一步的说明。这类解释常常是“超词法”和“超句法”层面的，可以看作是对生词表中词汇解释的一种补充，一方面有利于学习者对课文做出正确的理解，另一方面也有利于加深对词汇话语含义的掌握。

第二类是每课课后的“语法”部分，其中专门对课文中的句法或词法问题进行详细而系统的解释，是一课教学内容中最重要的部分。

第三类是为了适应对词汇学习的需要，编写者对 Level 2 阶段的教材进行了调整所增加的“生词和短语”部分的内容。与“语法”项目相比，“生词和短语”项目的解释相对简单，容量较小。与“生词”词汇相比，解释倾向于对用法的举例说明，或者对用法相近，容易混淆的词进行对比。

（二）语法项目的计量分析

《中文听说读写》教材中各类语法项目在各册教材中的分布及数量如下表所示。

表 5-17　《中文听说读写》语法项目统计表①

	课文注释数及占比		语法数及占比		生词和短语及占比		总量
Level 1 Part 1	47	40. 52%	69	59. 48%	—	—	116
Level 1 Part 2	62	52. 10%	57	47. 90%	—	—	119
Level 2 Part 1	62	34. 64%	51	28. 49%	66	36. 87%	179
Level 2 Part 2	56	36. 36%	38	24. 68%	60	38. 96%	154
合计	227	39. 96%	215	37. 85%	126	22. 18%	568

上表显示教材中共有语法项目 568 个，其中“课文注释”类 227 项，占语法项目总量的 39. 96%；“语法”类 215 项，占总量的 37. 85%；“生词和短语”类 126 项，占总量的 22. 18%。四册书中 Level 2 Part 2 中的语法项目最多共有 179 项；Level 1 Part 1 中语法项目最少，共有 116 项。Level 1 Part 1 中“语法”类项目较多，Level 1 Part 2 中“课文注释”类项目较多，而 Level 2 两册教材中的“生词和短语”项目相对较多。

按照一年学习一个 Level 的速度计算，第一年学习者需要掌握的语法项目为 235 项，平均每课 11. 75 个语法项目；第二年在此基

① 详见附录六。

础上再学习 333 个语法项目，平均每课需要掌握的语法项目为 16. 65 个。无论对于初学者还是有一定汉语基础的准中级水平学习者，这些项目都不会造成太大的记忆负担，总体上比较科学合理。

（三）语法项目的分级情况分析

参照《国际汉语教学通用课程大纲》“常用汉语语法项目分级表”中对语法项目所做的划分，我们对《中文听说读写》中的语法内容进行标注和分类，统计出不同等级语法项目在教材中的分布情况。

表 5-18　《中文听说读写》语法项目统计表

	一级	二级	三级	四级	五级	其他	超纲语法	合计
Level 1 Part 1	26	19	14	7	3	17	4	90
Level 1 Part 2	3	4	5	13	10	10	8	53
Level 2 Part 1	8	0	7	15	8	5	8	52
Level 2 Part 2	2	2	1	5	5	2	11	28
合计	39	25	27	41	26	33	31	224

对教材中的语法项目进行筛选，剔除掉“词法”类语法项目，得出可供划分和对比的纯语法项目共 224 个，占语法项目总数的 39. 42%。其中 Level 1 Part 1 中的语法项目最多，共 90 项。随着教材难度的增加，教材语法项目数量逐渐变少，Level 2 Part 2 语法项目仅有 29 个，占教材项目总数的 12. 95%。另外，教材中的四级语法项目最多，占 18. 30%；其次为一级语法项目，占 17. 41%；二级语法最少，占 11. 16%。

比较发现，教材中的大部分语法点与“分级表”中列出的语法项目相互重叠，但也存在教材中有而“分级表”中没有的“超纲”语法现象，以及“分级表”中有而教材中并未作为语法点列出的“语法疏漏”现象。出现这种现象的原因是因为教材与“等级表”对语言项目的切分不同，教材受众群体对语法项目的需求不同，以及语言对比为基础的目的语与媒介语语法特征不同。

五、《中文听说读写》文化项目分析

据统计，《中文听说读写》教材中“Culture Highlights”部分共有文化项目129个，这些文化项目使用媒介语英语来介绍中美文化中的细微差异，涉及日常生活中衣食住行的方方面面。总结起来主要有以下一些主要特点：

（一）内容丰富多元

《中文听说读写》中涉及的文化点包括风俗礼仪、生肖属相、交通工具、生活习惯、地理常识、传统节日、教育体制、历史事件和人物等等，可以说非常丰富和多元。比如在介绍历史事件和人物的时候。除了讲到外国人熟悉的孔子以外，还介绍了孙中山以及他领导的辛亥革命。在介绍地理常识的时候，除了介绍中国省和自治区的划分以外，还重点介绍了哈尔滨、云南等省的旅游资源，桂林山水、西安兵马俑等著名景点。在介绍中国人的生活习惯时介绍了中国人喝茶、打太极拳等日常生活习惯。

（二）深具现代性和实用性

《中文听说读写》文化项目的现代性体现在编写者刻意地有选择性地将现代中国的社会生活以及文化面貌展现给学习者。让学习者了解中国的变化，尽力为学习者建立一个“现代”、“发展”、“和谐”的中国形象。如介绍聚会常选择唱卡拉OK，公费医疗制度，网络聊天工具QQ，进入中国市场的美国快餐连锁店等。

实用性方面，教材文化项目的选择基本上从学习者的需求出发。美国的教育体制并不强制学习者“德智体美劳”全面发展，因此教材结合学习者多为高中生或大学生的特点，重点介绍了去中国可能遇到的情况，比如在中国如何打国际长途，如何找房子，中国人的“爱面子”问题等。

（三）是课文情景的有益补充

教材中文化项目的编排并非“信手拈来”，而多以课文内容为依据。比如课文话题为“男朋友、女朋友”，那么课后文化项目中就会介绍中国人的婚姻情况，比较美国的情人节和中国的“七夕情人节”作为课文场景的有益的补充。另外，这样做也弥补了课文中“中国本土场景”不足的情况。

第六章　华文教材《中国啊，中国!》分析

第一节　《中国啊，中国!》简介

《中国啊，中国!》（Oh，China!）由普林斯顿大学出版社 1997 年出版，由周质平 Chih-p'ing Chou，林培瑞 Perry Link 和王学东 Xuedong Wang 共同编写。

周质平是美国著名汉学家，汉语教学专家，现为美国普林斯顿大学东亚系教授，担任过美国明德大学中文暑期学校（The Chinese Summer School，Middlebury College）主任，因倡导汉语教学“明德模式”蜚声海内外，其组织编写的美国汉语教材在美国汉语教学界的影响也很大。林培瑞也是美国著名汉学家，现任美国普林斯顿大学东亚系教授，主要研究中国现代文学、社会史、大众文化等，精通中文。①

《中国啊，中国!》对自身的定位为“华裔学生现代汉语初级读本”，教材编写初衷是为了应对日渐增长的“华裔”或者有中国家庭背景的学生学习汉语的需求。教材旨在重点培养学生“读”和“写”的能力，汉语语法知识，以及说“标准”“流利”汉语的能力。

---

① 林培瑞：维基百科，http：//zh. wikipedia. org/wiki/% E6% 9E% 97% E5% 9F% B9%E7%91%9E. 2014-7-25。

图 6-1 《中国啊，中国!》

第二节 《中国啊，中国!》结构编排分析

一、《中国啊，中国!》总体设计

（一）编写纲目

在《中国啊，中国!》中文序中，编者指出，教材“在内容上打破问好、问路、点菜、购物等一般初级语言课本的老套而代之以一个华裔学生在初次接触中国时所体验的惊叹、困惑和无奈”。编写者认为关乎日常生活的会话学习者大多耳熟能详，对于增加他们的词汇量，提高他们的汉语水平毫无意义。

因此《中国啊，中国!》的设计和编写最大限度地体现了“需求”为导向的编写原则。课文的设计非常贴近华人华裔族群的生活和心理特征，在内容选择上也注重从美国华人华裔学生感兴趣的话题出发，从这个意义上看，教材采用的是一种“话题为纲”的编写方式，课文是教材编写的主要主线。另外为了有针对性地提高学习者汉语语法能力，教材每课课后进行大量语法项目的讲解，说明教材注重语言的结构，语言结构是教材编写的辅线。

（二）教材体系

《中国啊，中国！》一册书共有35课，“一课书”就是教材的基本结构单位。教材课文题目如下表所示：

表6–1　《中国啊，中国！》课文题目列表

课序	课文题目	课序	课文题目
1	两张地图	19	美国的华侨
2	我的家在哪儿？	20	华侨需不需要政治代表
3	我们都是美国人	21	美国的中文教学
4	美国人学中文	22	双语教育
5	我是四川人？	23	人权和贸易
6	别担心	24	色情暴力和言论自由
7	男女同住	25	广东省
8	看电影	26	海峡两岸
9	我要去中国	27	台湾的国语
10	出国前的准备	28	中文．汉语．国语．普通话
11	为什么学中文	29	从无债一身轻，到借钱过日子
12	做孩子也不容易	30	保姆
13	说标准的普通话	31	中国人的衣食住行
14	繁体字和简体字	32	容闳：中国第一个留美学生
15	都怪你妈妈	33	秋瑾：中国妇女运动的先驱
16	我不要去中国城	34	蔡元培与北京大学
17	唐人街	35	中国的现代化
18	放桌上的客套		

《中国啊，中国！》教材的体系和体例都比较简单，从体系上看，教材为单行本，仅一册，除了课文配有video以外，既没有教师参考用书，也没有练习册或生词卡等。

（三）教材编写规范

《中国啊，中国!》在编写规范方面有以下一些特点：

首先，教材编排紧凑，版式保守。教材全册共35课，内容较多。也许是出于经济方面的考虑，全书几乎没有图片或者照片，也没有利用不同颜色来突出不同的语言项目，整体上编排得比较紧凑。

其次，繁简平列，繁体字突出。总体上繁体字数量略多于简体字。教材利用字号的不同来突出汉字，尤其是繁体字。简体课文与拼音并排印刷，而繁体字却要占据整页纸。生词表中的繁体字也采用较大字体，方便认读和记忆。

另外，教材中的汉语拼音书写规范，汉字中如果有“儿化”现象的，“儿”字采用较小的字号加以区别。汉语拼音除了具有标注汉字语音的功能以外，由于生词表并未对“词”和“短语”进行区分，因此拼音还可以用来作为区分“词”和“短语”的参考。

二、《中国啊，中国!》构架

《中国啊，中国!》教材体例比较简单，可以分为四个主要部分：前言、语音、课文和生词索引。前言部分由“目录”、“中文序”、“To the Student”、“List of Abbreviation”四项组成。语音部分系统介绍了现代汉语的语音系统。教材最后的生词索引部分按照汉语拼音字母顺序排序，各词条后给出该词条所出现的页码，方便学习者对生词进行快速查找。

教材采用“一课书”为教材编写的基本单位，课文的编排体例如图6-2所示。

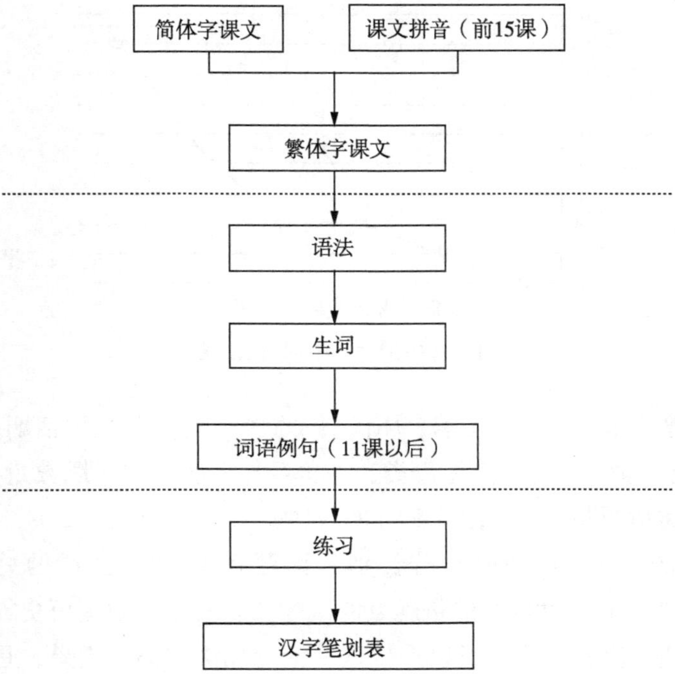

图 6-2　《中国啊，中国!》教材体例

三、《中国啊，中国!》课文语料研究

（一）课文话题研究

参照苏新春（2011）课文话题分类模板对汉语教材中的话题所做的分类，本文对《中国啊，中国!》中 35 篇课文的话题进行具体分类，统计出教材话题分布如表 6-2 所示。

表 6-2　《中国啊，中国!》话题分布表

	个人信息	生活	人际交往	学习与生活	社会问题	其他	合计
数量	0	2	4	4	9	16	35
百分比	0	5.71%	11.43%	11.43%	25.71%	45.71%	

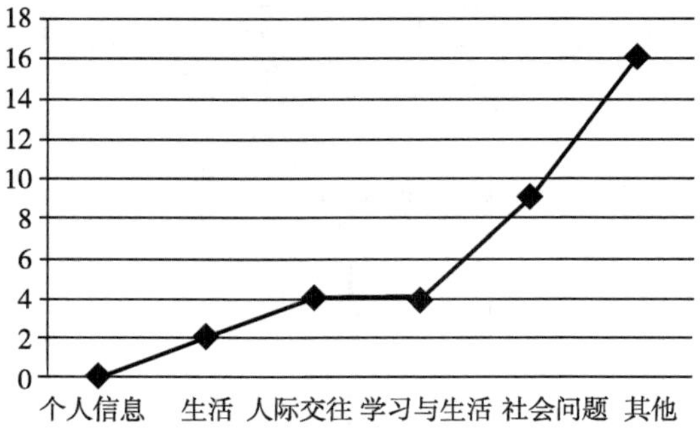

图 6-3 《中国啊，中国!》话题分布图

图表显示，《中国啊，中国!》的“个人信息”类话题为零，“生活”类、“人际交往”类、“学习与生活”类话题数量很少，社会类话题共 9 个，占总量的 25.71%。

教材中无法明确划分类别的话题有 16 篇，占话题总数的 45.71%。这些话题有的是观点的阐述，有的是对中国历史或人物的介绍。笔者分析之所以产生这种话题无法归类的现象，是由于针对华人汉语学习者的汉语教材要做到“适用”和“实用”两点，在话题选择上就要更多考虑到华裔青少年的经历和感受。比如“国家认同”是他们生活中的主要矛盾，东西方文化的差异等也是常常困扰他们的问题。对这些问题，已有的话题分类考虑得并不多。

（二）课文语料难度分析

《中国啊，中国!》教材共有段落数 272 个，共有句子数 550 个，总句长 16834。据此计算，教材课文平均语料长度为 480.97，平均段落数 7.77，课文平均句长为 39.6。采用随机抽取的方式，每课选取一个百字段落作为样本，并计算这个百字段落中包含的句子数计算出课文语料的“平均句长”。通过分析软件将教材课文语料进行分词，然后与《国际汉语教育用音节汉字词汇等级划分》中词汇进行对比，计算出课文“每百字非常用词数”，再将两数值相加，计算出《中国啊，中国!》教材课文语料的难度系数，如表6-3所示。

表 6-3　《中国啊，中国!》课文难度系数表

课序	平均句长	每百字非常用词数	难度系数	课序	平均句长	每百字非常用词数	难度系数
1	20.20	2.23	22.43	19	36.00	4.42	40.42
2	24.40	6.22	30.62	20	35.33	3.22	38.55
3	11.56	2.65	14.20	21	53.00	4.09	57.09
4	24.25	3.45	27.70	22	27.00	7.27	34.27
5	27.00	2.31	29.31	23	53.50	1.93	55.43
6	16.67	4.19	20.86	24	34.67	1.83	36.49
7	19.40	2.26	21.66	25	48.00	4.99	52.99
8	20.60	3.67	24.27	26	40.67	3.68	44.34
9	23.75	3.44	27.19	27	36.00	3.65	39.65
10	34.33	3.64	37.97	28	23.25	3.14	26.39
11	36.00	2.66	38.66	29	47.50	4.55	52.05
12	33.00	3.09	36.09	30	27.25	3.64	30.89
13	36.00	1.55	37.55	31	34.67	3.50	38.17
14	53.50	3.31	56.81	32	33.00	4.70	37.70
15	21.20	2.49	23.69	33	33.67	5.53	39.20
16	20.20	2.82	23.02	34	48.00	4.82	52.82
17	36.67	4.64	41.31	35	32.33	4.77	37.11
18	23.75	4.23	27.98				

教材课文难度系数变化曲线如下图所示：

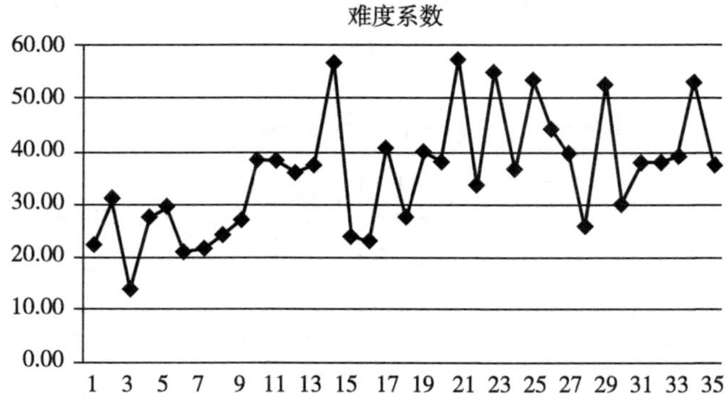

图 6-4 《中国啊，中国!》课文“难度系数”曲线图

从上图看，整体上教材难度系数偏高，教材平均难度系数达35.85。如果按照已有的教材难度系数评定标准，即将难度系数在20-30之间的教材定位为中级教材，那么《中国啊，中国!》可归为高级教材。从分布上看，有的课文难度明显偏高，在整套教材中显得突兀，有的课文难度较低。这说明教材在坚持“话题为纲”的编写思路的同时，对课文语料的编排有些随意，导致课文与课文之间难度系数跨域较大。

（三）课文语料特点分析

通过对教材课文语料的计量分析，笔者认为《中国啊，中国!》课文语料具有以下几个主要特点：

首先，课文容量相对较大，难度系数偏高。作为单册教材，《中国啊，中国!》共35篇课文，在美国高校汉语多为选修课，每周2-4课时的课程设置来看，容量偏大。从教材平均难度系数为35.85这一数据看，教材的课文具有一定的难度。这说明教材的主要目的并不在于提高学习者的交际能力，因为这种能力华人华裔学习者可能已经具有了。编写者希望通过教材学习，使学习者的词汇量得以积累，语法能力稳步提升。

其次，课文话题贴近美籍华裔青年汉语学习者生活，话题选择体现思想性。教材的话题符合华裔汉语学习者这一特殊的汉语学习群体的心理特征。同时，教材所选择的每一个话题都是一个值得深入讨论的问题，如美国华裔的“国家”认同问题、华裔青少年与作为第一代移民的父母之间的关系问题、中国和台湾的问题等等。通用型汉语教材一般很少选择类似的话题，即使有所涉及也大多轻描淡写，这是因为对于对中国不甚了解的非华裔汉语学习者来说，这些话题他们难以理解，更不感兴趣。这种话题选择的角度彰显了作为华裔汉语教材的特殊性。

最后，编写者的主观色彩在课文中得以彰显。尽管编写者在“中文序”中明确指出“避免说教”，但从课文话题的选取以及内容的表述来看，教材课文中不可避免地带有编写者的主观色彩。而所谓的“避免说教”也仅限于与国内出版的汉语教材相比，其对社会现象的评论更为自由，没有如多数国内出版的汉语教材那样以“弘扬优秀中国文化”作为教材编写的一个基本理念，而是将“海峡两岸”作为一个整体，从“美籍华人”的视角出发来评论现代中国真实存在的文化现象。从根本上说，依然或多或少地带有编写者自己的观点。

四、《中国啊，中国!》练习构件分析

（一）练习“题型”研究

《中国啊，中国!》教材中的练习按照题型可以分为组词造句、写作、翻译、回答问题、选择、填空、排序7类。不同题型练习在教材中的分布如下表。

表6-4　《中国啊，中国!》教材练习题型统计

	组词造句	写作	翻译	回答问题	填空	选择	排序
计数	52	49	33	19	16	12	5
百分比	27.96%	26.34%	17.74%	10.22%	8.60%	6.45%	2.69%

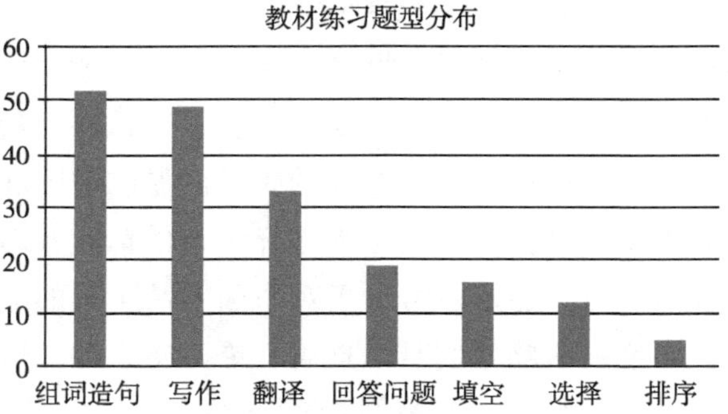

图 6-5 《中文听说读写》练习题型分类图

以上图表统计显示，《中国啊，中国!》教材练习中，“组词造句”型练习数量最多，占练习总量的 27.96%。这类练习包括要求学生根据给出的汉字组词、词语组、成词组、词语造句，给出句子的一部分要求学生完成句子等等不同形式。

写作类练习在教材中占 26.34%，一般在练习的最后，要求学习者对课文或课文中的某一段落进行重写，或根据给出的话题写一段话等。

教材中的翻译练习共有 33 处，占练习总量的 17.74%。翻译类练习大多要求学习者将给出的英文短语或句子翻译成相应的汉语，也有极少数练习要求将汉语翻译成英语。

回答问题类练习共有 19 处，占练习总量的 10.22%。这类问题包含主观题和客观题两种，主观题根据课文内容，就相关话题展开讨论。这些问题学生自由发挥的空间较大。

教材中的填空练习形式较为灵活，但数量不多，占练习总量的 8.60%。具体题型有完形填空，给词填宾语、主语或者动词，补全句子等。

另外，教材中还有一些选择练习和排序练习，它们在练习中所占的比例分别为 6.45% 和 2.69%。这两类练习形式比较常见，在此不举例说明。“选择”类练习在汉语教材中也比较常见，主要用来锻炼相似或者易混词的辨析能力。“排序”类练习则考察学习者对词语在逻辑层面和形式层面的衔接能力。

（二）练习“目的”分析

按照“目的”，也就是要对语言结构中的哪一个构成要件进行强化分类，《中国啊，中国!》教材中的练习可分为“语音”、“词汇”、“句子”、“对话”、“写作”共5类。它们在教材中的数量如表6-5所示。

表6-5　《中国啊，中国!》练习目的分类统计表

	句子	词汇	写作	对话	拼音
计数	93	49	49	6	3
百分比	50.00%	26.34%	26.34%	3.23%	1.61%

*注释：表中计数以目的为基准，因此统计数值有所重叠。

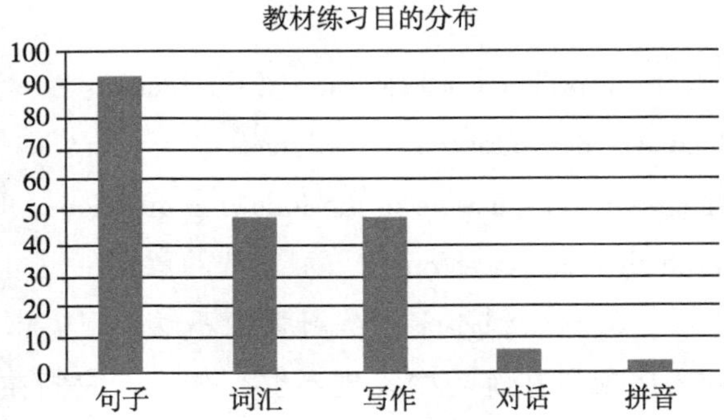

图6-6　《中国啊，中国!》练习题型分类图

从统计图表上看，教材中以“句子练习”为目的的练习数量非常多，共93题，占练习总数的一半。这类练习包括“给词造句”、“翻译句子”、“排序”等不同题型。教材中“词汇”类练习和“写作”类练习数量相等，均为49题，在总量中占26.43%。教材中“对话”类练习不多，仅有6题。“拼音”类练习最少，全册教材仅有3处，且出现在教材前几课。

数据显示，教材强调对句子和词汇的练习，这说明教材编写者对语言结构的重视。句子和词汇是语言材料的基本构件，也是学习语言的基础。大量的句子和词汇练习可以尽快提高学习者的语言水平。

（三）练习数量研究

《中国啊，中国!》教材中共有练习题186道，平均每课5.31题。单课最多有7个，最少有4个练习题，单课练习题题量不大，分布得也比较平均。相对于练习数量，练习题在一定数量内保证了练习的多样性。比如教材每课都包含有不同题型、不同目的的练习。如第20课“华裔需不需要政治代表”中共有五道练习，分别是：

一、Make sentences（other than those given）using the underlined expressions：

二、Select the proper word for each of the blanks：

三、Translate the following into Chinese：

四、Give your own answers to the following questions：

五、Write short passages on：　a）参政的意义……

总体上看，教材数量不多，练习强度不够。很多课文中的词汇和课后的语法项目在练习中复现不够，这一点我们在后面对教材构成要素的研究中会做进一步论述。

（四）教材练习的特点与不足

以上我们从“题型”、“目的”和“数量”三个方面对《中国啊，中国!》教材中的练习进行了分类，并结合分类对不同类型的练习进行了分析，总结出教材练习具有以下一些主要特点：

首先，综合类练习多，多种练习目的兼顾。比如“排序”类练习等，虽然要求学习者将语法单位按照正确的句法规则组合成句，但实际上如果不掌握词汇本身的意思，练习也不能完成。再比如“给词造句”类练习也是为了强化学习者说出正确句子的能力，但这样的练习也要求学习者在词汇上有所积累才能完成。

其次，循序渐进，强调语言结构的组合关系。《中国啊，中国!》采用“课文为纲，结构为辅”作为教材编写纲目。其中“以结构为辅”这一特点就体现在练习的编排上。练习注重锻炼学习者的语言结构能力，也就是从字到词，从词到词组，到句子，再到篇章的组合关系。

最后，重视写作能力和书面表达。教材中大量写作练习的设置，让学习者结合课文中内容以及学习到的词汇和语法知识。同时教材较多地使用翻译法进行语言知识的练习，使得学生在英汉互译过程中对比英语和汉语在结构、词汇方面的不同，加深对所学习到的词汇的理解和掌握。

当然，教材练习也存在一些不足，比如练习总量不多，强度也不大，并且练习题型较为单一，总体来说练习设置比较简单，与课文的难度和长度都不相匹配，很多课文中的词汇和语法项目得不到足够的强化。另外，教材中对话类的练习也比较少，在强调学习者读写能力的同时，有过分忽略口语表达和交际能力的培养之嫌。

第三节　《中国啊，中国!》构成要素分析

本节我们从构成要素角度对《中国啊，中国!》进行分析，内容包括教材的语音、汉字、词汇和语法等四个方面。由于教材中并未将“文化”项目作为显性知识内容编排在教材中，这种对“文化”的处理方式并不意味着教材中没有“文化”，相反隐性文化项目无处不在。不同的是与传统文化分级项目相比，教材中的文化是一种广义的文化。在此不做分析。

一、《中国啊，中国!》语音分析

（一）语言部分分布分析

《中国啊，中国!》中的语音部分的编排采用与课文分开集中讲解的方式进行编写。从教材体例上看，在前言部分之后，主体课文之前。教材语音部分的讲解使用英语媒介语，主要包括以下三部分内容：

1）MANDARIN PRONUNCIATION（现代汉语的发音）

2）THE SOUND SYSTEM（语音系统）

3）HANYU PINYIN ROMANIZATION（汉语拼音组合规则）

4）TONE IN COMBINATION（变调）

其中在SOUND SYSTEM部分，教材说明了汉语语音的重要性，指出："Accurate standard pronunciation is an invaluable part of mastery of Chinese"，同时教材针对美籍华裔可能会说一些不标准的普通话这一特点，给出了如何学习和掌握标准汉语发音的建议。

（二）语言项目的内容

教材中的语音项目包括：

1）The Single Tones（声调）

2）The Initials（声母）

3）The Finals（韵母）

4）Hanyu Pinyin Romanization（拼写规则）

5）Tones in Combination（音变）

在The Single Tones部分，教材采用"五度标记法"介绍了汉语的四个声调，逐一详细介绍了四个声调的调值、发音方式、发音部位，并与英文进行比较。The Initials部分，教材列出了汉语声母表以及"声母朗读表"，以同样的发音部位为依据，对每个声母的发音进行详细的描述，并对英文中相似的发音进行比较。The Finals 部分，教材按照韵头对韵母进行分类，分别介绍了每组韵母的发音方式发音部位。Hanyu Pinyin Romanization 部分，教材使用英语媒介语系统地介绍了汉语拼音方案中规定的汉语拼音的拼写规则，共有 7 条。Tones in Combination 部分包括“The Half-Third Tone（半上声）”、“Third-tone Sandhi（上+上变调）”、“Forth-tone Sandhi（去声变调）”、“Neutral Tones（轻声）”和“Special Tone Sandhi for yī and Bù（“一”和“不”的变调）”5 部分内容。教材用图示、讲解和练习相结合的方式详细介绍了汉语声调的变化规律。

（三）语音部分特点

通过分析，笔者认为《中国啊，中国!》教材语音部分有以下两个主要特点：

首先，注重学术传统，强调语音知识的教学。由于汉语语音知识本身的有限性，语音规则也基本上能够描写清楚，因此一般认为语音教学是汉语教学中比较容易的一个环节。对于学习者来说，语音的掌握是一个坚持练习，耳濡目染的过程。大多数教材在处理语音项目的时候主张尽量“化繁为简”，“精讲多练”。《中国啊，中国!》有所不同，在讲授语音知识时从理论而非实践的角度出发，采用学术研究中使用的术语和表达方式，强调教授学习者准确的语音知识。

其次，教材在每一个环节的讲解之后都安排有一定数量的专门练习，在语音部分结束之后还有综合练习，使学习者能够一边学习，一边强化练习。同时，通过将几个语音项目综合在一起进行练习的方式，可以提高学生拼音的实际使用能力。

二、《中国啊，中国!》汉字分析

（一）课文汉字量统计

根据《国际汉语教育用音节汉字词汇等级划分》中对汉字等级的划分标准，我们统计出各级汉字在教材中的数量如下表：

表 6-6 《中国啊，中国!》汉字数量统计表①

	汉字数	汉字数（无重复）	一级汉字	二级汉字	三级汉字	附录汉字	超纲字
计数	14777	1061	713	265	59	10	14
			67.20%	24.98%	5.56%	0.94%	1.32%

上表显示，教材总用字量为 14777 个，无重复汉字 1061 个，无重复汉字占总用字量的 7.18%。无重复汉字中一级汉字 713 个，占 67.20%；二级汉字 265 个，占 24.98%；三级汉字和附录汉字分别为 59 个和 10 个，占 5.56%和 0.94%。教材中有 14 个超纲字，占无重复汉字总量的 1.31%。这类汉字总体上在课文中不多，说明教材在课文语料编排的时候注意对超纲字的控制。

（二）课文汉字字频统计

除了进行教材中使用的各级汉字以外，我们还对教材中汉字的频次和频率进行了统计。根据统计，教材中汉字频次区间在 685 -1 之间，频率在 0.046356 - 6.76727E-05 之间。平均频次为 13.93 次。出现频次最多的汉字是助词“的”。我们对不同频次区间的汉字又做了进一步的统计和分析，得出表 6-7：

① 详见附录八。

表 6-7　《中文听说读写》汉字频次与频率语料中占比统计表

	区间	字数	在语料中的比例
频次	13.92 以上	236	22.24%
	13.92 以下	822	77.47%
	6.97 以下	688	64.84%
	1	273	25.73%

*注释：统计基数为 1061，数据值经过人工干预，出去重复汉字并适当合并后得出的教材汉字总量。

我们分别将教材中的高频字和低频字与《国际汉语教育用音节汉字词汇等级划分》字表进行了对比，结果显示，在教材中频次高于平均频次的 236 个高频字中有 96.61%为一级汉字；而在频次低于平均频次的 822 个低频字中，一级汉字仅有 482 个，占 58.64%；在 273 个频次为 1 的绝对低频字中，仅有 101 个一级汉字，占 35.00%。这说明，基本上教材中比较常用的字复现的比较多，而非常用字复现的次数相对较少。

从汉字的复现情况来看，教材中复现次数在 7 次以上的汉字 393 个，占 37.04%。可见，多数汉字不足以满足学习者掌握汉字需要的复现次数。

(三) 课文汉字特点

综上所述，《中国啊，中国!》在汉字要素的使用方面有以下几个主要特点：

首先，教材使用的汉字难度比较小，非常用字少，生僻字多为人名用字或为历史词中的用字。其次，课文汉字量比较大。一册书使用汉字量为 1061 个。根据《国际汉语教学通用课程大纲》对汉语分级目标及内容的描述，教材中的汉字量已经能够达到五级汉语水平。另外，汉字的复现率比较低。汉字量偏大导致的后果之一就是教材汉字复现率普遍偏低。而汉字在课文中一定程度的复现可以保证学习者对汉字有效输入，是学习者学会汉字的重要手段之一。

三、《中国啊，中国!》词汇分析

（一）教材词汇量统计

通过 Access 软件统计出课文生词和课文词汇情况如下表所示：

表 6-8 《中国啊，中国!》教材词汇统计表①

课序	生词量	课文词汇量	课序	生词量	课文词汇量
1	55	160	19	48	262
2	61	221	20	48	295
3	32	198	21	53	299
4	64	259	22	31	299
5	32	208	23	28	314
6	46	199	24	35	384
7	62	347	25	53	304
8	33	235	26	31	256
9	42	164	27	29	305
10	36	175	28	29	481
11	46	235	29	55	357
12	44	160	30	58	380
13	24	219	31	64	548
14	33	299	32	69	514
15	44	351	33	81	345
16	24	284	34	54	348
17	48	268	35	75	512
18	47	296	合计	1614	10481
			平均	46.11	299.46

① 详见附录九。

上表统计显示，《中国啊，中国!》教材共有生词 1614 个，平均每课生词 46.11 个。生词数量最多的是第 33 课，为 81 个，最少是第 13 课和第 16 课，共 24 个。教材课文词汇总量为 10481 个，平均每课 299.46 个词。其中第 31 课课文词汇量最大，为 548 个，第 1 课课文词汇量最少，有 160 个词。

（二）教材生词难度统计

通过将教材生词词表与已经创建完成的《国际汉语教育用音节汉字词汇等级划分》中的分级词汇进行对比，我们就能得出《中国啊，中国!》中不同等级生词数量以及在生词中的占比情况统计表。

表 6-9　《中国啊，中国!》词汇等级统计表

	一级词汇	二级词汇	三级词汇	附录词汇	超纲词汇	生词总量
计数	762	352	119	11	370	1614
百分比	47.21%	21.81%	7.37%	0.68%	22.92%	100%

上表显示在教材生词中，一级词汇到附录词汇在教材生词中所占的比例从 47.21%下降到 0.68%。这一点符合汉语教材编写的一般规律，尤其是初级教材的生词以一级词汇为主。教材中超纲词汇有 370 个，占生词总量的 22.92%，这一点说明教材生词难度较高。

我们对这些词汇进行了重点的考察，发现产生这些“超纲词”最重要的一个原因在于教材生词表中对“词”的切分与“标准”中的词汇切分方式之间有很大的不同。尤其是并没有严格地将“词”与“短语”加以区分。如教材生词表中的“…得很”、“…之内”、“一点儿都不/没”等形式的短语在“标准”中未被收录，属于超纲词。另外，由于将目标群体设定为“美籍华裔汉语学习者”，因此教材选取了大量反映美国生活特色的话题，使其在词汇方面本土化特征十分突出。如“分期付款”、“避孕”、“传教士”等词汇，对于大部分汉语学生来说属于非常用词，对于“标准”来说则是“超纲词”。历史词也是构成教材中“超纲词”的一部分。教材中有一部分课文是向学习者介绍中国历史事件或者人物，这其中自然涉及到很多历史词汇，如“军阀”、“谋反”、“清朝”等。

（三）教材生词词频统计

与大多数美国本土汉语教材一样，《中国啊，中国!》大量使用英语媒介语，尤其在练习中，因此除了课文以外，教材中的汉语词汇并不算多。为了全面统计教材生词复现情况，我们在已有“课文词汇”词表基础上，创建“练习词汇”词表，并将以上两个词表与“生词词汇”词表进行关联，采用计量软件统计出生词词汇的频次以及复现情况。

表 6-10 《中国啊，中国!》生词复现情况统计表

	在课文中		在练习中	
生词累计复现率	8168		5157	
生词平均复现率	6. 02		5. 32	
复现率 7 以上	224	16. 52%	147	15. 17%
复现率 7 以下	1132	83. 48%	822	84. 83%
零复现	586	43. 22%	351	36. 22%

* 注释：由于教材生词表中的生词有重复，因此，教材课文和练习中生词复现情况计算参数分别为 1356 和 969。

从上表中可以看出，教材的生词在课文和练习中的复现率都低于 7，其中生词在课文中的平均复现率略高于生词在练习中的复现率。总体上教材生词在课文和练习中复现率在 7 以下的词汇占比最高，分别为 83. 48% 和 84. 83%。生词在课文中零复现的有 586

个，占43.22%，而在练习中则有351个，占36.22%。这说明相对而言，教材练习较为重视生词复现问题。

（四）教材词汇特点

教材词汇方面的特点主要表现为：

首先，教材生词量和课文词汇量对于单行本汉语教材来说，略微偏多。虽然定位为初级教材，但是考虑到使用对象的特殊性，词汇量几乎达到中级汉语教材水平。其次，教材的生词以一级词汇为主，超纲词比例偏高。最后，在生词的复现方面，还有待进一步提高。

四、《中国啊，中国!》语法分析

《中国啊，中国!》的语法部分有两类。一类是 Grammar Notes，该部分在课文之后，使用中介语英语对语法项目进行解释和说明，前10课语法解释中的例句使用繁体字、汉语拼音和英文翻译三种形式，从第11课到第35课中的例句采用汉语拼音和英文翻译两种形式。另一类是“词语例句”部分，该部分在生词表之后，使用繁体字提炼出句子结构，并给出英文翻译以及例句，所有的例句也有英文翻译，以方便学习者进行对照。

（一）语法项目的数量分析

经统计，《中国啊，中国!》中的语法项目共392项，其中“Grammar Note”部分229个，“词语例句”部分163个。为了统计方便，我们将前者记为“语法”，将后者记为“词法”，并对每课项目数统计如下。

表 6-11 《中国啊，中国!》语法项目统计表①

课序	语法	词法	小计	课序	语法	词法	小计
1	33	-	33	19	1	6	7
2	26	-	26	20	0	8	8
3	12	-	12	21	0	6	6
4	26	-	26	22	1	8	9
5	14	-	14	23	0	7	7
6	22	-	22	24	1	6	7
7	14	-	14	25	0	5	5
8	12	-	12	26	0	4	4
9	4	-	4	27	1	4	5
10	8	-	8	28	3	6	9
11	9	9	18	29	0	3	3
12	4	7	11	30	1	6	7
13	4	6	10	31	5	8	13
14	6	8	14	32	3	7	10
15	3	10	13	33	1	4	5
16	9	7	16	34	3	5	8
17	1	8	9	35	0	5	5
18	2	10	33	合计	229	163	392
				比例	58.42%	41.58%	

上表显示，教材中“Grammar Note”部分内容占总量的58.42%，“词语例句”部分则占41.58%，平均每课语法项目11.2个。对于初级汉语学习者来说语法项目的总量比较适中。

① 详见附录十。

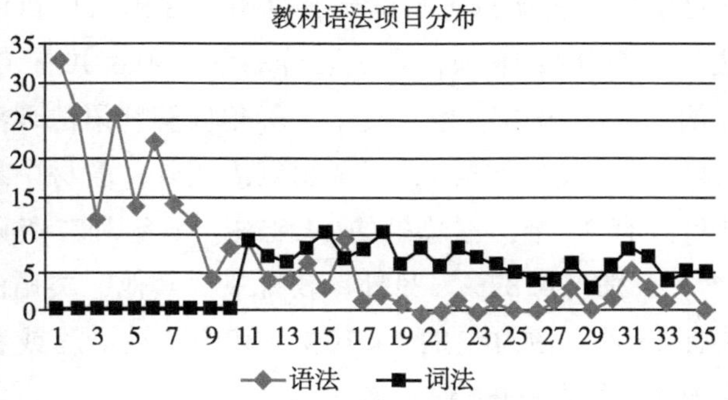

图 6-7　《中国啊，中国!》语法项目分布图

上图显示的每课语法项目的变化趋势，通过“语法”和“词法”项目的对比，我们可以看出前者的数量在教材大致呈现出下降趋势，11 课出现“词语例句”后，“词法”项目数普遍多于前者。单课中第 1 课“语法”项目最多，共 33 个；第 20 课、21 课等 5 课没有语法项目。第 15 课和第 18 课“词法”项目最多，为 10 项，第 29 课“词法”项目最少，为 3 项。图表显示教材中每课“语法”和“词法”项目的分布十分不均匀。

（二）语法项目的分级情况分析

我们依旧以《国际汉语教学通用课程大纲》“常用汉语语法项目分级表”中对语法项目的划分为标准，根据其对语法内容 5 个等级共 62 项的分类，对《中国啊，中国!》中的语法内容进行标注和分类，统计出不同等级语法项目在教材中的分布情况。统计结果见下表：

表 6-12　《中国啊，中国!》语法项目统计表

	一级	二级	三级	四级	五级	其他	超纲语法
合计	10	10	23	34	12	43	39
占比	4. 37%	4. 37%	10. 04%	14. 85%	5. 24%	44. 10%	17. 03%

对教材中的语法项目进行筛选，得出显性语法项目中更倾向于“词法”的部分共58项，可供切分的语法项目共有171项目。除去从“篇章”、“语用”和“文化”等角度解释语法现象的项目(我们将其归为“其他”类)，以及超纲语法外，教材中最多的四级语法项目共有34个，占总量的14.85%。一级和二级语法项目都是10个，分别占4.37%。另外，教材中“其他”类语法项目非常多，共有43项，占总量的44.10%。其中，从语篇或者语用角度对语法现象进行解释的有34项。

上表还显示，《中国啊，中国!》在语法项目编排中也存在“超纲”语法现象。这类语法现象有的是特殊句式，如：“X也好，Y也好”，“以X为Y”等；有的是词法和句法的中间形态，如：形容词重叠；有的是复杂语法结构，如Topic-Comment Sentences(话题句)等。

特别需要指出的一点是：教材中对语法项目进行分类的方法是比较显性的，分类本身也存在一定的不严密性。比如“Grammar Note”中有很多地方是介绍词汇的用法，有的又与汉语或英语语言文化有关，而“词语例句”中大部分介绍“词”的搭配，更为准确地说，是介绍大于“词”的单位的组合关系。

第七章　美国高校中级汉语教材分析

普林斯顿大学作为美国高等教育的重要高等学府，也是美国高校汉语教学重要基地。普林斯顿大学出版社出版的汉语教材多种多样，有初级、中级和高级不同级别，也有针对华裔学生的读本。本章我们将对《华夏行》和《现代汉语中级读本》两本课本进行对比和分析，并试图总结美国高校使用最为广泛的“中级”汉语教材的特点。

第一节　《华夏行》和《现代汉语中级读本》简介

《华夏行》和《现代汉语中级读本》均出版于 1992 年，编写者同为周质平和赵德麟。教材也都分为两册，第一册为课文教材，采用简繁两体并列方式，第二册是生词、句型和练习，课文和生词都配有录音带。

从对象上看，两本教材都“是为在美国大学学过一年现代汉语的学生而编写的”。不同点在于内容上各有不同的着重。《现代汉语中读本》主要反映美国大学生的校园生活，而《华夏行》则是透过一个美国学生来谈中国的人与事。

在两本教材的中文序中，编写者均指出教材的特点。比如在《华夏行》中，编写者指出：

> “在这本语言教科书里我们试着透过一个美国学生来看中国社会的众生相；我们不客气地指出中国人谦虚客套的背后也往往隐藏着虚伪与狡诈，我们也希望从日常

的一些小经验中反映中国社会的多样并存。”

——《华夏行》序

而在《现代汉语中级读本》中，编写也强调：

“本书的特点在内容上富争议性，在文字上则力求平顺明白。课文的内容摆脱，歌颂中国政治的老套，而以美国大学生活及中国当前政治、社会问题为讨论的对象。在情节发展上则尽可能地做到语言与生活的结合，并力求风趣；不勉强避开一些在生活上必须，而不甚雅驯的字眼。我们相信语言课本应该反映真实的生活而不是一个虚拟的环境。”

——《现代汉语中级读本》序

可见与国内出版的汉语教材相比较，这两本中级汉语教材在编写时尽量避免从中国人的角度看中国所带来的民族主义色彩，而是从多方面反映中国社会的真实情况，以引发学生学习汉语的兴趣，吸引学生主动参与到课文内容的讨论中来，借此切实得到汉语语言能力的锻炼。

第二节　《华夏行》和《现代汉语中级读本》结构编排分析

一、《华夏行》和《现代汉语中级读本》总体设计

从编写纲目角度看，《华夏行》和《现代汉语中级读本》采用的都是以课文为纲，以结构为辅的方式组织和安排教材内容和汉语语法项目。教材以“一课书”为一个基本单位，《华夏行》共36课，《现代汉语中级读本》共22课，从课数上看差异较大。两本教材中每课书的内容都相对独立完整，彼此之间基本上没有相

关性。教材体系也比较简单，每套教材虽分为两册，但仅是将课文与其他内容分开印制而已。从版式上看两本教材也比较简单保守，中规中矩，全书没有插图，也未使用不同色彩对内容加以区分。

这样的总体设计体现出两本中级汉语读本的几个共同的特点：

首先，注重内容大于形式。两套教材都由具有多年汉语教学经验的老师编写，教材出版后也是先在普林斯顿大学本校汉语课或者在普林斯顿大学北京汉语班中使用，然后才逐渐推广到全美其他高校，编写者对内容的重视远远大于形式。

其次，实用性和针对性非常强。教材重视内容，相应的实用性就增强了。比如教材采用的课文与生词、句型和练习分册的教材体系形式，为教材的使用提供了灵活和便利的条件，同时与美国高校中级阶段汉语教学的现象相适应。

二、《华夏行》和《现代汉语中级读本》构架

《华夏行》和《现代汉语中级读本》两套教材的编写体例基本一致，都比较简单。教材的第一册为课文，第二册包含词汇、语法点和练习三部分内容，教材最前边有英文的编写说明（A Note of Teachers and Students），最后列出了主要参考书目、附录和索引。《现代汉语中级读本》的第二册与《华夏行》稍有不同，教材中仅包括生词、句型和练习三部分，没有编写说明、参考书目、附录和索引等为教材使用提供便利的内容。

课文部分，两套教材的课文部分都采用简体和繁体并列形式，《华夏行》简体字在前，繁体字在后，《现代汉语中级读本》相反。课文随文中用脚标的形式标出语法项目的序号，方便在学习过程中进行查找。一册书开头有教材的英文序和中文序，结尾是索引，其中《华夏行》的生词索引有汉语拼音和英文索引两种形式，索引中使用繁体字给出生词的页码；采用汉语拼音进行索引，仅给

出英文翻译，生词页码，未给出汉字。

生词部分，两套教材生词部分都使用繁体字简体字并列的形式，繁体字在前，简体在后，且用小号字体。生词都给出拼音，在给出相对应的英文翻译前，标明了生词的词性。

语法部分，《华夏行》第二册“Grammar Notes”部分对课文中的语法点的用法进行解释，并根据需要给出例句。在解释的时候使用简体汉字，例句仅给出相对照的英文翻译，没有汉语拼音。《现代汉语中级读本》第二册解释语法点采用“Sentence Patterns”的形式，课文中的知识点被抽象成一条条简单的“结构”，解释使用英文，例句则使用繁体字，也是仅给出英文翻译，没有汉语拼音。

练习部分，两套教材的练习题题量不大。《华夏行》中的练习使用简体汉字，说明部分配有英文翻译。《现代汉语中级读本》练习的说明同样有英文翻译，但练习题干使用繁体字。

三、《华夏行》和《现代汉语中级读本》课文语料研究

（一）课文话题研究

1. 话题分布分析

《华夏行》和《现代汉语中级读本》两套教材采用“一课书”为基本单位进行教材编排，每课话题相对独立，一课就是一个话题。其中《华夏行》共 36 课，《现代汉语中级读本》22 课。比对苏新春（2011）课文话题分类模板对汉语教学中话题所做的分类，我们统计出两本教材中话题分布如下表所示：

表 7-1　《华夏行》和《现代汉语中级读本》话题分布表①

		个人信息	生活	人际交往	学习与生活	社会问题	其他	
华夏行	数量	-	6	3	3	17	7	36
	百分比	-	16. 67%	8. 33%	8. 33%	47. 22%	19. 44%	
现代汉语中级读本	数量	-	1	3	1	10	7	22
	百分比	-	4. 55%	13. 64%	4. 55%	45. 45%	31. 82%	

上表显示，两册教材中“社会问题”类所占比例非常高，《华夏行》中有 17 个话题为“社会问题”，《现代汉语中级读本》中则有 10 个“社会话题”，分别占教材话题总量的 47. 22%和 45. 45%。两套教材中均不涉及“个人信息类”话题，“学习与生活”类话题也非常少。另外，教材中无法进行明确归类的话题也非常多，这些话题在《华夏行》中占 22. 22%，在《现代汉语中级读本》中占 31. 82%。比如《华夏行》中的第 9 课“Privacy”，课文说的是在中文中找不到一个跟英文“Privacy”相对应的字，借此说明中国人没有 privacy 观念，并对这一现象加以讨论，这属于中美文化方面差异方面的话题；再比如在《现代汉语中级读本》中第 16 课“孔子”介绍中国历史上最伟大的思想家和教育家，儒家学说的创始人孔子的生平经历和成就，属于中国古代文化方面的话题；第 20 课“学生运动与文化大革命”介绍了 1989 年的学生运动和 1976 年的“文化大革命”，属于中国近代历史方面的话题。

从以上分析中我们可以看出，两套教材在话题的选择方面广泛关注社会话题，包括环境、代沟、女权、婚姻、堕胎、吸毒、交通、政治等方方面面，这些问题对于国内的汉语教材编写者来说，可能有些匪夷所思，但正是美国大学生每天都要面对的问题，也是他们所感兴趣的话题。

---

① 详见附录十一。

2. *话题关联性分析*

以课文为纲目进行教材编写，课文中的话题应该进行适当的关联。从语言习得的角度看，话题的复现有利于为学习者营造关于某一话题的场景，随着对这些虚拟场景的逐渐熟悉，学习者更容易习得与此话题相关的词汇、句型等语法知识。同时，话题的复现可以使话题在深度上得以延伸，有利于语言知识的巩固和提升。

目前很多中级汉语课本对话题采用的是“直线型”的安排方式，一个话题在一册或者一套教材中只出现一次。中级汉语教材的主要任务是增加学习者词汇量，培养学习者熟练地造句，并掌握一定的成段表达技巧，对一些较为普遍的现象和问题发表看法。“直行线”的安排话题照顾了教材内容的广度，可以使得学习者单位时间内学习涉及不同领域的基本词汇。但是在话题深度上有一定的局限性。

《华夏行》和《现代汉语中级读本》两套教材中话题的关联采用的是一种“形式”关联方式，这种关联确切地说是某一个话题在时间或者逻辑上的延续。时间上有延续的话题如《华夏行》教材将话题的场景设置为北京，以美国学生来北京的所见所闻为线索展开课文内容。话题的安排从美国学生“到了北京”开始，到发现“厕所里没有卫生纸”，到去“报道·注册”，去“学生食堂”，然后通过在中国的学习生活，发现中国和美国“没有什么大不同”。逻辑上有延续的话题如《现代汉语中级读本》第 6 课、第 7 课、第 8 课、第 9 课是学生和父母之间的通信，第 6 课父母给学生写信时谈到了“同居”的问题；第 7 课学生回信对同居问题做出回应，并谈到了自己对“堕胎”和“吸毒”的看法；第 8 课父母回信对上一封信发表看法，并谈到自己的爱情观和婚姻观；第 9 课学生对父母的婚姻观和爱情做出评论，并总结父母与自己之间存在“代沟”，还谈到了“女权”问题。

（二）课文语料难度研究

本节我们先对《华夏行》和《现代汉语中级读本》中课文语料的容量进行计量分析，统计出课文语料的长度、段落数和句子数，然后通过计算随机抽取的方式，计算一个百字段落平均句长和每百字非常用词数，借此计算语料的难度系数，并对两套教材进行对比。

1. 教材课文语料容量分析

《华夏行》共有课文 36 篇，《现代汉语中级读本》课文 22 篇，两套教材课文长度、包含句子数以及总句长如下表所示：

表 7-2　《华夏行》和《现代汉语中级读本》课文语料计量分析

	课序	段落数	句子数	语料总长	课序	段落数	句子数	语料总长
现代汉语中级读本	1	8	15	309	12	49	70	1104
	2	8	18	296	13	5	16	555
	3	26	37	666	14	8	22	709
	4	15	23	536	15	31	52	1505
	5	10	23	474	16	6	23	668
	6	6	16	370	17	6	18	643
	7	10	17	334	18	6	25	770
	8	10	19	472	19	6	23	816
	9	9	23	437	20	6	20	832
	10	4	22	638	21	8	23	917
	11	69	86	1386	22	17	30	748
					总计	323	621	15185

续表

	课序	段落数	句子数	语料总长	课序	段落数	句子数	语料总长
华夏行	1	2	5	156	19	3	11	388
	2	2	10	220	20	4	14	432
	3	2	8	201	21	4	14	408
	4	2	8	221	22	4	11	404
	5	1	6	185	23	9	33	814
	6	10	13	225	24	5	15	542
	7	9	12	290	25	4	8	420
	8	1	7	269	26	4	10	407
	9	8	16	340	27	5	18	668
	10	3	10	318	28	5	20	594
	11	3	12	472	29	3	14	463
	12	5	17	389	30	7	13	569
	13	4	18	453	31	8	18	684
	14	5	16	434	32	9	23	792
	15	5	12	394	33	12	20	698
	16	4	13	451	34	5	14	492
	17	6	17	662	35	5	18	590
	18	8	11	280	36	7	21	1018
					总计	183	506	16343

上表显示《现代汉语中级读本》的语料总长度15185，平均语料长度为690.23；《华夏行》语料总长度16343，按此计算出课文的平均语料长度为453.97。可见虽然课文篇数和平均课文句长有所差别，但是课文总句长数差别不大，《现代汉语中级读本》段落数和句子数较多。这反映了教材中长句可能较少，而单位课文中的段落较多，同等语料长度下说明每个段落相对较短，这些都能够从一定程度上降低教材的难度。

2. 教材课文语料难度分析

段落数、句子数和语料总长度仅从一方面反映教材的难度，下面我们从语料难度系数角度对《华夏行》和《现代汉语中级读本》两套教材的语料难度进行计量统计和分析。首先这个百字段落中包含的句子数和平均句长，统计结果见下表：

表 7-3　《华夏行》和《现代汉语中级读本》课文语料平均句长统计

	课序	每百字句子数	平均句长	课序	每百字句子数	平均句长
华夏行	1	3.77	26.50	19	3.09	32.33
	2	4.04	24.75	20	4.12	24.25
	3	3.81	26.25	21	4.26	23.50
	4	3.06	32.67	22	3.88	25.75
	5	4.85	20.60	23	5.05	19.80
	6	5.21	19.20	24	3.09	32.33
	7	3.67	27.25	25	1.83	54.50
	8	5.56	18.00	26	2.75	36.33
	9	4.59	21.80	27	4.67	21.40
	10	2.02	49.50	28	4.04	24.75
	11	2.83	35.33	29	3.77	26.50
	12	5.10	19.60	30	2.73	36.67
	13	3.00	33.33	31	1.94	51.50
	14	3.13	32.00	32	3.85	26.00
	15	2.91	34.33	33	2.78	36.00
	16	4.95	20.20	34	1.94	51.50
	17	3.06	32.67	35	3.23	31.00
	18	2.83	35.33	36	1.85	54.00

续表

	课序	每百字句子数	平均句长	课序	每百字句子数	平均句长
现代汉语中级读本	1	2.91	34.33	12	9.28	10.78
	2	3.92	25.50	13	3.92	25.50
	3	1.89	53.00	14	3.92	25.50
	4	5.71	17.50	15	4.12	24.25
	5	4.17	24.00	16	4.26	23.50
	6	2.97	33.67	17	1.90	52.50
	7	2.97	33.67	18	3.64	27.50
	8	4.95	20.20	19	3.13	32.00
	9	4.08	24.50	20	3.09	32.33
	10	5.32	18.80	21	2.80	35.67
	11	4.85	20.60	22	3.77	26.50

随机抽查结果显示，《华夏行》“每百字句子数”在1.83与5.21之间，据此计算出教材每百字句子数均值为3.54，“平均句长”在18.00到54.50之间，据此计算平均句长均值为31.04。《现代汉语中级读本》“每百字句子数”在1.89到9.28之间，据此统计出教材每百字句子数均值为3.98，“平均句长”在10.78到53.00之间，据此计算出教材平均句长均值为28.26。从数据看，两套教材中，《华夏行》课文之间统计数据差值较小，这说明课文之间的难度差别不大。与之相反，《现代汉语中级读本》中课文之间统计数据差值较大，课文难度之间可能存在较大差异。

通过与《国际汉语教育用音节汉字词汇等级划分》中词汇进行对比，计算出课文“每百字非常用词数”，见下表。

表 7-4　《华夏行》和《现代汉语中级读本》课文语料非常用词统计表

	课序	语料总长	非常用词数	每百字非常用词数	课序	语料总长	非常用词数	每百字非常用词数
华夏行	1	156	7	4.49	19	388	34	8.76
	2	220	12	5.45	20	432	20	4.63
	3	201	10	4.98	21	408	27	6.62
	4	221	8	3.62	22	404	12	2.97
	5	185	7	3.78	23	814	42	5.16
	6	225	16	7.11	24	542	19	3.51
	7	290	30	10.34	25	420	19	4.52
	8	269	12	4.46	26	407	12	2.95
	9	340	7	2.06	27	668	24	3.59
	10	318	12	3.77	28	594	32	5.39
	11	472	22	4.66	29	463	12	2.59
	12	389	22	5.66	30	569	31	5.45
	13	453	22	4.86	31	684	36	5.26
	14	434	38	8.76	32	792	88	11.11
	15	394	23	5.84	33	698	32	4.58
	16	451	23	5.10	34	492	64	13.01
	17	662	31	4.68	35	590	32	5.42
	18	280	6	2.14	36	1018	58	5.70
现代汉语中级读本	1	309	17	5.50	12	1104	59	5.34
	2	296	14	4.73	13	555	43	7.75
	3	666	28	4.20	14	709	29	4.09
	4	536	36	6.72	15	1505	69	4.58
	5	474	30	6.33	16	668	52	7.78
	6	370	15	4.05	17	643	34	5.29
	7	334	20	5.99	18	770	50	6.49
	8	472	26	5.51	19	816	58	7.11
	9	437	17	3.89	20	832	51	6.13
	10	638	35	5.49	21	917	110	12.00
	11	1386	101	7.29	22	748	73	9.76

		语料总长	非常用词数	每百字非常用词数
华夏行	平均	453.97	25.06	5.36
	合计	16343.00	902	192.99
现代汉语中级读本	平均	690.23	43.96	6.18
	合计	15185.00	967	136.02

从上表中我们可以看出，《华夏行》教材课文的每百字非常用词数在 13.01 到 2.06 之间。《现代汉语中级读本》课文的每百字非常用词数在 12.00 到 3.89 之间。统计结果显示《华夏行》教材课文平均每百字非常用词数为 5.36 个，比《现代汉语中级读本》中的每百字 6.18 个少。将上表中“每百字非常用词数”与表 7-5 统计出的教材语料“平均句长”值相加，计算出两套教材课文语料的难度系数，见表 7-5。

表 7-5 《华夏行》和《现代汉语中级读本》课文难度系数表

	课序	平均句长	每百字非常用词数	难度系数	课序	平均句长	每百字非常用词数	难度系数
华夏行	1	26.50	4.49	30.99	19	32.33	8.76	41.10
	2	24.75	5.45	30.20	20	24.25	4.63	28.88
	3	26.25	4.98	31.23	21	23.50	6.62	30.12
	4	32.67	3.62	36.29	22	25.75	2.97	28.72
	5	20.60	3.78	24.38	23	19.80	5.16	24.96
	6	19.20	7.11	26.31	24	32.33	3.51	35.84
	7	27.25	10.34	37.59	25	54.50	4.52	59.02
	8	18.00	4.46	22.46	26	36.33	2.95	39.28
	9	21.80	2.06	23.86	27	21.40	3.59	24.99
	10	49.50	3.77	53.27	28	24.75	5.39	30.14
	11	35.33	4.66	39.99	29	26.50	2.59	29.09
	12	19.60	5.66	25.26	30	36.67	5.45	42.11

续表

	课序	平均句长	每百字非常用词数	难度系数	课序	平均句长	每百字非常用词数	难度系数
华夏行	13	33.33	4.86	38.19	31	51.50	5.26	56.76
	14	32.00	8.76	40.76	32	26.00	11.11	37.11
	15	34.33	5.84	40.17	33	36.00	4.58	40.58
	16	20.20	5.10	25.30	34	51.50	13.01	64.51
	17	32.67	4.68	37.35	35	31.00	5.42	36.42
	18	35.33	2.14	37.48	36	54.00	5.70	59.70
现代汉语中级读本	1	34.33	5.50	39.83	12	10.78	5.34	16.12
	2	25.50	4.73	30.23	13	25.50	7.75	33.25
	3	53.00	4.20	57.20	14	25.50	4.09	29.59
	4	17.50	6.72	24.22	15	24.25	4.58	28.83
	5	24.00	6.33	30.33	16	23.50	7.78	31.28
	6	33.67	4.05	37.72	17	52.50	5.29	57.79
	7	33.67	5.99	39.65	18	27.50	6.49	33.99
	8	20.20	5.51	25.71	19	32.00	7.11	39.11
	9	24.50	3.89	28.39	20	32.33	6.13	38.46
	10	18.80	5.49	24.29	21	35.67	12.00	47.66
	11	20.60	7.29	27.89	22	26.50	9.76	36.26

两套教材课文难度系数变化曲线如下图所示：

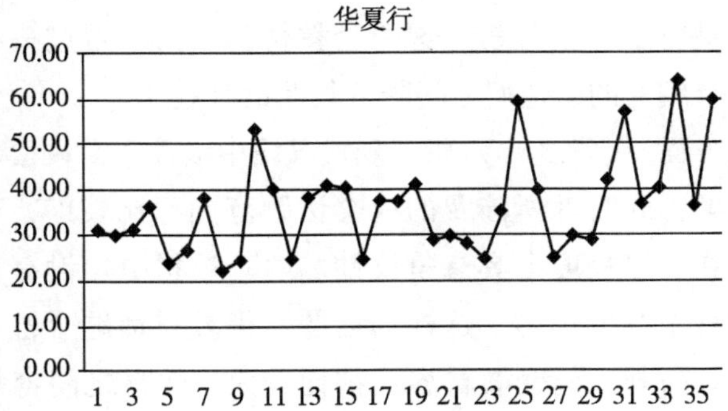

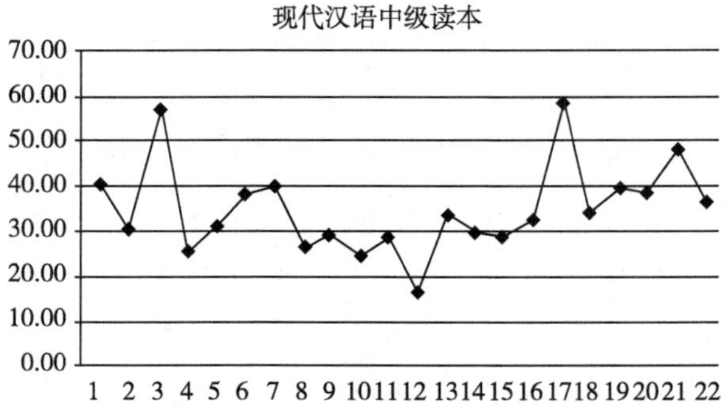

图 7-1 《华夏行》和《现代汉语中级读本》课文“难度系数”曲线图

从数据看，这两套教材在语料难度方面有以下几个主要特点：首先统计数据显示，《华夏行》教材课文平均语料难度为 36.40，《现代汉语中级读本》教材平均语料难度为 34.45。以此判断，两套教材均属于“中高级”或“准高级”汉语教材。其次，《华夏行》教材课文语料难度区间在 22.46 到 64.51 之间，相差 2.87 倍，《现代汉语中级读本》教材课文语料难度区间 16.12 至 57.79，相差 3.58 倍，这说明《现代汉语中级读本》虽然比《华夏行》语料难度小，但这套教材中不同课文之间难度差别较大。另外，从课文难度系数曲线中，我们可以看出两套教材课文难度变化都不具有规律性，随意性较强。

（三）课文语料特点分析

以上我们对《华夏行》和《现代汉语中级读本》两套教材的课文语料进行了计量分析。这两套教材都是为学习过一年汉语的学习者设计编写的，他们之间既有共性也有差异。

共性方面，《华夏行》和《现代汉语中级读本》两套教材均重视社会话题，同时其所涉及的社会话题范围都比较广，有些话题本身甚至在一定程度上具有争议性。两套教材中均设有专门一课来讨论教材本身的优劣。这样的话题使得教材话题个性鲜明，深具趣味性。另外，两套教材容量都比较大，教材之间容量差别不大。难度系数符合设计目标，可以列为中高级或者准高级水平的汉语教材。

差异性方面，两套教材中一些话题所采用的关联方式有所不同，《华夏行》话题内容在时间上有所延续，《现代汉语中级读本》话题内容在逻辑上的延续性更强。另外，两套教材相比，《现代汉语中级读本》单位课文中段落数和长句都比较少，课文语料难度系数比《华夏行》小。

四、《华夏行》和《现代汉语中级读本》练习构件分析

在国内对中级汉语教材所进行的研究中，中级教材练习的研究存在这样一些特点：首先，以国内汉语教学分课型的教学模式为基础，对某一课型所使用的教材中的练习进行研究，如针对综合课教材中练习的研究，对口语课教材中练习的研究等。大多采用定量分析与定性分析相结合的研究方法，先归纳个别教材中练习的特点，然后概括出一般原理。这些研究的不足之处在于理论性不强，分课型的练习特点往往具有针对性，用这些理论指导通用型国际汉语教材的练习编写意义不大。

《华夏行》和《现代汉语中级读本》是比较典型的美国本土中级汉语教材，教材中练习编排的特点对我们研究非目的语环境下，不分课型的中级汉语教材的练习编写具有重要的借鉴意义。

（一）练习类型研究

《华夏行》中的练习使用简体字，《现代汉语中级读本》使用繁体字，两套教材中练习的种类都不多。其中《华夏行》中的练习共有 11 种，《现代汉语中级读本》中的练习共 5 种。

1.《华夏行》练习类型

从类型看，《华夏行》中的 11 种练习可以大致分为“语法”类练习和“拓展”类练习两类。“语法”类练习指的是针对词汇、语法、课文内容等方面的练习，包括“插字”、“复习练习”、“是

非题”、“回答问题”、“选词填空”等。“拓展”类练习按照练习目的可分为“写”“译”和“交际”三类。锻炼学习者“写”的能力的练习如“对话”、“造句”和“作文”。以锻炼学习者“译”的能力的练习主要是“翻译”练习。“交际”类练习包括“活动”和“讨论问题”等。

2. “语法”类练习

《华夏行》中“语法类”练习包括“插字”、“复习练习”、“是非题”、“回答问题”、“选词填空”等。其中“复习练习”的形式各不相同，如第5课要求学生“Insert the following expressions in the proper position”；第10课则要求学生“Choose the best word for each blank”；第16课则是“Write a short dialogue using the following expressions”。“是非题”要求根据课文内容判断对错，以检查学生对课文的理解。“回答问题”练习要求“Answer the questions with the given expressions”，通过练习可以加强学习者对课文中的某一词汇、句型等语法项目的掌握和理解。“选词填空”练习中给出课文中的新词汇，要求学生“Choose the best word for each blank”。

3. “拓展”类练习

中级汉语教材的主要目的是使学习者的词汇进一步积累，各方面的汉语能力进一步提升。在这方面，《华夏行》在教材中安排了很多“拓展”类练习，有些对学习者某一方面的能力进行有针对性的强化，有些则是强调学习者理解和表达能力的综合提升。如为了提高学习者“写”的能力的练习包括“对话练习”、“造句”和“作文”；以锻炼学习者“译”的能力为目的“翻译”练习；锻炼学习者的交际和综合表达能力的练习如“活动”和“讨论问题”等。

4. 《现代汉语中级读本》练习题型

《现代汉语中级读本》中练习的题型包括“完成对话”、“翻译”、“翻译练习”、“改写句子”、“用口语解释”和“作文”6类。其中“完成对话”采用填空的形式，要求学习者“Complete the following dialogues using the expressions in parentheses”，练习的目的是强化对重要词汇或者语法的理解和掌握；“翻译”和“翻译练习”要求学习者将给出的英语翻译成汉语，有时还会给出关键词；“改写句子”练习要求学习者“Rewrite the following sentences with the expressions provided. Maintain the original meaning”；“用口语解释”给出词和含有这些词的句子，要求学习者用口语对这些词进行解释；“作文”练习中所给出的题目一般与课文话题相关，可以看作是课文话题的一种拓展，练习的目的是为了锻炼学习者成段表达以及写作的能力。

（二）练习数量研究

我们对《华夏行》和《现代汉语中级读本》中练习的数量进行统计，得出下表：

表 7-6 《华夏行》和《现代汉语中级读本》练习数量统计表

<table>
<tr><td rowspan="10">华夏行</td><td colspan="2" rowspan="4">语法</td><td>插字</td><td>2</td><td rowspan="4">47</td><td rowspan="10">194</td></tr>
<tr><td>是非题</td><td>3</td></tr>
<tr><td>回答问题</td><td>35</td></tr>
<tr><td>选词填空</td><td>7</td></tr>
<tr><td rowspan="6">拓展</td><td rowspan="3">写</td><td>对话练习</td><td>3</td><td rowspan="6">147</td></tr>
<tr><td>造句</td><td>2</td></tr>
<tr><td>作文</td><td>26</td></tr>
<tr><td>译</td><td>翻译</td><td>36</td></tr>
<tr><td rowspan="2">交际</td><td>活动</td><td>39</td></tr>
<tr><td>讨论问题</td><td>41</td></tr>
<tr><td rowspan="5">现代汉语中级读本</td><td colspan="2" rowspan="5"></td><td>翻译</td><td>22</td><td rowspan="5"></td><td rowspan="5">76</td></tr>
<tr><td>改写句子</td><td>9</td></tr>
<tr><td>完成对话</td><td>22</td></tr>
<tr><td>用口语解释</td><td>1</td></tr>
<tr><td>作文</td><td>22</td></tr>
</table>

* 注释：《华夏行》中“复习练习”类练习共 5 个，其中“插词”练习 1 个，对话练习 3 个，选词填空练习 1 个，在此分别归入相应类别计算。

上表数据显示，《华夏行》中练习总量为 194 个，平均每课 5. 39 个，《现代汉语中级读本》练习数量为 76 个，平均每课 3. 46 个，数量上看后者题量较小。《华夏行》中“语法”类练习占 24%，“拓展”类占 76%，出现最多的题型是“讨论问题”，共 41 道，最少的题型是“插字”练习，共 1 道。《现代汉语中级读本》中“翻译”、“完成对话”和“作文”练习均为 22 道，每课均有，而“用口语解释”练习在教材中仅出现一次。

鉴于两套教材练习无论总量还是课均练习量都非常有限，练习多样性数值都非常高。尤其是《现代汉语中级读本》中基本上保持有多少道练习，就有多少种练习的状态。

（三）教材练习的特点

首先，教材练习数量和种类都比较少。

中级阶段是汉语学习的一个关键阶段。中级汉语教材中练习的目的无外乎两个，一个是对目标词汇进行强化，另一个是通过练习使学习者的综合表达能力进一步提升。大量的练习是达成上两个目的的不二选择。《华夏行》与《现代汉语中级读本》两套教材中的练习虽稍有不同，但种类和数量都比较小。这样的练习数量仅能作为教学的参考，如若仅依靠教材中提供的练习是无法达到强化的目的的。

其次，练习的设计感不强，注重实用性。

教材练习的题型偏少也从一个方面反映出练习设计感不强的事实。练习的内容比较枯燥，有些练习虽然给出了一些具有争议的问题，但是总体感觉显得比较呆板。这一点也许要归咎于两个原因：其一是注重“实用”的编写理念导致教材练习的设计从实际出发，力图从内容而不是形式上吸引人；其二是两本教材的编写者和设计的教学对象是普林斯顿大学的本科生，基本上属于学校的定制教材。在无须迎合市场需求的前提下，自然在设计感方面就要略微欠缺。

最后，大量采用“翻译”练习。两套教材中有大量的“翻译”练习，其中《华夏行》中的“翻译”练习约有19%，《现代汉语中级读本》中的“翻译”练习更高达29%。这表现了教材编写者对翻译法的重视。

第三节　《华夏行》和《现代汉语中级读本》构成要素分析

《华夏行》和《现代汉语中级读本》作为中级汉语教材，语音教学已经淡化。虽然中级阶段汉语教学需要对学习者进行纠音正音，但这部分教学内容已经不是教学活动的重点，语音已经不能算作是教材构成要素之一。而由于两套教材中均未将文化知识点单列出来，因此本节我们主要分析两套教材中汉字、词汇和语法三个构成要素的特点。

一、《华夏行》和《现代汉语中级读本》汉字分析

在前边的章节中我们从教材课文语料难度方面对比了两套教材的难易。本节我们将借助数据库和统计软件分析两套教材课文的汉字使用情况。

（一）课文汉字量统计

根据《国际汉语教育用音节汉字词汇等级划分》中对汉字等级的划分标准，我们统计出两套教材中各级汉字的数量和占比情况如下表：

表 7-7 《华夏行》和《现代汉语中级读本》汉字数量统计表①

	汉字数	汉字数（无重复）	一级汉字	二级汉字	三级汉字	附录汉字	超纲字
华夏行	14657	1187	775	300	87	10	15
			65. 29%	25. 27%	7. 33%	0. 84%	1. 26%
现代汉语中级读本	13399	1095	733	260	71	15	16
			66. 94%	23. 74%	6. 48%	1. 37%	1. 46%

上表显示，《华夏行》教材总用字量为 14657，无重复汉字数为 1187，其中一级汉字占 65. 29%，二级汉字占 25. 27%，三级汉字占 7. 33%，附录汉字 0. 84%。《现代汉语中级读本》教材总用字量 13399，无重复汉字数为 1095，其中不同级别汉字分别占教材汉字量的 66. 94%、23. 74%、6. 48%和 1. 37%。两套教材中的汉字总量和无重复汉字量相差不多，级别越高的汉字在教材中使用的越少。两套教材中的超纲汉字分别占 1. 26%和 1. 46%，从这一比例来看，两套教材在课文编排过程中都十分注意使用规范常用的汉字。

（二）课文汉字字频统计

根据统计，《华夏行》教材中汉字频次在 713-1 之间，频率在 0. 600673968--0. 00084246 之间，课文平均字频为 12. 35；《现代汉语中级读本》教材汉字频次在 571 - 1 之间，频率在 0. 521461187—0. 000913242 之间，课文平均字频为 12. 24。后者中汉字较前者的频次差虽然更小，但平均字频相近。我们对不同频次的汉字分别加以统计，计算出平均值 7 以上和以下汉字数，绝对高频字数和低频字数如下表所示：

① 详见附录十二，附录十三。

表 7-8　《华夏行》和《现代汉语中级读本》汉字频次与频率语料中占比统计表

	区间	字数	在语料中的比例
华夏行	12.35 以上	257	21.65%
	7 次及以上	417	35.13%
	1	325	27.38%
现代汉语中级读本	12.24 以上	242	22.10%
	7 次及以上	408	37.26%
	1	283	25.84%

从数据上看，《华夏行》和《现代汉语中级读本》两套教材的课文在字频方面的分布差别不大；教材中高于平均字频的汉字在课文中所在比例分别为 21.65%和 22.10%；教材中低于平均字频的汉字字数占教材大多数，比例分别为 78.35%和 77.90%；《华夏行》中的绝对低频字，也就是频次为 1 的汉字有 325 个，占 27.38%，比例稍高于《现代汉语中级读本》中的 283 和 25.84%。另外，两套教材中出现 7 次以上的汉字分别占汉字总量的 35.13%和 37.26%。从比例上看，多数汉字不符合教学理论中关于汉字复现次数的理论假设。

（三）课文汉字特点

通过上述分析，我们认为《华夏行》和《现代汉语中级读本》两套教材在汉字方面表现出的特点较为相似。首先，教材课文汉字量都比较大，这比较符合中级汉语教材的一般要求，即通过大量汉字输入，增加学习者的单词摄入量，以期提高学习者的汉语水平。其次，教材中汉字以一级汉字和二级汉字为主，生僻词和非常用字较少。最后，两套教材中汉字的复现率都不高。

二、《华夏行》和《现代汉语中级读本》词汇分析

(一) 教材词汇量统计

借助统计分词软件，我们分别对《华夏行》和《现代汉语中级读本》两套教材生词表中的词汇、课文和练习中的词汇分别进行了计量统计。见表 7-9。

表 7-9 《华夏行》和《现代汉语中级读本》教材词汇统计①

		生词词汇	课文词汇	练习词汇	合计
华夏行	计数	1207	9611	3244	14062
	占比	8.58%	68.35%	23.07%	
现代汉语中级读本	计数	1399	9022	2039	12460
	占比	11.23%	72.41%	16.36%	

上表显示，《华夏行》和《现代汉语中级读本》两套教材中总词汇量分别为 14062 和 12460。此处的“总词汇量”包括教材中课文词汇、生词词汇以及在练习中出现的所有词汇。从比例来看，两套教材课文词汇在所有词汇中的所占比例最高，分别为 68.35% 和 72.41%；生词占比最低，分别为 8.58%和 11.23%；《华夏行》练习词汇占比较高，为 23.07%，《现代汉语中级读本》中练习词汇占总词汇的 16.36%。以上数据显示，课文部分是教材的主体，因此课文词汇是构成教材词汇的主体部分；另外，两套教材中生词词汇的占比在 10%左右，练习词汇所占比例也不算高。

笔者认为，中级或者准高级汉语课本的使用者已经有一定的词汇积累，根据语言学习的一般规律，词汇量的积累是一个阶梯式的过程，这个过程又必须以大量的词汇输入量为基础，但是，学习者的词汇量和词汇输入量这两方面的关系如何，要保证一定

① 详见附录十四，附录十五。

的词汇积累需要多少词汇输入等问题很难得到实证方面的研究。在练习词汇中，这样的问题同样存在。怎么从数量上保证词汇训练的强度，也非常值得做进一步的探讨。

（二）教材词汇难度统计

将教材各部分词汇与《国际汉语教育用音节汉字词汇等级划分》中的分级词汇进行对比，统计出不同词汇的难度情况如下表：

表 7-10 《华夏行》和《现代汉语中级读本》教材词汇难度统计

			一级词汇	二级词汇	三级词汇	附录词汇	超纲词汇
华夏行	生词	计数	505	309	105	15	273
		占比	41.84%	25.60%	8.70%	1.24%	22.62%
	课文	计数	7935	1168	269	32	207
		占比	82.56%	12.15%	2.80%	0.33%	2.15%
	练习	计数	2756	235	46	5	202
		占比	84.96%	7.24%	1.42%	0.15%	6.23%
现代汉语中级读本	生词	计数	573	276	134	11	405
		占比	40.96%	19.73%	9.58%	0.79%	28.95%
	课文	计数	7580	1007	234	15	186
		占比	84.02%	11.16%	2.59%	0.17%	2.06%
	练习	计数	1806	194	34	1	4
		占比	88.57%	9.51%	1.67%	0.05%	0.20%

上表中对两套教材中词汇难度的统计表现出以下一些特点：

首先，不难看出，教材中的词汇仍以一级词汇为主，二级词汇为辅，分占生词总量的四成和两成左右。根据《国家汉语教学通用大纲》中的规定，中级汉语学习者需要掌握的词汇量900个，准中级词汇也不过1200个左右。这样，如果将与学习者之前积累的词汇中相互重叠的部分忽略不计，两套教材生词中的一级词汇就可以满足词汇数量方面的要求。

还有另一个现象值得注意，《现代汉语中级读本》生词表中的超纲词达到400多了，占生词总量的28.95%。除去因分词不同所导致词汇超纲现象，教材生词汇总仍存在大量非常用词，如“毛泽东”、“秦始皇”、“尼日利亚”、“欧洲”、“批斗会”、“强奸”、“赏识”、“时局”等等。仔细分析这种现象，我们认为是因为这本教材是以美国学习者的视角出发，教材课文包括美国人的价值观念、生活习惯、感兴趣的话题，以及中国著名的历史、地理、人物和现象的表述等构成。所涉及的词汇往往深具美国现实特色，或者超出了以汉语口语和书面语语料为基础的常用词的范围。

另外，与生词词汇中的超纲现相比，课文和练习，尤其是练习中的超纲词汇比例要小得多，这显示出了教材编写者虽然在确定生词词汇的难度时“用力过猛”，但课文与练习中的词汇却并未能与之相配套。

（三）教材生词复现情况统计

表7-11 美国高校中级汉语教材生词复现统计表

			课文中		练习中	
	生词量	词汇量（无重复）	生词累计复现率	生词平均复现率	生词累计复现率	生词平均复现率
华夏行	1207	2208	2281	2.28	489	1.41
现代汉语中级读本	1399	1891	2143	1.83	283	1.26

上表是对《华夏行》和《现代汉语中级读本》两套中级汉语教材生词在课文和练习中的词频统计。数据显示，两套教材中的生词在课文中的累计复现率分别为2281和2143，平均复现率为2.28和1.83；生词在练习中的累计复现率为489和283，平均复现率为1.41和1.26。统计结果显示教材中生词在课文中的复现率普遍高于在练习中的复现率，但是生词的平均复现率普遍偏低。

我们对教材中复现率在平均值以上、“7以下”以及“零复现”的生词进行了统计，得出下表。

表 7-12　美国高校中级汉语教材生词零复现统计表

	平均词频	复现率在平均值以上比例	复现率 7 次及以上比例	复现率为 1 比例
华夏行	4.52	24.86%	15.66%	15.33%
现代汉语中级读本	4.87	29.52%	16.23%	16.80%

上表显示，两套教材中生词在整套教材中的平均词频数值比较相近，分别为 4.52 和 4.87，生词复现率在平均值以上的比例分别为 24.86% 和 29.52%；复现率在 7 词及以上的生词比例仅为 15.66% 和 16.23%；复现率为 1 的生词比例分别为 15.33% 和 16.80%。总体上看，《现代汉语中级读本》生词复现率略高于《华夏行》，但复现率在 7 次以上的生词比例都非常低，同时复现率为 1 的生词占比很高，这说明较高比例的生词除了在课文中出现一次以外，在整套教材中没有再次出现，这非常不利于学习者对新词汇的理解和掌握。

（四）教材词汇特点统计

根据以上的统计结果，笔者认为《华夏行》和《现代汉语中级读本》两套中级汉语教材词汇要素有以下几个主要特点：

首先，在词汇量方面，两套教材中词汇总量对于单行本教材来说非常高，教材生词词汇占比在 10% 左右，课文词汇是教材词汇的重要组成部分，练习词汇所占比例不算高。

其次，在词汇难度方面，教材中的词汇以一级词汇为主，二级词汇为辅，生词中超纲词汇所占比例较高，课文和练习中超纲词比例较低。超纲词汇多数一方面源于分词规则差异，另一方面来自于与美国社会生活相关的话题。

另外，在生词复现率方面，教材中生词复现普遍偏低，生词零复现现象比较严重，这将不利于学习者对新词汇的习得。

三、《华夏行》和《现代汉语中级读本》语法分析

《华夏行》和《现代汉语中级读本》在编排体系上都采用课文与词汇、语法项目以及练习分开的方式。课文中用下角标的形式标注需要解释和说明的语法点的序号，然后按序进行解释和说明，并适当给出例句以期加深学习者对知识点的理解和掌握。语法点的解释使用中介语英语，例句也均给出与之对照的英语翻译。

从形式上看，两套教材中语法项目的区别主要有两点。首先，《华夏行》使用简体字，而《现代汉语中级读本》使用繁体汉字。另外，使用《华夏行》中的 Grammar Note 对语法的解释包括词法和句法等多个方面，如对用法相近的词进行对比分析，或是对某个习惯用语的解释等；而《现代汉语中级读本》则采用 Sentence Patterns 的形式，主要是将课文中出现的句型进行抽象和概括，再对抽象出的句型进行解释。

根据笔者的统计，《华夏行》中的 Grammar Note 共 375 项，《现代汉语中级读本》教材中的 Sentence Patterns 共 127 项。以《国际汉语教学通用课程大纲》"常用汉语语法项目分级表"中对语法项目的划分为标准，我们分别对两套教材中的语法项目进行了标注，并统计出不同等级以及超纲语法现象的数量如下表所示：

表 7-13 《华夏行》和《现代汉语中级读本》语法项目统计表①

		一级	二级	三级	四级	五级	其他	超纲
华夏行	计数	3	2	30	67	14	116	143
	占比	0. 80%	0. 53%	8. 00%	17. 87%	3. 73%	30. 93%	38. 13%
现代汉语中级读本	计数	—	2	13	24	7	32	49
	占比	—	1. 57%	10. 24%	18. 90%	5. 51%	25. 20%	38. 58%

① 详见附录十六，附录十七。

上表中“其他”语法项目主要包括三类：1）可以较为明确地判定为词法的项目；2）与课文内容相关的文化介绍的项目；3）从语篇或语用角度做出解释的项目。统计结果显示两套教材中超纲语法项目所占比例最高，且数值较为相似，《华夏行》中为38.13%，《现代汉语中级读本》中为38.58%。另外，教材中四级语法项目所占比例也都比较高，《华夏行》中为17.87%，《现代汉语中级读本》中为18.90%。

两套教材中各级语法项目在教材中占比的对比见下图。

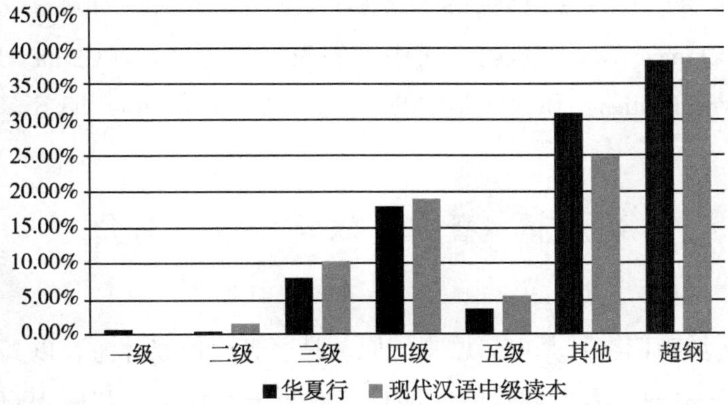

图7-2　《华夏行》和《现代汉语中级读本》语法项目占比对比图

在两套教材的语法项目与《国际汉语教学通用课程大纲》“常用汉语语法项目分级”相重叠的部分中，以四级语法项目最多，占比也不算少，这比较符合中级或准高级汉语教材对语法项目的数量以及语法难度的基本要求。另外，教材中存在大量超纲语法项目，其数量是四级语法项目数量的2倍左右。对这些项目进行进一步的分析，我们发现这些超纲语法项目主要为：1）复杂介词的用法以及搭配，如：对、由、在等；2）语法关系问题，如复杂的比较关系、相似关系、指称关系等；3）语气副词的用法，如到底、竟（然）、可；4）复杂的固定句式等。

第八章　美国高校高级汉语教材分析

普林斯顿大学系列汉语教材中的高级汉语教材主要包括《城南旧事》（My Memories of Old Beijing）、《人民日报笔下的美国》（Newspaper Reading-The U. S. A. in the People's Daily）、《现代汉语高级读本：中国知识分子的自省》（Advanced Reader of Modern Chinese-China's Own Critics）、《中国的理想与迷惘》（China's Ideals and Perplexities）和《文学中的现实》（A Reflection of the Reality）。

第一节　普大高级汉语教材简介

《城南旧事》是电影剧本。原著是著名女作家林海音以其七岁到十三岁的生活为背景的一部自传体短篇小说集，初版 1960 年。1982 年导演吴贻弓将其改编成同名电影搬上了大荧幕，获得了巨大成功，获得了“中国电影金鸡奖”等多项大奖，感动了一代人。[①] 电影讲述的是半个多世纪前，小女孩林英子跟随着爸爸妈妈从台湾漂洋过海来到北京的故事，用一个小女孩的视角介绍了北京城南胡同生活，展现了近代北京生活的方方面面。

《人民日报笔下的美国》出版于 1992 年，由周质平和王学东主编。教材“以一九九〇和一九九一年以来《人民日报》（海外版）对美国社会的报道为选材的主题……每一个论题都是美国学生的日常生活有关的事儿……”“问题上较偏向于短文或时事评论

① 百度百科：城南旧事 http：//baike. baidu. com/view/124232. htm. 2013-2-14。

而不是新闻报道。”同时《人民日报》对美国教育、社会、人权等问题的“歪曲和夸张”，教材也一概保留，以此作为引起学生兴趣的主要内容，引发学习者的讨论和思考。

《现代汉语高级读本：中国知识分子的自省》（以下简称：中国知识分子的自省）出版于 1992 年，编者周质平、胡玖、赵德麟。教材是为学过两年以上现代汉语的学生而编写的。在选材上，集中在五四以来近代中国知识分子所关注的关于妇女解放、自由与爱国等论题上，所选的文章多为“论说文”。编写者针对“美国学生不写中文则以，一旦要用到书写的能力，不是应用文就是论说文”这一情况，主张高年级汉语教材在文体的选择上应由小说转向论说文。

《中国的理想与迷惘》成书于 2000 年，编写者蒋冕华。在教材“序”中编写者指出“高年级语言课不需要摈除文学作品，也不应该只重视学生学中文和学生找工作的相关性”。教材节选了当代著名文学家、小说家和政治家在 19 世纪八九十年代发表的文学作品，向读者展示了富有内涵的当代中国的画卷。编写者认为：从这些文学作品“对人生，对社会，对文化的思考”中，可以看出“人文教育对于每一个人如何分析生活，继承过去、发展将来有着相当大的现实意义”。

《文学中的现实》成书于 2004 年，编写者周质平、于丽萍、梁霞和杨玖。绝大多数课文“是当代作家所写”，内容“反映当代中国社会的各个方面”。编写者试图“透过所选的材料，向学生介绍近代中国文学历史和社会结构。使学生在学过这本课文之后，不但能习得语言的结构和使用，也能系统地了解近代中国文史的相关知识和社会结构的变迁”。

第二节 普大高级汉语教材结构编排分析

一、普大高级汉语教材总体设计

从编排纲目角度看，普林斯顿出版社出版的一系列高级汉语教材均采用以“内容”为纲的方式组织和安排教材内容。教材虽然以“一课书”为基本单位，但课文的内容本身都是一篇完整的有代表性的文学作品。这些作品经过编写者的精心挑选、适当修改，再按照一定的顺序进行编排，就能比较有条理地、系统地反映现代中国生活的主要特点。从这一点看，这些教材所遵循的都是“‘内容’取向，而非‘功能’取向”。

另外，从适用对象看，这几套教材都是为“学了两年现代汉语”或者“三、四年级”的汉语学习者编写的；从使用的课型看，即适用于高年级“小说”课、“报刊阅读”或者“文学”课，又可以作为高年级现代汉语课的教材。

二、普大高级汉语教材构架

四套教材虽然都属于高级汉语教材，在选材和适用对象方面有很多共同点，但是由于编写的年代和编者有所不同，几套教材的构架方面有一些差别。

（一）《城南旧事》的构架

通过前文的介绍我们知道，《城南旧事》实际上就是同名电影的剧本，因此教材的构架与一般汉语教材之间的差异性较大。教材采用两册分印的方式，第一册是剧本，第二册是词汇和英文翻译，其作用相当于剧本学习的工具书。

教材课文部分分为 3 个故事共 37 个场景，句中人物的对白使用汉语繁体字，而场景中的旁白或者用来推动故事情节发展的动作提示使用媒介语英语。

教材第二册词汇中的汉字均为手写，按照场景（part）顺序列出课文中出现的生词，每个生词还给出汉语拼音，标明词性和对应的英文翻译。为了方便学习者记忆，在拼音下边还用英文标出了拼音的发音。一般认为这种标注语音的方法是比较“功利”和注重“短期效果”的，但效果可能因人而异，从长远看是否不利于学习者掌握正确的语音有待进一步的研究。而词汇汉字采用手写这种方法较为特别，是对汉字教学的一次有益尝试。

（二）《人民日报笔下的美国》的构架

《人民日报笔下的美国》教材为单行本一册书，并配有录音带。教材以“一课书”为一个单元，每个单元就是一篇文章，其内容相对独立完整。课文的体例如下图所示：

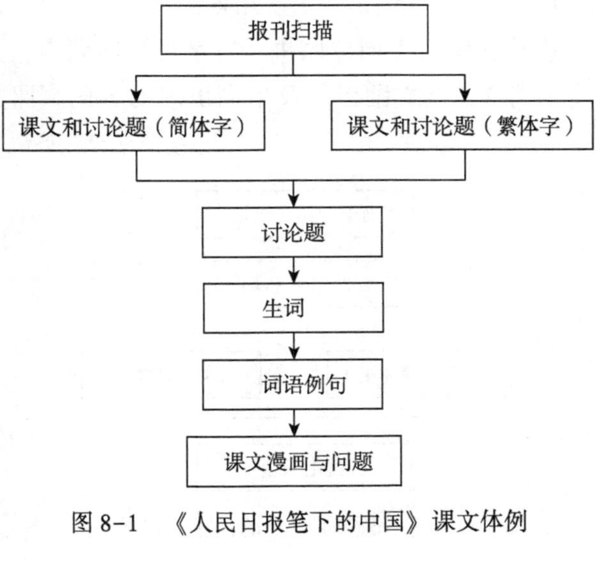

图 8-1　《人民日报笔下的中国》课文体例

教材课文后，编写者根据课文内容提出一个问题供学习者讨论，教材中的生词采用繁体字和简体字两种字体，每个生词都标出汉语拼音和对应的英语翻译；词语例句按照知识点在课文中的出现顺序，依次给出英文翻译并给出最少2个例句，每条词汇项目和例句均使用繁体字。教材中的漫画所反映的内容与课文内容有关，针对这些漫画，教材提出一些问题或者练习的项目供学习者进行练习。

另外，值得一提的是在教材的最后安排了一篇“后记”（Epilogue），做全书的总结。文章教材编写者周质平介绍了《人民日报》的特点，以及教材的选材依据和目的等，其体例与其他课文相同。

（三）《中国知识分子的自省》的构架

《中国知识分子的自省》全套书分为两册，一册是课文，一册是词汇和句型，课文部分配有录音带。课文部分，教材按主题不同将课文分成三个单元，每个单元课文数量不等。教材开头有简体中文和英语对照的“序”，目录使用繁体字。教材最后还安排有生词索引，将教材中的生词按照拼音首字母顺序列出，并给出汉语意思（繁体字）、英文翻译以及生词出现的页码。课文体例如下图：

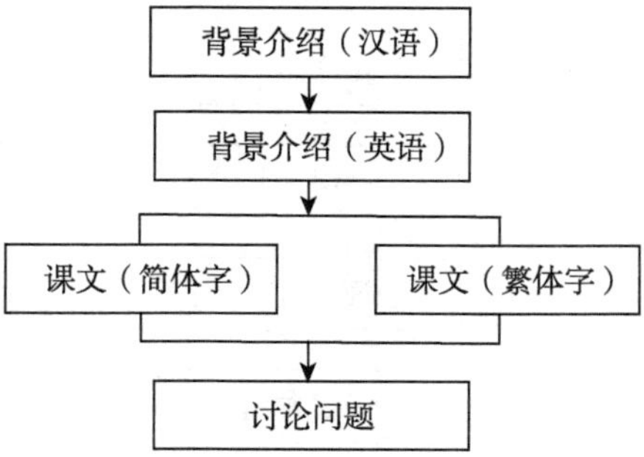

图8-2　《中国知识分子的自省》课文体例

第二册词汇和句型部分先给出课文词汇表，繁体汉字在前，简体汉字在后，每个生词标出拼音和英语意思。句型部分使用繁体汉字列出句型项目，然后给出英文翻译，再给出在课文中出现的句子，并给出两个例句。

（四）《中国的理想与迷惘》的构架

与《人民日报笔下的美国》一样，《中国的理想与迷惘》教材也为单行本一册书，一篇文章就是教材中的“一课书”。课文体例如图 8-3 所示。

教材在每课课文之前的“背景介绍”使用中文和英文两种语言介绍作者的生平以及文章的主要内容和主旨等。课文正文与其他几套教材一样也采用简体字和繁体字两种字体。教材中练习的要求和说明使用英语媒介语，为了方便学习者快速地理解练习的要求，语法练习还会给出包含练习中语法项目的“Model Passage”和“Example”。“生字”部分使用简繁体两种字体列出教材中的生词，简体字在前，繁体字在后；每个生词都标出汉语拼音，有音变的也均予以标明；生词的词性标注也使用汉字；另外，在这一部分还给出一些生词的常用搭配以及对应的英文解释。与其他教材有所不同的是，《中国的理想与迷惘》教材还专门列出了一些作业，作业的说明和要求使用英语媒介语，内容使用简体汉字。

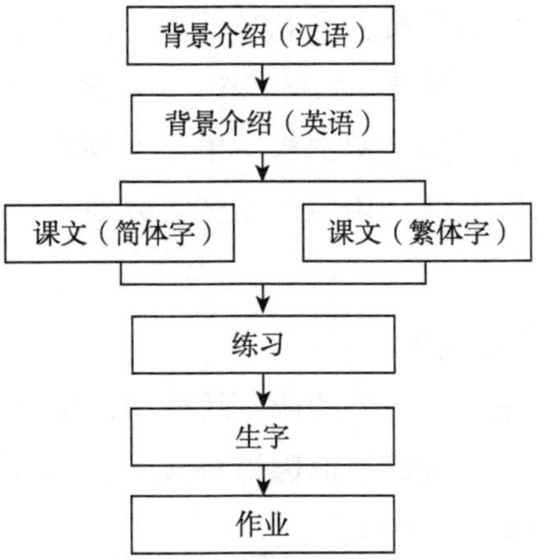

图 8-3　《中国知识分子的自省》课文体例

（五）《文学中的现实》的构架

《文学中的现实》也是单行本，一篇课文为一个单元，教材中课文的体例比较简单：

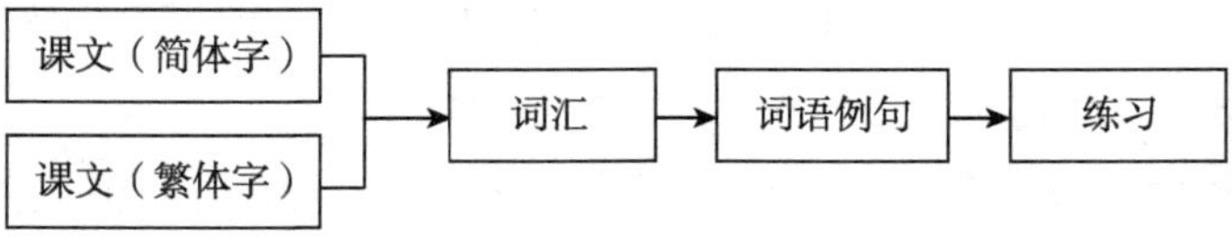

图 8-4 《文学中的现实》课文体例

教材中的课文采用简繁体并列的编排方式，词汇部分中简体字在前，繁体字在后，每个生词都标明汉语拼音、词性缩写以及英语翻译；词语例句部分先列出词汇项目，然后给出对应的英语翻译，再给出一些常见的搭配和例句，其中的汉字使用简体字。教材的练习部分也全部使用简体中文。

三、普大高级汉语教材课文语料研究

作为高级阶段汉语学习者所使用的教材，普大系列教材语料的选材都是文学作品或报刊上刊登的文章，有的经过编写者适当的修改，有的则直接搬进了教材之中。《城南旧事》则将电影中的对白当作教材内容直接运用到教学中。本节将对几套教材课文话题的类别、分布以及课文语料的难度等方面进行分析，并总结几套教材的特点。

（一）课文话题研究

除了《城南旧事》以外的四套教材均采用“一课书”为基本单位，除了有的选文因篇幅原因被分成上下两篇课文以外，每课课文之间内容基本上完整独立。

目前学界专门针对高级汉语教材的话题分类研究并不多，而现有的研究成果也大多并不适用于本研究。首先，高级汉语教材的体裁差距较大，很难做划分和总结。一般进入高年级汉语学习阶段以后，教材性质开始由“通用教材”向“专用教材”转换，不同专业的汉语学习者所使用的高级汉语教材开始出现分化，如有商务汉语、医学汉语、旅游汉语等，即便同是汉语言专业的高年级学生，不同科目所使用的教材也不一样。如《城南旧事》整套读本是电影的剧本；《人民日报笔下的美国》是报刊文章选读；《文学中的现实》所选的都是短篇小说，《中国的理想与迷惘》则有中篇小说、讲话和贺词等课文组成。其次，高年级汉语教材在进行语料选取的时候，大多采用“选编”和“改编”两种形式，即将现成的文章，或者对现成的文章稍加修改后直接作为教材中的课文内容。教材的题材自然受限于原文，并且范围广泛，这些都造成对高级汉语教材中的话题进行统一归类和划分的困难。以下我们采用区别对待的方法分析除《城南旧事》外其他几本教材的话题。

《人民日报笔下的美国》共有 15 篇课文，其中最后一篇是对教材总结性介绍。另外 14 篇文章大致可以分为教育、社会、人权、种族歧视等几类。《中国的理想与迷惘》共选文章 12 篇，按主题可分为历史事件、生活哲学、社会、政治、情感等五类。《中国知识分子的自省》中所选文章可分为妇女解放、现代化和自由与爱国三类。《文学中的现实》中的主体则可以分为情感和社会两类。

表 8-1 普大高级汉语教材主题分类表①

教材	题材	技术	合计
人民日报笔下的美国	教育	6	14
	歧视	3	
	社会	3	
	人权	2	
中国的理想与迷惘	历史事件	2	12
	生活哲学	3	
	社会	3	
	政治	2	
	情感	2	
中国知识分子的自省	妇女解放	4	13
	现代化	6	
	自由与爱国	3	
文学中的现实	情感	6	13
	社会	7	

从上表中我们可以进一步看出，高级汉语教材之间存在很大差异性。基本教材除了都选择一些反映中国社会问题的文章以外，基本上在题材方面没有什么重合。另外，《中国的理想与迷惘》所选文章的题材较另外两套教材更为广泛，其中涉及中国政治、历史、社会、生活的几个方面，而《文学中的现实》所选取的文章则更多地关心人们的情感生活，或通过小故事来反映人们在社会生活中遇到的问题。

（二）课文语料难度研究

本节我们先对以上四套教材中课文语料的容量进行计量分析，统计出课文语料的长度、段落数和句子数等，然后通过计算机随

① 详见附录十八。

机抽取的方式，计算一个百字段落平均句长和每百字非常用词数，借此统计语料的难度系数，对比分析几套教材语料的特点。

1. 教材课文语料容量分析

四套教材中所包含段落数、句子数以及总句长如下表所示。

表 8-2　普大高级汉语教材课文语料计量分析表

	段落数	句子数	语料总长
城南旧事	509	761	9855
人民日报笔下的美国	85	244	10172
中国的理想与迷惘	345	977	24602
文学中的现实	686	1703	42365
中国知识分子的自省	186	815	26148
合计	1811	4500	113145

将上表中的数据进行对比得出下图：

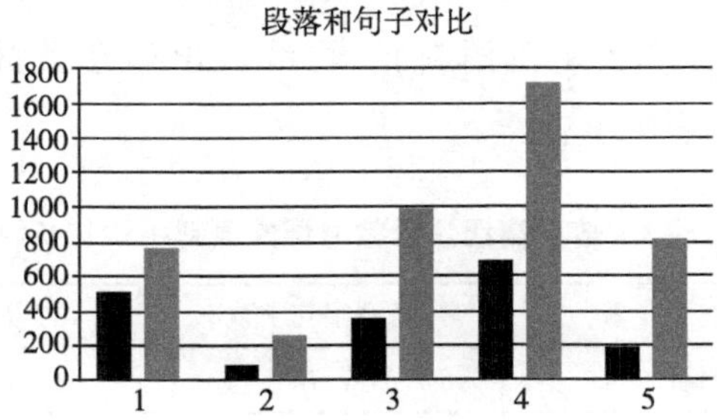

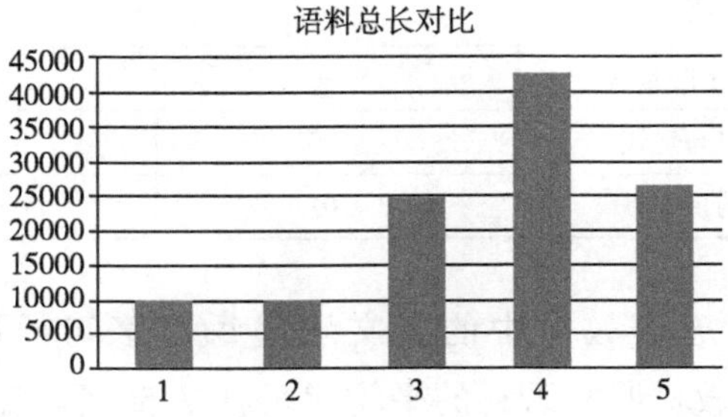

注释：1.《城南旧事》；2.《人民日报笔下的美国》；3.《中国的理想与迷惘》；4.《文学中的现实》；5.《中国知识分子的自省》。

图 8-5　普大高级汉语教材课文语料对比图

经统计，五套教材中共有段落数 1811 个，平均每套教材 362.2 个；教材句子共 4500 个，平均每套教材 900 个；语料总长度 113145，平均每套教材语料长 22629。对比几套教材，《文学中的现实》容量最大，教材中的段落数 686 个、句子数 1703 个，语料总长度为 42365，都高于其他四套教材；而《城南旧事》和《人民日报笔下的美国》教材容量都比较小，前者语料总长度仅为 9858 个，后者段落数仅有 85 个，句子数为 244 个，在四套教材中都是最少的。

2. 教材课文语料难度分析

依旧按照前文中提到的计算课文语料难度的方法，即将语料平均句长与每百字非常用词数相加之和确定为语料的难度系数，我们先对五套教材的平均句长进行统计。由于篇幅所限，也为了对比的方便，我们以教材课文中随机抽取的“百字段落”作为单位计算每篇课文中平均句长（《城南旧事》中的 37 个部分中抽取出 10 个部分，作为基础语料），再统计出整套教材的平均句长，统计结果如下表所示：

表 8-3　普大高级汉语教材课文语料平均句长统计

	每百字句子数	平均句长
城南旧事	7.70	15.73
人民日报	3.01	35.75
中国知识分子的自省	3.56	29.85
中国的理想与迷惘	3.99	28.25
文学中的现实	4.01	27.32

经统计，五套教材中的课文语料每百字句子数在 1.61 至 13.33 之间，教材课文语料的平均句长在 7.50 至 62.00 之间，教材总平均句长数最大的是《人民日报》，约为 35.75，最小的是《城南旧事》为 15.73。除《城南旧事》以外，另外三套教材的平

均句长数差别不大。

通过与《国际汉语教育用音节汉字词汇等级划分》中词汇进行对比，计算出教材课文的“每百字非常用词数”，见下表。

表 8-4　普大高级汉语教材课文语料非常用词统计

	语料总词数	非常用词数	每百字非常用词数
城南旧事	5985	1154	19.28
人民日报	5404	872	16.14
中国知识分子的自省	13083	1558	11.91
中国的理想与迷惘	14410	1748	12.13
文学中的现实	18658	2207	11.83

上表数据显示五套教材相比较，《文学中的现实》中非常用词的数量最多，全册中超纲词汇共有 2207 个，但是由于教材容量较大，每百字非常用词数最小，为 11.83。《人民日报》教材由于容量较小，因此非常用词的数量也比较少，仅有 872 个。按照每百字为一个单位计算，《城南旧事》教材中每百字非常用词数最多，为 19.28。将上表中“每百字非常用词数”与统计出的教材语料“平均句长”值相加，计算出五套高级教材课文语料的难度系数，见表 8-5。

表 8-5　普大高级汉语教材课文难度系数表

	平均句长	每百字非常用词数	难度系数
城南旧事	15.73	19.28	35.01
人民日报	35.75	16.14	51.89
中国知识分子的自省	29.85	11.91	41.76
中国的理想与迷惘	28.25	12.13	40.38
文学中的现实	27.32	11.83	39.15

以上数据说明以下几点：首先，几套教材的难度相近。虽然从难度系数上看，几套教材的难度系数之间有一定的差异，但是

总体看还是比较均衡的。其次，五套教材的难度系数在 51.89 至 35.01 之间，这说明教材语料比较符合高级汉语教材的基本要求。

（三）课文语料特点分析

以上我们对普林斯顿大学出版社出版的五套高级汉语教程的语料进行了计量分析。数据显示教材有以下几个主要特点：

从教材的体裁和题材来看，几套教材之间都存在很大差异。几本教材除了都选择了一些反映中国社会问题的文章以外，在题材方面相似性不大。这一点一方面凸显了教材的特色，也体现了从总体上看，高级汉语教材所选语料的题材范围比较宽泛这一事实。另一方面，作为美国高年级学生使用的汉语教材，教材的使用对象均为学习过两年现代汉语课程的美国学生。虽然这些学生的专业可能有所不同，但在这一阶段的汉语学习中跨文化交际的能力已经从隐性需求转变为显性需求，而满足这些需求需要他们更加深刻地了解中国的历史、文化和社会生活的方方面面。从上边的分析中我们可以看出，几套教材都力图能够通过所选语料的内容，客观而全面地反映现当代中国的社会面貌以及中国人的思想变迁。

从教材语料的容量和难度来看，五套教材的长度差异性较大。这主要取决于教材所选文章的篇幅以及题材方面的限制。在难度方面，几套教材的平均句长和每百字非常用词数量虽有所不同，但总体难度系数在 51.89 至 35.01 之间，差距不太大。尤其是考虑到教材的编写者、编写年代、体裁、题材甚至适用课型之间存在的巨大差异，这样的统计结果说明在语料的选择方面，几套教材的编写者之间有一定的共识。另外，教材的这些数据也与理想的高级汉语教材语料难度系数相符。

最后，从语料内容看，几套教材所选取文章的体裁和题材虽然有所差别，但绝大多数为当代作家的作品，其内容都是反映新时期中国社会生活的特点，尤其是中国人民的意识形态等方面的变化，如对情感生活的探究，对历史的反思，对世界的再认识等等。想要了解这一时期的中国现实，教材选文无疑是很好的素材。尤其是对于学习过两年现代汉语的美国学生而言，通过这些材料的学习，可以加深他们对中国社会的了解，从而自觉地建立起跨文化交际的意识和手段。

同时几套教材又各具特点：《城南旧事》更像是"教材"读本，教材中仅给出语言材料以及学习这些语言材料所需要的生词注释和对应的英文翻译，语言材料的讲解和理解更多地依赖课堂教学；《人民日报笔下的美国》关注作为意识形态导向的主流媒体对美国的批判，引发美国学生的思考；《中国知识分子的自省》教材比较关注新中国成立后的文化争鸣问题，探讨中国知识分子在妇女解放、现代化、自由与爱国等方面的想法。《中国的理想与迷惘》和《文学中的现实》则比较关心人们的情感生活，并通过这些情感生活反映社会现象。

四、普大高级汉语教材练习构件分析

目前已有的高级汉语教材练习研究并不多。一个显而易见的原因可能是研究者更加关心初级阶段和中级阶段的汉语学习规律，因为这些阶段的汉语学习以语音、词汇和语法学习为主要内容。而练习的最终目的无非强化学习者对知识的理解，并通过复现的方式巩固这些知识点。一旦进入高级汉语学习阶段，学习者在词汇和语法方面的积累已经达到了一定的程度，"深入了解中国文化、政治和社会生活，了解中国的历史变迁、意识形态以及中国人的价值观和思维模式"，"提高跨文化交际能力"成为语言教学的主要内容。这对教材以及教材的练习都提出了新的要求。

本研究对美国高校使用的高级阶段汉语教材的研究，可以为我们探讨这一阶段教材练习的特点提供一些依据。

（一）练习类型研究

五套教材中除《城南旧事》以外的四套教材中都安排有练习项目，但是练习的类型、目的、数量和特点各不相同。

《中国知识分子的自省》教材中的练习采用“课后讨论题”的方式。编写者根据课文所选取的文章的内容，提出几个问题，教师可以将这些问题作为课堂教学的参考，学生也可以借此预习课文或者检查自己对课文的理解情况。比如教材第 4 课“买卖婚姻”揭露了中国传统陋习随新中国成立而改善，但是中国婚姻和妇女地位还相当程度地沿袭了旧中国的老传统等问题。课后讨论题为：1）五四以来中国知识分子所一直追求的不是言论自由，也不是信仰自由，而是婚姻自由，为什么？2）许多人相信自一九四九年共产党革命以来，中国妇女得到了解放，从这篇文章来看，妇女真的得到解放了吗？3）《买卖婚姻》所反映的是什么问题？这些问题可以看作是选文主题的一种升华和深入，目的在于锻炼学习者使用汉语进行思考和讨论的能力。

《人民日报笔下的美国》中的练习有两种。其一是课后讨论题部分，与《中国知识分子的自省》一样。如教材第 2 课“美国童工苦难多”是一篇介绍美国一些行业雇佣童工的现象，课后的讨论题为：1）“雇佣童工”反映了什么社会问题？2）你小时候打过工吗？你有被“剥削”的感觉吗？3）在美国，童工做工时间过长是自愿还是被迫的？其二是以课后给出的漫画为基础的“任务型练习”。如教材第 3 课“美国广告‘入侵’中小学”课文漫画后的两个练习为：1）写出画中各篇广告所推销商品的名称以及广告上所用的广告语言。2）给这幅画写一个标题。通过这样的练习，学习者使用语言的能力得以锻炼。

《文学中的现实》课后练习使用简体字，按照不同的类型可粗略地分为“语法”型练习和“拓展”型练习两个大类，这类练习包括“填空”、“造句”、“完成对话”和“改写”练习。这些练习主要是为了巩固和增强学习者的语法知识或词汇知识。教材中的“拓展”型练习包括“讨论”、“选择”、“回答问题”和“写作”练习等。此类练习可以检查学习者对教材的理解，提高学习者使用汉语的能力。

《中国的理想与迷惘》教材除了给出练习题以外，还为学生提供了一些作业。这两部分虽然形式不同，但本质上都是一种对教学内容的重现和强化，因此都可看作是广义的“练习”。课后练习部分主要包括“判断”、“造句”和“回答问题”三类题型。其中“判断”题是对课文理解程度的检查，在有的课文中编写者为教师和学生使用这一练习提出“Option”，如下例：

> Option (1): Reading and comprehension exercise to be completed at home. Read the questions and indicate whether each statement is true (T) or false (F) according to your understanding of the story. If the statement is false, provide a true statement.
>
> Option (2): Listening exercise to be completed in class. Listen to the teacher very carefully and answer the true/false questions according to the story. If the statement is false, provide its corresponding true statement.
>
> ——《中国的理想与迷惘》第8课“海龟”

教材中的“造句”练习是一种“Language-Skill Development”练习，即通过练习进一步培养学习者发音和使用语法项目的准确性。此部分练习先用英语讲解重点词汇项目的用法，然后给出相应的例句，再要求学生模仿例句完成句子。通过这种“随讲随练”的方式，学习者能够更好地掌握课文中的语法点。最后，“回答问题”是一种拓展练习，培养学生批判性思维的能力，锻炼他们综合运用翻译、分析、创造和使用语言的能力。与“造句”练习一样，教材给出了练习使用的建议。如下例：

Directions：

Same as lesson one. In order to practice the newly learned words and patterns，teachers may assign key words for use in discussion questions.

——《中国的理想与迷惘》第 9 课“我与地坛”

（二）练习数量研究

以下我们对除《城南旧事》以外四套教材中练习的数量进行统计，统计结果见表 8-6：

表 8-6　普大高级汉语教材练习数量统计表

人民日报笔下的美国	课后讨论			51	83
	漫画问题			32	
中国知识分子的自省	课后讨论				78
文学中的现实	语法练习	填空	13	31	66
		造句	10		
		完成对话	4		
	拓展练习	改写	4	35	
		讨论	9		
		选择	8		
		回答问题	16		
		写作	2		
中国的理想与迷惘	课后练习	判断	12	109	168
		造句	85		
		回答问题	12		
	作业	读写译练习	46	59	
		其他练习	13		

从上表的统计中我们可以看出，在四套高级汉语教材中，《中国的理想与迷惘》练习数量最多，共有168个；《文学中的现实》中练习数量最少，仅有66个，两套教材相差2倍多。然而从教材种类的多样性来看，《文学中的现实》教材练习的种类又是最多的，这说明这套教材在练习的多样性方面表现较为突出。而《中国知识分子的自省》中练习类型最少，说明教材的练习形式比较单一。

（三）教材练习的特点和不足

通过对以上数据的分析，笔者认为普大高级汉语教材中的练习至少有以下几个主要特点：

首先，在高级汉语教材练习的数量方面未达成共识。从绝对数量上看，几套教材的练习数量不可谓不多，然而与课文语料容量进行对比的话，我们会发现练习量还不够大。在高级阶段的汉语教学中，学习者的汉语阅读能力，汉语理解能力，综合使用汉语的能力必须通过一定量的输入来完成。相对而言，几套教材均十分重视所选课文的篇幅，而在练习的篇幅方面还有可拓展的空间。

其次，“语法”类练习的数量有所减少，尤其与初级和中级汉语教材相比较，翻译类练习数量有所减少，造句类练习数量增多，而“拓展”型练习所占比例有所提高。如在《人民日报笔下的美国》和《中国知识分子的自省》两套教材中的练习均以开放型讨论类练习为主；《中国的理想与迷惘》中读写译和回答问题类练习所占比例也较高。

第三节　普大高级汉语教材构成要素分析

一、普大高级汉语教材汉字分析

（一）课文汉字量统计

根据《国际汉语教育用音节汉字词汇等级划分》中对汉字等级的划分标准，我们统计出五套高级汉语教材中各级汉字的数量和占比情况如下表：

表 8-7　普大高级汉语教材汉字数量统计表

	汉字数	汉字数（无重复）	一级汉字	二级汉字	三级汉字	附录汉字	超纲字
城南旧事	7700	793	507	150	71	18	47
			63.93%	18.92%	8.95%	2.27%	5.93%
人民日报笔下的美国	7569	998	671	231	73	9	14
			67.23%	23.15%	7.31%	0.90%	1.40%
中国知识分子的自省	19811	1333	775	388	127	16	27
			58.14%	29.11%	9.53%	1.20%	2.03%
中国的理想与迷惘	21041	1664	847	543	196	20	58
			50.90%	32.63%	11.78%	1.20%	3.49%
文学中的现实	23694	1890	831	579	324	47	109
			43.97%	30.63%	17.14%	2.49%	5.77%

从上表的统计中可以看出，五套教材中《文学中的现实》总汉字量最多，为 23694 个；《人民日报笔下的美国》总汉字用量最少，仅为 7569 个。无重复汉字数最多的教材是《城南旧事》，全套教材使用的汉字仅有 793 个；使用汉字的绝对数量最多的教材是《文学中的现实》，共用汉字 1890 个，是《城南旧事》教材使用汉字数量的近 3 倍。五套教材中无重复汉字数在教材总用字量的比例

分别为：10. 30%、13. 19%、6. 73%、7. 91%和 7. 98%。《中国知识分子的自省》教材汉字的多样性较低。不同级别汉字在教材中的比例分布如下图所示：

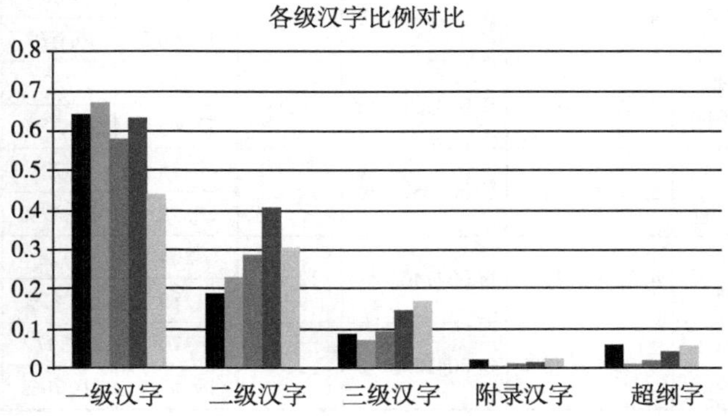

*注释：上表中柱形图依次表示《城南旧事》《人民日报笔下的美国》《中国知识分子的自省》《中国的理想与迷惘》《文学中的现实》。

图 8-6　普大高级汉语教材各级汉字比例对比图

几套教材相比较，《人民日报笔下的美国》教材中一级汉字占教材汉字量的 67. 23%，在几套教材中所占比例最高；《中国的理想与迷惘》教材的二级汉字占比最高，为 32. 63%；《文学中的现实》三级汉字占全套教材汉字量 17. 14%，高于其他几套教材。教材中超纲字以《城南旧事》中所占比例最多，为 5. 93%。《人民日报笔下的美国》教材中超纲字所占比例最小。

（二）课文汉字字频统计

几套教材中课文汉字字频统计如下表所示：

表 8-8 普大高级汉语教材字频频率统计表

	最高频率	最低频率	平均字频	字频在平均值以上汉字数	频次为7及以下汉字数	频次为1汉字数
城南旧事	4.16883117%	0.01298701%	9.71	148	608	254
				18.66%	76.67%	32.03%
人民日报笔下的美国	4.29383010%	0.01321178%	7.58	236	762	321
				23.65%	76.35%	32.16%
中国知识分子的自省	5.48194599%	0.00505715%	14.85	276	872	332
				20.72%	65.47%	24.92%
中国的理想与迷惘	4.16745776%	0.00474654%	12.67	364	1121	421
				21.89%	67.41%	25.32%
文学中的现实	4.05993638%	0.00418550%	12.63	370	1337	530
				19.57%	70.70%	28.03%

上表中的数据显示，教材字频在5.48194599%至0.01298701%之间。五套教材中《中国知识分子的自省》平均字频最高为14.85，《人民日报笔下的美国》教材平均字频最小，为7.58。下表中列出了几套教材中频次最高10个汉字，可以看出几套教材中如“的”、“是”、“了”、“人”等高频字的重复率比较高。

表 8-9 普大高级汉语教材高频字表

城南旧事		人民日报笔下的美国		中国知识分子的自省		中国的理想与迷惘		文学中的现实	
汉字	频次	汉字	频次	汉字	频次	汉字	频次	汉字	频次
子	321	的	325	的	1084	的	878	的	970
我	216	国	187	是	449	我	416	了	615
英	207	人	184	不	417	了	408	他	432
你	189	一	140	人	381	一	403	不	380
的	180	美	117	一	283	是	349	她	370
了	179	是	90	国	267	不	260	是	343
不	170	在	83	们	266	有	248	在	279
儿	155	十	76	有	265	他	226	我	275
妈	132	不	75	我	256	人	220	来	246
是	132	中	70	在	234	这	208	有	241

另外，五套教材中字频在平均值以上的汉字所占比例分别为18.66%、23.65%、20.72%、21.89%和19.57%。而频次在7次以下的汉字占到教材汉字量的76.67%、76.35%、65.47%、67.41%和70.70%，其中《城南旧事》和《人民日报笔下的美国》两套教材中的绝对低频字，即频次为1的汉字更是占到教材用字量的32.03%和32.16%。

（三）课文汉字特点

通过上面的分析，笔者认为普大高级汉语教材在汉字的选用方面有以下几个特点：

首先，虽然几套教材同属于高级汉语教材，但是教材中无重复汉字数量之间的差别较大，无重复汉字数在教材总用字量的比例稍小，但总体上体现了不同教材在用字量方面的差异性。其次，教材使用汉字以一级汉字和二级汉字为主，生僻字和非常用字比例较小。最后，几套教材汉字的复现率都不高，《城南旧事》和《人民日报笔下的美国》两套教材中有近三分之一的汉字仅仅出现一次，不利于学习者对这些汉字的掌握。

二、普大高级汉语教材词汇分析

（一）教材词汇量统计

借助分词软件，我们对五套教材中生词、课文和练习部分的词汇进行统计，统计结果见下表：

表 8-10　普大高级汉语教材词汇统计

		生词词汇	课文词汇	练习词汇	合计
城南旧事	计数	758	5985	—	6743
	占比	11.24%	88.76%	—	
人民日报笔下的美国	计数	1334	5404	990	7728
	占比	17.26%	69.93%	12.81%	

续表

		生词词汇	课文词汇	练习词汇	合计
中国知识分子的自省	计数	2465	13083	808	16356
	占比	15.07%	79.99%	4.94%	
中国的理想与迷惘	计数	2196	14410	3607	20213
	占比	10.86%	71.29%	17.84%	
文学中的现实	计数	2853	18658	5134	26645
	占比	10.71%	70.02%	19.27%	

上表显示，五套教材中《文学中的现实》词汇总量最多，《城南旧事》词汇总量最少，这一结果显示教材中的词汇数量和汉字数量基本上成正比。另外，课文词汇在教材总词汇中所占比例在69.93%至88.76%之间，是教材词汇的主要组成部分，而生词词汇占比在10.71%至15.07%之间，几套教材中这两类词汇的比例较为相近。五套教材中除《城南旧事》以外的另几本教材中，练习词汇在教材中所占比例差别比较大，其中《中国知识分子的自省》教材练习词汇仅占教材总词汇的4.94%，而《文学中的现实》中练习词汇占19.27%，是前者的近5倍。这说明在如何处理教材中练习词汇的用量问题上，几套教材还没有达成共识。

笔者认为，高级阶段使用的汉语教材，应该更加注重输入词汇的数量。课文词汇是基础，生词词汇是保证，而练习词汇也是很重要的一个决定因素，在编写教材的时候不应该忽视。

（二）教材词汇难度统计

通过将教材生词词表与《国际汉语教育用音节汉字词汇等级划分》中的分级词汇进行对比，我们对五套教材中词汇进行了“无重复处理”，然后对其进行分级，统计出不同等级词汇的数量以及在教材中所占比例如下表所示。

表 8-11　《华夏行》和《现代汉语中级读本》教材词汇难度统计

			一级词汇	二级词汇	三级词汇	附录词汇	超纲词汇	合计
城南旧事	生词	计数	191	116	66	12	373	758
		占比	25.20%	15.30%	8.71%	1.58%	49.21%	
	课文	计数	509	109	95	15	351	1079
		占比	47.17%	10.10%	8.80%	1.39%	32.53%	
人民日报笔下的美国	生词	计数	476	334	185	18	321	1334
		占比	35.68%	25.04%	13.87%	1.35%	24.06%	
	课文	计数	735	336	190	18	439	1718
		占比	42.78%	19.56%	11.06%	1.05%	25.55%	
	练习	计数	198	54	12	1	4	269
		占比	73.61%	20.07%	4.46%	0.37%	1.49%	
中国知识分子的自省	生词	计数	844	627	334	32	727	2564
		占比	32.92%	24.45%	13.03%	1.25%	28.35%	
	课文	计数	966	549	267	27	707	2516
		占比	38.39%	21.82%	10.61%	1.07%	28.10%	
	练习	计数	206	46	26	3	29	310
		占比	66.45%	14.84%	8.39%	0.97%	9.35%	
中国的理想与迷惘	生词	计数	386	517	302	49	942	2196
		占比	17.58%	23.54%	13.75%	2.23%	42.90%	
	课文	计数	1240	783	359	50	904	3336
		占比	37.17%	23.47%	10.76%	1.50%	27.10%	
	练习	计数	206	252	94	13	683	1248
		占比	16.51%	20.19%	7.53%	1.04%	54.73%	
文学中的现实	生词	计数	302	571	524	106	1350	2853
		占比	10.59%	20.01%	18.37%	3.72%	47.32%	
	课文	计数	1168	789	502	69	1198	3726
		占比	31.35%	21.18%	13.47%	1.85%	32.15%	
	练习	计数	722	363	201	27	309	1622
		占比	44.51%	22.38%	12.39%	1.66%	19.05%	

通过对逐套教材进行分析，《城南旧事》中生词数758，课文用词去重后为1079个。生词词汇中有49.21%为超纲词汇，为五套教材中的最高。其次生词中一级词汇占25.20%。教材中练习词汇主要由一级词汇和超纲词汇构成。教材中超纲词汇占比较高这一点，反映了教材词汇方面难度较大的特点。作为剧本，《城南旧事》反应的某一个历史时期中国社会生活的一个片段，这使语料本身的时代特点比较鲜明，也导致语料中的历史词和专有名词含量较大。从这一点看，笔者认为这套教材作为文学专业教材更为合适。

《人民日报笔下的美国》生词、课文（去重）、练习用词量分别为1334、1718和269个，教材课文的生词比为77.65%。这反映了教材的篇幅虽然较长，总用字量和用词量都比较高，但是课文中生词所占比例非常高。教材中各类词汇主要由一级汉字构成，练习中使用的一级词汇占73.61%，生词和课文词汇中超纲词约占总量四分之一。

《中国知识分子的自省》教材中词汇的分布情况与《人民日报笔下的美国》相似，生词、课文（去重）、练习用字量分别为2564、2516和310个。笔者分析，统计结果中课文用词量少于课文生词量的原因是，分词软件对词的划分与教材对生词的划分之间的出入性，比如教材生词表中“无神论”和“无神论者”、“罪孽”和“深重”均被分列为两个词条。教材中各类词汇主要由一级汉字构成，练习中使用的一级词汇占66.45%，超纲词在生词和课文中分别占28.35%和28.10%，练习词汇中一级汉字约为三分之二，超纲词约占9.35%。

《中国的理想与迷惘》教材中生词和练习中的超纲词均占有很高比例，其中练习中的超纲词达到一半以上。教材课文中使用的一级词汇最多，占课文用字总量的37.17%，生词和练习中使用一级词汇的数量则分占17.58%个16.51%。

《文学中的现实》中生词词汇中近一半为超纲词汇。笔者分析，这是因为教材多选文学作品作为课文，而所选课文的写作时间决定其使用的词汇与当代中国社会日常用语之间有一定的差异，教材中的一般词汇较多。同时，为了区别意义相近的几个词意义之间的不同，教材往往将相近的词单列，如“哀愁”、“爱哭”、“哀伤”都分别做出解释。课文词汇中的超纲词，练习词汇中的一级词所占比例最大，这说明教材课文词汇难度大于练习词汇难度。

通过对教材生词、课文和练习中词汇难度和分布的统计和分析，笔者认为这几套教材具有以下两个共同特点：教材课文的用词量较多，其中一级汉字词汇量都在30%以上。这保证了即使是水平相对较低的学习者也能够了解课文的基本意思；几套教材中练习的用字量都比较少，且大部分教材的练习词汇均由一级字构成，使用的超纲字较少。另外，随着学习目的和内容变化，这一阶段的语音、汉字和语法学习已经退居一个“次要”位置，词汇学习也已经从“基本词汇”向“一般词汇”过度，除了学习一些难度级别较高的二级词汇、三级词汇以外，新词、古词、外来词、行业或科技术语、方言俚语词等非常用词成为学习的重点。

（三）教材生词复现统计

我们对几套教材中生词词汇在课文和练习中的复现情况进行了统计，结果如下表所示：

表 8-12 高级汉语教材生词复现率统计表

			课文中		练习中	
	生词量	词汇量（无重复）	生词累计复现率	生词平均复现率	生词累计复现率	生词平均复现率
城南旧事	758	1357	2131	4.47	—	—
人民日报笔下的美国	1334	1914	1874	2.07	158	1.9
中国知识分子的自省	2465	2973	4926	3.26	260	1.97
中国的理想与迷惘	2196	4079	3033	1.99	691	1.75
文学中的现实	2853	5058	3378	2.16	947	1.63

数据显示，虽然都是为学习过两年以上现代汉语的美国学生编写的教材，几套教材生词量和词汇量（去重复）之间有很大的差距。几套教材中除了《城南旧事》外，《中国知识分子的自省》总体生词复现情况最好，其教材生词在课文中的平均复现率为3.26，在练习中的平均复现率为1.97。《中国的理想与迷惘》教材生词在课文中的复现情况最差，仅为1.99；《文学中的现实》教材生词在练习中的复现率最低，为1.63。生词在课文中的复现情况好于在练习中的复现情况。但总体上，词汇的复现率都比较低。

进一步统计，笔者对生词在教材中的总体复现情况进行调查，并分别计算教材生词平均词频以及“词频在平均值以上”、“词频为7及以上”、“词频为1”生词所占比例，详见表8-13：

表 8-13 美国高校高级汉语教材生词零复现统计表

	平均词频	词频在平均值以上比例	7及以上比例	词频为1比例
城南旧事	3.9	21.00%	10.57%	36.72%
人民日报笔下的美国	3.89	37.54%	14.23%	11.00%
中国知识分子的自省	4.93	32.25%	22.06%	16.92%
中国的理想与迷惘	2.95	35.41%	6.99%	22.54%
文学中的现实	2.79	35.38%	5.63%	34.33%

上表统计数据至少说明以下几个问题：首先，《中国知识分子的自省》平均词频最高，为4.93，教材中词频为7及以上的生词占比也最高，为22.06%，说明教材比较重视生词复现的次数；其次，《人民日报笔下的美国》教材生词词频在平均值以上生词比例最高，为37.54%，说明生词整体复现率较高；另外，《城南旧事》中的零复现词汇量最大，占生词总量的36.72%，《人民日报》生词零复现情况最少，教材中词频为1的生词比例仅为11%。

（四）教材词汇特点统计

根据以上的统计结果，笔者认为以上五套高级汉语教材词汇要素有以下几个主要特点：首先，教材间词汇量方面的差异较大。一定数量的词汇输入应该是扩充词汇量的保证之一，高级教材应保证总体词汇以及无重复词汇的数量，在这一点上，《城南旧事》以及《人民日报笔下的美国》均应进一步加强。其次，在词汇难度方面，教材词汇中超纲词汇所占比例较高。另外，在生词复现率方面，教材中生词复现普遍偏低，生词零复现现象比较严重。

三、普大高级汉语教材语法项目分析

在普大五套高级汉语教材中，除了《城南旧事》以外，其他四套均用不同形式就课文中重要的词汇项目进行了解释。这种词法项目从广义上看也属于语法项目的范畴，本节我们对此进行统计，并根据这些词法项目的种类和内容将其分为“词项”、“词组项”和“对比项”。其中，“词项”指的是对某一个词进行解释和举例说明；“词组项”指的是对某一个词组或固定搭配进行说明，并举例其出现的环境；“对比项”指的是对几个用法或者意思相近的词或者词组进行对比，并分别举例。统计结果见下表：

表 8-14 普大高级汉语教材语法项目分布表

	语法项目总量	每课平均语法数	词项	词组项	对比项
人民日报笔下的美国	94	6.27	19	75	—
中国知识分子的自省	172	13.23	103	69	—
中国的理想与迷惘	66	5.5	29	32	5
文学中的现实	218	16.85	148	70	—
合计			299	246	5

从绝对数量上看，四套教材中《文学中的现实》语法项目总量最多，为 218 个，平均每课有语法项目 16.85 个；《中国的理想与迷惘》中的语法项目最少，仅有 66 个，平均每课 5.5 个；《文学中的现实》和《中国知识分子的自省》两套教材中“词项”数目比较多，而《人民日报笔下的美国》和《中国的理想与迷惘》则比较重视“词组项”的讲解；此外，《中国的理想与迷惘》中还有一类语法项目是对词形或用法比较相近的词或者词组进行辨析。教材中的“词项”略多于“词组项”。

进入高级阶段，学习者的词汇和语法知识已经有了一定的积累，汉语学习的相关策略也已形成，这一阶段的主要学习目的已经不再是培养学习者使其具有一般的交际能力和语言使用能力，而是掌握较长的、不同体裁和题材文章的理解能力，并能够培养学习者全面使用各种策略，比较深入地了解中国的文化知识，具有跨文化意识和国际视野。通过教材中语法项目的分析，笔者认为几套教材中的语法构成要素具有以下几个主要特点：首先，教学中语法项目的教学已经“退居”次要位置，但词法项目为教材所重视；其次，几套教材都十分擅长将比较常用和典型的词组或者搭配加以总结，并将其作为一个相对固定的“结构”教授给学习者，以提高他们的学习效率；最后，教材对“词项”和“词组项”的释义仅给出英文翻译和例句，这样做即简单明了又有助于学习者对语法项目的理解和掌握。

第九章　美国高校汉语教材特点、影响因素及启示探讨

第一节　美国高校汉语教材的特点及成因分析

近些年来，随着汉语国际教育事业的发展，“本土化”已经成为汉语教材发展的趋势。以美国高校汉语教材数据库为基础，本研究对 9 套共 16 册汉语教材进行研究，并从结构编排和构成要素两个维度对这些教材进行分析和比较，总结出美国高校汉语教材的六大特征。本章将对这些特征进行逐一分析，并探讨形成这些特点的深层次原因。

一、种类繁多，多样性特征凸显

通过调查研究，笔者发现美国高校汉语教材种类繁多，呈现出“百花齐放”的多样性特征。

根据本文的统计，美国 28 所高校所使用汉语教材达 60 多种。以初级阶段汉语教材为例，除《中文听说读写》系列教材外，其他如《中文起步》《中文天地》《国语入门》《新实用汉语课本》《走向未来》《大为与海琳在中国》《大学语文》等教材也被一些学校所采用。另外，还有一些高校采用自编汉语教学材料。中级阶段和高级阶段汉语教材的种类更加丰富，除了本文进行深入研究的 7 套教材外，普林斯顿大学出版社出版的《无所不谈》《文化与社会》《中国的危机与希望》《当代中国电影选读》，北京大学出版社出版的《商务汉语入门》《商务汉语提高》《实用商务中

文》等教材使用的也较为广泛。

教材种类丰富一方面给教材的选择和使用带来了极大的便利，另一方面，也不可避免地导致每所学校各自为政，再加上缺乏相对统一的等级标准和规范的编写大纲等原因，不同学校之间相似水平教材之间实际上可能存在巨大差异。

笔者认为美国汉语教材的多样性特征是在美国发展较成熟的市场经济环境中，教材发展深受自由竞争的行业发展模式影响的结果。随着近些年来美国汉语教学的快速发展，美国高校汉语学习需求激增，教材需求随之增长。为了满足不同阶段、不同等级、不同目的的汉语学习者的需求，在经济利益的驱使下，美国大量出版汉语教材、读物，开发教辅产品，并与著名汉语学者、教学专家合作进行汉语教材的开放和编写，为美国汉语教材市场的繁荣做出了巨大的贡献。如美国最大的亚洲语言学习类教材出版社 Cheng & Tsui，自 1979 年成立以来，其出版的汉语读物包括汉语学习、历史、文化、文学、电影和少年读物六类，其中汉语学习类包括通用教材、AP 中文考试辅导教材、文言文教材、语法教材、商业汉语教材达百余种。

二、处处体现“以学生为中心”的教学理念

美国高校汉语教材的另一个特征是充分考虑学习者需求，体现了“以学生为中心”的教学理念。主要表现在以下几个方面。

首先，编写规范，“实用性”是教材编写的导向。

在结构编排方面，美国高校汉语教材的编写符合汉语规范，几乎没有版式上或编排方面的错误。同时，教材的体系和结构都体现以“学习者为中心”的编排理念，符合美国汉语课程设置情况。不管在教材编写时使用什么编写纲目，几套教材都体现了以“需求”为导向的编写原则，注重教材的“内容”大于教材“形式”。

其次，语法项目的解释从实际出发，注重“结构化”。

美国高校汉语教材对语法项目的释义突出实用性，与语法大纲中分级语法项目进行对比后发现，教材在语法项目的选择方面重视与英语用法差异性较大的语法项目。与国内教材多从功能和结构出发划分语法项目的做法不同，美国高校汉语教材倾向于将比较常用和典型的词组或者搭配加以总结，并将其作为一个相对固定的“结构”教授给学习者，以提高他们的学习效率。另外，教材还将语用、语义等层面的内容纳入语法解释中。同时教材还大量使用例句，提高学习者对语法项目的理解和掌握。

另外，利用多种“索引”方法，为词汇学习提供方便。

国内汉语教材一般在教材最后列出生词表，但从笔者自身的教学经验看，这种生词表的作用非常小，原因无外乎使用起来极不方便。美国高校汉语教材基本上都能在教材的后边给出生词索引，并且一套教材的索引方法常常不止一种，如按照拼音首字母顺序进行索引，按照英语翻译首字母顺序索引，一般索引内容都包括词条及词条出现的页码。这样的索引方式即方便学习者对生词的快速定位，也能在一定程度上充当一个小型的汉语词典，为汉语词汇学习提供帮助。

美国的教育倡导“以学生为中心”的教学理念，该理念来源于美国教育家和哲学家杜威提出的“儿童中心论”。该理论认为学生是教学的主体，其他教学要素均需为学生的学习服务，因此重视学生的自身价值和权利。这种理念体现在汉语教材的编写中就表现为处处为学生的需要着想，最大限度地为学生更快、更好、更方便地学习汉语服务。

三、教材构成要素的编排缺乏系统性

从构成要素维度对教材进行对比分析后笔者发现，美国高校

汉语教材的系统性还有待进一步提高，这主要表现在汉字与词汇及语法项目两个方面。

首先，汉字和词汇数量控制不够，生词复现方面有待提高。

在以上的几章中，本研究对美国高校汉语教材的构成要素进行了详细的考察和计量分析。分析结果显示，教材之间的差异性非常大，对汉字和词汇的选择以编写者对语料的选择或者语法结构为依据，不同等级汉语教材中汉字和词汇在数量上没有渐进性，在难度方面也没有延续。另外，除了《中文听说读写》外，几套教材中生词复现率都很低，教材中复现率为7以下的生词占比非常高，同时还存在大量的生词“零复现”现象，这无疑将加大学生习得这些汉字和词汇的难度。

其次，语法项目选择、排序、释义标准不一，随意性强。

与汉字和词汇的编排所遭遇的问题一样，美国高校汉语教材在语法项目的选择、排序和释义方面同样缺乏统一的规范和标准。这表现出对语法项目所应该包含的内容的不确定，多数教材将语义和语用层面的内容与句法内容相混，其中将结构语义关系和词汇语义关系，语用关系和语气关系等混为一谈。另外，教材对语法项目的划分也未达成共识，大量中间状态均作模糊处理。这样一来，在学习汉语的过程中，学习者很可能遇到将一个语法项目做出不同的切分和解释的现象，这将不利于学生对语法知识的掌握。

笔者分析，导致美国高校汉语教材之间、教材构成要素之间、教材构成要素内部均缺乏系统性的原因来自与美国教育制度的特点。美国是一个联邦国家，在美国教育行业中，行业协会发挥着重要的作用。比如美国外语教学委员会，负责包括汉语在内的全美所有外语教学的协调和发展；在美国的各个州也有自己的汉语教学委员会，负责本州的汉语教学工作。行业协会虽然进行教学监管，承担一定的学科发展规划工作，但是本身缺乏行政能力，在编写、制定和推行一些标准和大纲时有一定的局限性，对教材的编写也不具有法律的约束力。在这种情况下，美国各高校的汉语教学很难达成共识，很可能给汉语教学的发展带来一定的负面作用。

四、大量使用媒介语英语，重视拼音的作用

美国高校汉语教材十分重视媒介语及汉语拼音在语言教学中的地位和作用。具体表现为：

首先，大量使用媒介语英语，降低汉语学习难度。

中国国内出版的汉语教材认为语言教学中使用媒介语会对语言学习产生负面作用，多数教材的媒介语主要用于生词表中对词汇的翻译，少数系列教材在起步阶段讲解汉语语音知识时使用媒介语，或在进行语法讲解的时候采用媒介语与汉语相互对应。美国高校汉语教材与此不同，通过对美国高校汉语教材进行考察，笔者发现这些教材中大量使用媒介语的情况，主要表现在：(1) 教材中每篇课文都配有对应的英文翻译；(2) 生词的注释和解释中使用英语；(3) 多数语法项目的解释仅使用英语，解释中给出的例句也都有英文翻译；(4) 教材中如有文化项目，对文章作者的介绍等，均使用英语；(5) 练习说明使用英语，同时练习中还有大量翻译练习的提纲使用英文。

其次，美国高校汉语教材将拼音看作一种重要的辅助汉语学习手段。

美国高校汉语教材重视汉语拼音的作用，表现在不仅将拼音作为学习汉语发音的工具，还将其作为一种重要的辅助学习手段。在初级汉语教材中，每一课都有拼音课文，语法解释、文化项目、练习中出现的所有汉字都用汉语拼音标出正确的读音，这极大方便了学习者在学习过程中不断加强对汉字发音的练习和掌握。

关于语言教学中是否应该使用媒介语的问题，多年来学界一

直持否定态度。大多数学者认为在语言教学活动中，尽可能少的使用媒介语更有利于语言的学习，这也是“沉浸式”语言教学模式的基本教学理念。国内的英语教学从基础教育阶段就已经采用“沉浸式”的方法，教材中基本不使用汉语。另外，国内很多教材编写者担心在教材中使用拼音将使学生产生惰性，影响学习者对汉字的认识，导致学习者成为汉语“文盲”。因此，多数教材都提倡尽早地将拼音从汉语教学活动中剔除。因此，对于国内出版的多数教材，拼音的作用仅体现在生词表中标出生词的读音，客观上给学生的语音学习带来不便，也增加了课堂教学的任务和教学组织者的负担。

美国高校汉语教材的这一特点，再一次说明美国课堂教学中教师与学生之间“引导”和“被引导”的关系，也说明美国人从实用出发的教育理念。在汉语教学活动中，老师的作用主要是引导，如组织课堂教学的必要环节，对学生的错误进行纠正，配合学生进行语法项目的练习等。而对于大多数通过教学材料能够交代得很清楚的语音、词汇、语法等语言项目，学生完全可以进行自学，这样就从一定程度上，将教师从烦琐的灌输式教学中解脱出来，给他们充足的时间与学生进行互动，进而提升学生的交际水平和交际能力。

五、简繁并用，有所侧重

由于历史等方面的原因，记录汉语的书写符号存在两个系统，一个是简体字系统，一个是繁体字系统。关于“简繁”孰轻孰重，学习先后顺序等问题，汉语国际教育界至今争论不休。在编写国际汉语教材的时候，这是一个不可回避的问题。

美国高校汉语教材多数采用“简繁并列”“有所侧重”的方式对待这一问题。教材的课文部分，在版式的设计上保证简体字课文与繁体字课文能相互对照；生词部分，考虑到有很多汉字简繁体同行的情况，多选择一种字体为主，另一种字体作为补充；语法释义、练习等其他部分，少数教材采用简繁体相互对照的方式，多数教材则倾向于的使用一种字体。

这一特点是由美国华人社会的构成决定的，同时也是美国对外交流的需要。美国华人社会中有相当一部分华人来自我国台湾，他们为推动美国华人社会的发展起到了积极的作用，他们使用的繁体字在美国华人社会具有一定的影响力。另外，美国人学习汉语，不仅要考虑到与中国大陆进行经济文化等方面的交往，还要面向香港、台湾等使用繁体字的地区。

六、重视话题作用，尤其是能激发学生兴趣的强势话题

美国高校汉语教材重视话题的作用，一方面选材多关心社会问题，尤其是那些能够激发学生兴趣的话题，但与此同时，教材对当代中国社会现象的关注度又稍显不够。

首先，选材关心社会问题，凸显中美差异，注重思想性。

作为一种语言教材，课文语料是语言知识的主要载体，而语言又是表达思想的主要手段。课文语料的选材除了要有利于语言知识的传授以外，还应该客观反映目的语文化特征及说这种语言的人的意识形态、思维习惯等。

美国高校汉语教材在话题的选择方面十分重视“知识性”和“思想性”的结合，并且随着教材难度的提高，逐渐实现从“知识性”向“思想性”的转变。中级教材中社会性话题约占一半，高级教材课文语料的题材范围更加宽泛，但都客观而全面地反映现当代中国的社会面貌及中国人的思想变迁。另外，在选取话题的时候，编写者有意识地通过凸显中美之间的文化差异来引发学生的思考和讨论，这样做增强了教材的思想性，也体现了美国外语学习标准中的“Connections”标准。

另外，选材对“当代”中国社会生活反映不够。

在课文语料的选取方面，美国高校汉语教材重视中美文化的差异，多从美国高校汉语学习者的学习、生活出发，选取学习者关心的话题材料。这样一来，对中国社会生活，尤其是“当代”中国社会生活的重视就略嫌不够。《中文听说读写》第三版虽在前两个版本基础上做了些内容调整，但总体上属于美国社会中与中国相关的生活场景；中级汉语教材均出版于20世纪末，教材内容缺乏现代性；高级汉语教材所选取的评论、小说、剧本等所反映的都是新中国成立后不久或者20世纪中国社会生活的情景。编写的目的是“向学生介绍近代中国文学历史和社会知识”，让学习者“系统地了解近代中国文史相关的知识和社会结构的变迁”。这些都说明，教材在反映当代中国社会现象方面，还有待进一步加强。

美国高校汉语教材虽然对当代中国现实重视不够，但与中国出版的汉语教材相比较，总体上更加重视社会类话题，尤其大多能够突出那些中美方面有差异的，贴近学习者心理特征的，能够引发他们兴趣的话题。对这种情况进行分析后笔者认为，这是因为美国的语言教学模式归根到底是一种启发式的语言教学模式。在教学活动中，学生始终占据主导地位，老师的作用仅仅是对教学材料进行整理分类，激发学生的学习兴趣，有技巧地引导学生采用讨论、表演、模仿等形式熟悉学习内容，并最终达到掌握语言要素的目的。另外美国人性格大多比较“自我”，思想独立，愿意表现，喜欢参与讨论。因此像“从无债一身轻，到借钱过日子”“男女同住”“厕所里没有卫生纸”“换房间-问题不大，可是有一定的困难”这样的话题更容易在学习者中产生共鸣，学生喜闻乐见，因此愿意参与讨论，也就有利于推动课堂教学活动的发展，进而提高语言学习的效果。

第二节　影响美国高校汉语教材编写的因素探讨

通过分析，笔者认为美国的外语政策、美国的教材评估方法、汉语能力评估标准及美国流行的汉语教学法等都不同程度地影响美国高校汉语教材的编写。

一、美国外语政策对高校汉语教材的影响

"外语政策"一般指由一国政府制定的一定历史时期内外语教育发展的目标和任务，以及具体实施的方式和办法等。一个国家的外语政策往往包括对各个教育阶段中"第二语言"或"外语"教育的相关规定，语言教学从业教师标准，教育大纲和课程大纲等。一个国家的外语政策由国家政府机构制定，代表一个国家的外语教育态度，属于国家的基本政策。国与国的外语政策往往存在很大差异。

"美国的外语政策及其理念的研究是制定美国汉语传播策略的基石。"① 美国高校汉语教材的编写作为美国汉语教学的重要组成部分，必须以美国外语政策为指导，一方面，要服从美国外语政策的干预和管理；另一方面，也可获取相应的经济资助。

（一）美国外语政策简介

在美国的外语教育政策中，1996 年由美国外语教育委员会推出的《21 世纪外语学习标准》和 2006 年的"国家安全语言计划"对美国高校汉语教材编写的影响最大。

《21 世纪外语学习标准》由美国外语教学委员会领导的工作小

① 肖舜良，《美国外语政策与美国汉语传播》，载《汉语国际传播研究》（第 2 辑），商务印书馆，2011 年。

组经过3年的调查后制定，发表于1996年并于1999年修订。该标准主要针对美国的法语、德语、西班牙和葡萄牙语，它提供了一套针对衡量从幼儿园到高中外语教学水平的标准。① 该标准主要由指导思想、学习目标、4、8和12年级进度指标和学习方案4部分组成，核心是学习目标中规定的五个标准。②

"9·11"事件使美国政府意识到外语教学的重要性。经过几年的酝酿，时任美国总统布什于1996年在全美大学校长国际教育峰会上提出了"国家安全语言计划"，其内容为"优先支持包括阿拉伯语、汉语、俄语、日语、韩语、伊朗语、印度语系语言、突厥语系语言等在内的关键语言，涵盖外语教学、教师发展、出国留学、关键语言拓展等"方面③，主要举措为加大对这些语言教学的财政拨款力度，以提升掌握这几种语言人才的数量和质量。

（二）外语政策的总体特点

美国的外语政策总体上有以下几个主要特点。

1. 外语政策体现法制化和体系化

"1958年颁布的《国防教育法》是美国外语教育史上里程碑式的法案，标志着美国制定明确外语政策的开始，使外语教育正式成为美国教育的一个关键部分。"④ 该法案首次将外语提升到与数学和科学同等重要的位置，标志着美国外语教育从此走上了法制化的道路。在随后的几十年间，围绕《国防教育法》中的规定，美国联邦政府又制定了一系列相关政策和法规，如1965年通过的《高等教育法》，1996年由美国外语教育委员会（American Council

---

① 根据肖顺良（2011）的研究，全美中文教师协会和全美中小学中文教师协会参与制定的《全美中小学中文学习目标》是《标准》的一个组成部分。

② http：//www.actfl.org/. 2013-3-8。

③ 戴曼纯，《以国家安全为导向的美国外语教育政策》，载《外语教学与研究》，2012年第4期。

④ 吴春红，《美国外语教育政策与外语教育》，载《中国成人教育》，2012年第2期。

on the Teaching of Foreign Languages）推出的《21 世纪外语学习标准》（Standards for Foreign Language Learning in the 21st Century）和 2006 年时任总统布什在美国大学校长国际教育峰会上正式宣布实行的“国家安全语言计划”等。这些规定的出台使美国外语政策日渐体系化。

2. 外语政策与英语政策相互制约

“语言政策是各种语言意识形态相互矛盾、冲突和博弈的产物。”① 美国是一个移民国家，也是一个多民族、多文化、多语言共存的国家。根据2000 年的统计，美国 17.89%的人在日常生活中使用非英语语言。② 这些人的英语水平可能仅限于基本的听说能力。另外美国有 23 个州的法律中没有规定英语为该州官方语言③，美国联邦政府也并无明文规定将英语作为官方语言。虽然不管从历史发展还是语言现状来看，英语在美国的使用范围最广，人数最多，影响最大，但美国的英语教育并非想象中一帆风顺。美国的英语教育是在经历了与各种外语教育的“较量”后才获得了现在的地位。最著名的是在美国历史上持续相当长时间，至今仍对美国语言政策有一定影响力的 English-only Movements（唯英语运动），包括限制开设非英语课程，规定学校授课语言，制定反双语条例等。这些政策的目的无非是遏制外语的发展，对包括汉语在内的外语传播和发展都产生了不小的负面影响。

3. 国家安全是制定外语政策的根本出发点

虽然美国外语政策在发展过程中遇到了一些来自英语教学方面的阻力，但从根本上看，国家利益和国家安全从很大程度上决定了美国外语政策的基本走向。美国历史上几乎所有重要外语政

① 肖舜良，《美国外语政策与美国汉语传播》，载《汉语国际传播研究》（第 2 辑），商务印书馆，2011 年。

② http：//www.mla.org/map. 2013-3-6。

③ 维基百科：http：//en.wikipedia.org/wiki/English-only_ movement. 2013-3-6。

策的颁布和实施都与国际形势的变化以及某一个阶段美国的国际地位和外交政策等有密切的关系。如“9·11”事件发生后，美国国会出于“语言安全”的考虑提出的外语政策方案层出不穷，获准通过的联邦法案有《国际外语协调法案》（National Foreign Language Coordination Act）①、“国际外语能力行动倡议”（A Call to Action for National Foreign Capabilities）②，以及“国家安全语言计划”（National Security Language Initiative）③ 等。这些法案“涉及外语能力规划、外语人口规划、语种规划、外语教育规划、外语资源利用等几个方面”④。从联邦政府层面，总体协调和指导包括汉语在内的美国外语教育的发展。

（三）外语政策对高校汉语教材编写的影响

首先，外语政策是美国高校汉语教材编写的指导性原则。

美国外语政策不仅奠定了汉语教学的总体基调，也规定了美国高校汉语教材编写的指导性原则。《21 世纪外语学习标准》提出的 5C 标准虽主要用于指导 K-12 阶段的汉语教学，但由于美国汉语教学还处于发展阶段，K-12 在美国中小学所涵盖的范围也并不甚广，因此美国高校的汉语教学多数从零基础开始，高校汉语教材编写也多以此标准中的规定作为指导原则。

其次，提供资金支持，推动了美国高校汉语教材的发展。

“国家安全语言计划”的提出推动了汉语教学的发展，随着联邦政府对汉语教学支持力度的不断增大，各级州政府及高等教育组织等也逐渐重视和加强了高校汉语教材的现状和编写研究，这大大促进了高校汉语教材的发展。对美国高校汉语教材的调查显

---

① http：//www. theorator. com /bills109 / s1089. Html. 2004-5-3。

② http：//www. nlconference. org/docs/White_ Paper. pdf，2005-12-20。

③ http：/ /www. state. gov/g/ rls/ rm /2005 /58737. Htm. 2014-7-25。

④ 鲁子问，《美国外语政策的国家安全目标对我国的启示》，载《社会主义研究》，2006 年第 3 期。

示，近年来美国高校汉语教材已达一定数量，极大地促进了汉语教学的发展。

另外，决定了美国高校汉教材编写所需适应的组织形式。

美国外语政策从法律层面决定了美国高校汉语课程的组织形式、方法、教学目标及综合评介标准等，这些最终都要体现在汉语教材的编写中。也就是说在编写汉语教材时，需要充分考虑汉语课程的组织形式、高校汉语课程的一般课时、教材容量和教学阶段性目标等方面的因素，编写适用于美国高校汉语教学制度的教材。

二、教材评估对教材的影响

“教材评估指依据一定的标准和要求对教材的内容和实施后的情况进行评议和估量。”[①] 在教材非本体研究中，教材评估又被称为“教材评价”。关于教材评估的内容，Cunntingsworth 认为应包括：教材的目标和方法、设计和组织、语言内容、技巧、话题、教学法、教师参考书等。[②] Hutchinson 和 Waters（1987）设计的教材评价内容包括教学对象、教学内容、教学目的、教学方法、教学成本等。[③] Grant（1987）从“教材是否满足需求”角度，提出教材评价应包括教材是否符合学生、教师以及课程需求三个部分。[④] McDonough 和 Shaw（1993）针对那些希望挑选合适教材的老师，提出整个教材评估过程可以分为两个阶段，“外部评估对教材从外部（教材封面、简介、目录等）进行一个简单的总体判断，

---

① 魏红，《试论对外汉语教材的评估与使用》，载《沙洋师范专科学校学报》，2009 年第 2 期。

② Cunningsworth, A. *Choosing Your Coursebook.* \ ［M \ ］. Shanghai：Shanghai Foreign Language Education Press. 2002。

③ 束定芳、庄智象，《现代外语教学——理论、实践与方法》，上海外语教育出版社，1996 年。

④ 程晓堂，《英语教材分析与设计》，外语教学与研究出版社，2002 年。

然后紧接着才是更加细致和具体的内部评估"①。

美国高校汉语教材的选择和评估多由组织教学的院系负责，任课教师在此过程中也有很大的参与度。虽然由于高校之间管理制度等方面差别较大，教材评估的频率、时间等各不相同，但教材评估的目的都是判断一本教材的内容是否能够满足教学目标的要求。美国高校汉语教材评估方式对教材的编写具有深远的影响。

（一）教材评估的方式

美国高校汉语教材评估的方式主要有三种。

1. 教材合适度评估

教材合适度评估指从"是否合适"的角度评介和估量教材与具体的使用者或使用的课程之间的关系。内容包括：（1）教材与课程的合适度，如与教学目标的配合度、语言知识难度等；（2）教材与学生的合适度，如释义的接受度、例子的理解度等；（3）教材与教师的合适度，如是否方便老师备课，所列举的例子是否充足等。典型的内容合适度评估表采用量表的评估方式，比如针对美国汉语教材的评估项目主要包括②：

- Fit between the textbook and the curriculum
- Fit between the textbook and the students
- Fit between the textbook and the teachers
- Overall evaluation of the fit of the book for this course in this program

2. 分项内容评估

分项内容评估指对教材的构成要素或者结构编排等具体内容进行逐项评介和估量，然后将评估结果按照一定的标准进行汇总，

① McDonough, J. &Shaw, C. *Materials and Methods in ELT*. Cambridge and Mass: Blackwell, 1993. 参见赵勇、郑树棠（2006）。

② 详见附件十八。

计算教材的总体得分。分项内容评估的内容主要包括：（1）教材结构评估，如教材的设计新颖、安排合理、图表直观等。（2）教材内容评估，如课文内容生动、知识点清晰等。（3）教材包容度评估，如是否顾及不同的民族、性别，所表达的观点是否客观等。（4）规范化评估，如符合课程规定，语言点释义准确等。

仍以美国汉语教材评估为例，教材分项内容评估标注主要包括[①]：

- Organization
- Content criteria
- Inclusion criteria
- Alignment criteria

（二）教材评估对高校汉语教材编写的影响

美国高校汉语教材的评估方法对美国汉语教材编写的影响表现在以下几点。

1. 教材的编写要与课程需求相适应

教材的编写要符合使用环境中对汉语课程的设置情况。在汉语教材编写的准备阶段，要对教材使用的对象、阶段和环境进行充分的调查研究，了解特定汉语教学阶段对教学内容和教学目标的规定及分阶段教学计划，这样在编写教材的时候，才能使教材纲目、体例、单元设计等方面符合课程要求。以此为基础，教材编写者就可以分阶段循序渐进地为教材结构添加语音、汉字、词汇、语法、文化等构成要素。

2. 要求教材编写要重视学习者特点，兼顾教师的使用需求

美国高校汉语教材的编写要重视学习者特点，将知识性与趣味性相结合。在话题的安排上，要能够引起学生的兴趣。一方面，可以突出中国和美国在文化方面的差异及汉语和英语在结构功能

① 详见附录十九。

方面的不同；另一方面，要认识到美国高等教育鼓励学生独立思考的特性，发挥学习者批判性思维能力，做到在“用中学”。另外，还要将功能性和实用性相结合，为教师使用教材尽可能提供便利。重视教材体系建设，尤其是辅助材料的开发。在我们调查的美国高校汉语教材中，很多教材的体系比较单一，教师在备课时需要大量时间，查阅大量的参考资料，这些无疑将给教材使用带来不便。

3. *对教材编排结构和构成要素提出要求*

教材内容评估标准从“内容”角度来评介和估量教材质量。具体的评价标准如“教材是否提供了有用的目录、词表和索引”“教材单元划分是否合理”“教材的文字的字形、字体和字号是否合适”“内容是够贴近现实生活”“对知识的描述是否清楚正确”等，这些都对教材编写的编排结构和构成要素提出要求。

三、汉语能力评估标准对教材的影响

汉语语言能力的评估也同样影响高校汉语教材的编写。对于美国高校的汉语学习者，汉语语言能力的评估主要通过两种方式，一是由组织汉语教学的院系根据学校规定组织的考试。形式和内容根据汉语程度、学习目标和评测人不同而不同，不拘一格。另一种是通过参加在美国比较有影响的汉语能力考试。在这里主要介绍 Interagency Language Roundtable（ILR）ILR 语言水平等级量表和 ACTFL Proficiency Guidelines 美国外语教学委员会语言能力分级标准两种。

（一）美国外语教学委员会语言能力分级标准

1. ACTFL Proficiency Guidelines 简介

ACTFL Proficiency Guidelines（美国外语教学委员会语言能力分级标准）由美国外语教学委员会制定，是一套评估第二语言水平和熟练程度的标准。

美国外语教学委员会（American Council on the Teaching of Foreign Languages-ACTFL）成立于1967年，“是美国唯一一个专门致力于在各级教育层面上推动外语教学与学习的全国性组织”[①]。主要工作是开展第二语言教学与研究，包括制定国家标准的外语学习和教师能力标准，对语言能力进行评估等。以满足美国外语学习的发展需求。该委员会制定的Proficiency Guidelines是世界上影响力最大的语言评估标准之一，可对包括英语在内的75种语言的熟练能力做出准确的评估，目前被广泛应用于美国企业、政府和学术机构等当前语言学习者和教师等语言能力的评估及国防语言能力测试（DLPT）中。

2. ACTFL Proficiency Guidelines 内容

ACTFL Proficiency Guidelines主要描述使用一种语言在真实语言环境中及在自发非排练的情况下所表现出的说、写、听、读能力。标准将每一种技能划分为五个级别，分别为：Distinguished（卓越）、Superior（优秀）、Advanced（高级）、Intermediate（中级）和Novice（入门），其中，Advanced（高级）、Intermediate（中级）和Novice（入门）三个主要级别中又分别包含High（高等）、Mid（中等）和Low（低等）三等。标准中详细描述了每个级别和等级学习者能够掌握的任务，如内容、语境、上下文、准确性和话语类别等，同时还详细限制了说话人进入下一个标准所需具备的能力。表9-1为关于口语能力的分级标准。

① http：//zh. wikipedia. org/. 2013-3-10。

表 9-1 ACTFL Proficiency Guidelines 口语能力分级标准

级别	等级	描述
Novice	初级低等	无口说能力
	初级中等	能力非常有限
	初级高等	学得的言词可满足一般需要
Intermediate	中级低等	具备生存所需的基本语言能力
	中级中等	内容稍微具体，可进行实际沟通
	中级高等	能准确沟通具体话题，且大部分的时态使用都正确
Advanced	高级低/中等	可达到基本工作、社会及学术沟通需求
	高级高等	语言能力可满足社会、学术和工作需求，且运用自如
Superior	优秀	在各种正式、非正式情况下皆可正确并从容地使用该语言

（二）ILR 语言水平等级标准

Interagency Language Roundtable（ILR）ILR 语言水平等级量表是在美国国务院外交学院 1950 年颁布的外语口语能力评估标准进行改进的基础上产生的。这套标准最初将外语口语能力划分为 5 个等级，见表 9-2。

表 9-2 外交学院外语口语能力标准

等级	水平描述
等级一	Elementary Proficiency 基本熟练水平
	能够应对日常所需和基本礼貌要求
等级二	Limited Working Proficiency 有限工作交流水平
	能够满日常社交需要并应对一般的工作需求
等级三	Minimum Proficiency 简单职业水平
	能正确地使用语言，掌握一定的词汇量，能够在正式和非正式场合就社会或职业话题进行讨论
等级四	Full Professional Proficiency 完全职业水平
	能熟练而正确地使用语言，满足各种工作需要
等级五	Native Or Bilingual Proficiency 双语水平
	具备与受过教育的母语者同样的语言能力

这一标准后来经过广泛应用，推广到语言技能的4个领域，并在等级标准上进一步细化，成为现行的ILR语言水平等级量，见表9-3。

表9-3　Interagency Language Roundtable（ILR）ILR语言水平等级量表

等　级	表　述
0	No Proficiency
0+	Memorized Proficiency
1	Elementary Proficiency
1+	Elementary Proficiency，Plus
2	Limited Working Proficiency
2+	Limited Working Proficiency，Plus
3	General Professional Proficiency
3+	General Professional Proficiency，Plus
4	Advanced Professional Proficiency
4+	Advanced Professional Proficiency，Plus
5	Functional Native Proficiency

（三）汉语能力评估标准对教材的影响

首先，以听说读写能力的全面提升作为教材编写宗旨。以上列举的几个语言评估标准虽存在差异，但都从听、说、读、写4个方面给出衡量汉语水平的标准，这决定了美国汉语教材在编写时也应该以培养这4种技能为编写原则。

其次，汉语能力评估标准为教材的分级提供依据，以上几个分级标准显然对教材的分级具有指导作用。在进行教材编写的时候，尤其是系列教材的编写时，应根据评估标准对中不同等级和阶段汉语水平所进行的描述，采用逆向推导的方式，对汉字、词汇、语法等语言要素、交际任务和跨文化交际项目等进行分级，这样既能在内容上保证教材阶段性，又能体现其针对性。

四、流行教学法对汉语教材的影响

教育学科对教学法的理解和阐释不尽相同，但核心概念均指为达到教学目的，实现教学内容所运用的教学手段①。教学方法可分为两类，一是教师的教授方法，包括讲述、讲解、谈话等；一是学生的学生方式，包括练习、实验、实习等。比较有名的教学方法如导读法、讨论法、操练法等②。

经过漫长的发展历程，美国语言教学界根据语言教学自身的特点，在借鉴和吸收教育学、心理学等学科研究成果基础上，逐渐发展出日渐成熟的语言教学方法。这些方法推动了美国语言教学活动的发展，同时也影响着教材编写的理念和方法。

（一）美国流行汉语教学法简介

汉语教学在美国起步虽然很早，但其真正的发展却是最近二十年的事。目前美国汉语教学实践活动中所采用的教学方法，大部分是对其他语言教学方法的“移植借用”或“发展改良”。这一方面是因为通用语言教学方法的研究和应用目前已经取得了丰硕的成果，应用也已经比较成熟；另一方面，针对汉语作为第二语言的教学方法虽然有自己的特殊性，但与其他语言教学方法之间存在很多共性。美国语言教学领域中比较流行的教学法主要有以下几种。

1. 听说法③（Audoi-lingual Approach）

听说法产生于20世纪40年代，深受美国结构主义语言学的影响。一般认为听说法不是什么具体的教学活动组织方法，而是达到某一教学目的的途径。该教学法的产生源于二战期间美国存在

---

① 王策三，《教学论稿》，人民教育出版社，1985年。
② 刘新科，《现代西方教育思潮》，陕西人民教育出版社，2006年。
③ 本小节参照中央民族大学翁副教授的《外语教学法》讲义。

的“语言孤立主义”倾向。这种语言观点导致美国的外语教学十分落后。主要表现在不重视外语教学，开设的外语语种少，外语教学的目的局限于培养阅读能力而不是口语表达能力。听说法“最初主要用于训练军事人员，所以叫作军队法”①。后来由于在培养外语口语交际能力方面取得的巨大成绩，开始在美国风靡一时。

吕必松（1981）根据 Clifford H. Prator 的研究，认为听说法的特点主要包括：新课的内容以会话的形式出现；依靠对固定词组的模仿、记忆和反复学习（即相信语言学习是习惯养成）；语言结构按顺序排列，教完一项再教另一项；对句型结构进行反复操练；很少或根本没有语法上的解释；语法教学靠归纳性的类推，而不是进行演绎性的解释等。②

在教学中听说法强调听说领先，反复实践形成习惯，教学活动以句型为中心，这些特点决定了听说法的教学过程包括以下几个阶段：（1）认识（recognition），指对语言知识的结构和意义进行认识阶段。（2）模仿（imitation），指学生在教师的指导下对学习内容进行模仿，也就是跟着老师说的过程。（3）重复（repetition），指学生在老师的引导下，对学习内容进行大量重复，借此记忆来掌握学习内容的过程。（4）变化（variation），指通过不同的形式对学习内容进行有变化的练习和强化过程。（5）选择（selection），指学生通过机械重复的训练，将目标语言以句型的形式存储在头脑中，这样使用目标语言的过程，其实就是从句型存储仓库中选取合适的句型的过程。

2. 密集强化训练法

“密集强化训练法”是在操作法的基础上应运而生的，是一种

---

① 吕必松，《“听说法”评介》，载《语言教学与研究》，1981 年第 4 期。

② 吕必松，《“听说法”评介》，载《语言教学与研究》，1981 年第 4 期。引自 Prator, Clifford H. with Marianne Celce-Murcia; An Outline of Language Teaching Approach. 载 Teaching English as a Second or Foreign Language.

以沉浸式教学模式为基础的教学方法。这种教学方法以讲导练，精讲多练，严格纠错，示范模仿在先，同时监控操练过程，注意及时反馈。

密集强化训练的特点主要表现在：首先，学生的课时量较大。以“普北班”为例，每个星期有16个课时的课堂学习，每周一到周四上午有4个课时。每周4个下午是与语伴练习的时间。周五进行笔试和口语考试。周日进行语言实践和撰写报告等。密集的课时保证了学习者全部时间都沉浸于汉语学习之中，保证学习的效果。其次，对教师备课要求非常严格。教师备课的内容包括对教材的选择，语言定式的选择，课文的主题梳理，课堂讲解和操练例句的准备等。再次，对学生严格筛选和管理。为了保证密集强化训练的效果，学习者一般要经过严格的筛选，如杜克项目的学生需要经过严格的书面申请、面试和入学考试等。明德署校的学生在入学后要严格遵守语言誓约。

3. 内容教学法（Content-based Instruction）

内容教学法是一种“将特定主题或学术内容与语言教学目的相结合，学科知识教学和语言教学同时进行，使学生通过第二语言获取信息并在此过程中发展语言技能”① 的教学方法。内容教学法产生于20世纪下半叶。

语言项目与内容项目之间的比重如何分配，是内容教学法在实施的时候需要处理的核心问题。即在实施教学的过程中，始终围绕解决“教什么”这一问题，侧重知识本身。内容教学法的目标“要求学生掌握一门专门的知识或技能，同时要求学生在运用语言过程中提高语言能力”②。

---

① Brinton, D. M., Snow, M. A., Wesche, M. B. Content-based Second Language Instruction (Classics Ed.). MI: University of Michigan Prss, 2003: 2.

② 刘文娟，《基于内容教学法和任务教学法的C+T+F教学法》，载《海外英语》，2011年第12期。

有学者认为美国的内容教学法在实践中主要有5种模式，分别是沉浸教育（Immersion Model）、保护模式（Shelte-red Subject）、辅助模式（Adjunc Language Instruction）、主题模式（Theme-Based Instruction）和内容操练模式。Met. M. （1999）[①] 认为在这5种教学模式中内容比重依次递减，语言主导程度依次递增。

4. 任务教学法[②]（Task-based Language Teaching）

任务教学法是在交际语言教学的基础上发展起来的，其受第二语言习得理论影响较大，保留了交际语言教学的语言观。任务教学法的核心思想是用“参与、体验、互动、交流、合作”的学习方式学习第二语言。

狭义的任务派认为任务必须“具有在现实中发生的可能性”[③]，并且只有为了某种交际目的使用语言的活动才是任务，任务的关键是获得一个交际的结果。广义的任务派将任务分为交际任务和学习任务两部分，认为除了交际任务以外，那些以语言内容为主的活动是学习任务。学习任务注重语言方面的练习活动，比如呈现新的语言点，讲解语法和词汇的用法等。这两种观点虽然对“任务”这一概念的理解有所不同，但是这两种观点都认为在任务教学法中，解决问题和完成任务的过程就是语言学习的过程。

按照不同的分类标准和研究角度，任务教学法中的任务可分为真实任务和学习型任务、简单任务和复杂任务、基于文本的任务和基于图片的任务、信息传递型任务、逻辑推理型任务及观点阐述型任务。

任务教学法的实施包括以下几个阶段：任务前（Pre-task

---

① Met, M. Centent-based instruetion: Defining terms, making decisions. NFLC Reports, The National Foreign Language Center, 1999.

② 本节写作参照中央民族大学陈作宏教授《任务教学法》讲义。

③ 魏梅，《对任务型教学法的理论基础与课程时间的思考》，载《新疆大学学报》（社会科学版），2003年第9期。

stage）阶段是任务的准备和输入阶段，包括介绍话题、激活语言、语言准备等。任务前的准备时间不宜过长，以熟悉材料为主。同时语言项目的输入要适当，一般不需要做讲解，而仅给学生提供必要的材料。任务中（While-task stage）阶段是任务的实施过程，主要包括：完成任务、准备报告任务结果、报告任务结果等。任务后（Post-task stage）指在完成任务的基础上，学习者还要对重要的语言项目进行有意识的学习和操练，这个过程是学习者经历语言内容从意义到形式的过程。

（二）流行教学法对高校汉语教材编写的影响

一般认为教材和教学法的关系密不可分。“教材应该建立在教学实践的基础上……一套教材总是与一种教学法结合在一起的，教材的后面隐藏着教学法的考虑，而教学法的背后隐藏着教学理念的考虑。”① 通过对美国高校汉语教材的对比研究，我们认为从总体上看，教学法对教材编写的影响可以从以下 3 个方面予以考察。

1. 对教材编写基本理论的影响

美国流行汉语教学法为教材编写提供理论基础。教学法是一套相对成熟的教学体系和模式，以一定的语言学和第二语言教学理论为基础，也是组织课堂教学的手段和方法。一定时期流行的汉语教学法，如翻译法、任务法和功能法等，因在广泛实践中达到了很好的效果，因此在教学中使用的越来越多。这就从客观上影响了汉语教材编写的基本原则和方法。

如语法翻译法作为一种古老的外语教学方法，盛行于 18 世界末，对 19 世纪乃至当代美国汉语教学都具有深远的影响。学院派汉语教材的编写仍然十分注重翻译法的作用。在普林斯顿出版社

---

① 崔希亮，《汉语国家教育“三教”问题的核心和基础》，载《世界汉语教学》，2010 年第 1 期。

出版的中级和高级教材中大量使用翻译练习，并通过大量笔头翻译和写作练习来检验对语法规则的掌握情况，让学习者熟练掌握规范的书面语。近些年，以交际法为基础的任务教学法在美国汉语教学中备受推崇，《中文听说读写》在编写中以这种教学法为指导，教材每一课课前都交代"学习目标"，"准备"部分帮助学生明确本课的教学任务，每课课后有"自查表"，让学生们自己测评是否完成了教学目标。教材旨在通过这种教学法，提升学生的学习效率，达到更好的学习效果。

2. 对教材编写内容和结构编排的影响

教材结构编排包括编写纲目、单元划分和教材体系等内容。不同教学法由于理论依据不同，在教学过程中采用的步骤也不同，这就对教材的编写提出了不同的要求。

如密集强化训练法多采用自编的教学材料或对基本教材进行整合，大量使用语言定式，用详细的文字公式说明或解释语言点，例句规范有代表性。在总体设计上，单元划分要紧凑，练习要有一定的数量以达到强化的目的。再比如以交际法为指导的教材在总体设计上先提出教学目标和任务，再通过人物和情景的设置为完成任务做出示范，而且练习构件方面要能够充分引导学生完成任务。

3. 对教材编写构成要素的影响

美国高校汉语教学方法受传统二语教学法的影响，无论是传统的翻译法、表演法还是近年来比较流行的听说法、密集强化训练法等，都强调和重视语言要素的教学。这一共识建立在对语言组合关系和聚合关系认识的基础上。从组合关系上看，任何一种语言在时间序列上都可被划分为大小不同的语言单位；从聚合关系上看，这些可以被单独切分出来的语言单位能够按照一定的规则聚集成类。语言学习也就是学习者通过对线性排列语言单位的掌握，逐渐在认知上形成语言单位聚类关系的过程。语言要素学习作为语言学习的基础，同时也是构成语言的基础，在语言学习过程中的地位和作用举足轻重。

这种重视语言要素教学的教学法理念同时也影响汉语教材的编写。比如听说法强调对固定词组的模仿记忆和反复学习操练，凸显了词汇要素在语言习得中的作用。以听说法为指导编写的汉语教材词汇项目清晰，练习题题量大，语言结构的顺序性强。

第三节 美国高校汉语教材编写的对策与启示

美国高校汉语教材是美国汉语教材的构成部分，本书对美国高校汉语教材的研究对美国本土汉语教材编写及国际汉语教材编写的启示包括以下5个方面。

一、"无大纲"国家的汉语教材开发

教学大纲指"学校每门学科的教学纲要"①。大纲对如何分配教学任务做出明确的规定，对教学内容的范围、深度、结构进度给出提示，对达成教学目的的方法和步骤予以说明，是教师组织教学的主要依据，也是编写教材的基础。

（一）"无大纲"国家汉语发展问题

与国内高校汉语教学情况不同，美国高校汉语教学目前并没有统一的教学大纲。各个大学所开展汉语教学的类别、程度等均视学校具体情况而定。即使同属于针对全校学生的选修课或针对汉语专业的必修课，学校与学校之间在教授内容、深度及课程结构方面的差别也非常大。显而易见，这种"无大纲"情况下的学校各自为政的教学方式不利于汉语教学的发展。在教材编写方面，

---

① 百度百科：http：//baike. baidu. com/view/339044. htm. 2013-3-12。

由于既没有课程大纲和教学大纲，也没有相应的汉字、词汇、语法或文化大纲，在教材编写的时候编写者根据各自的经验处理语言要素，编写出的教材水平参差不齐。另外，由于缺乏统一的量化标准，教材评估也难以实施。

在本书的研究中，笔者通过对9套美国高校汉语教材的构成要素进行分析，发现教材之间的差异性非常大，对汉字和词汇的选择以编写者对语料的选择或者语法结构为依据，不同等级汉语教材中汉字和词汇在数量上没有渐进性，在难度方面也没有延续；另外，教材在语法项目的选择、排序和释义方面同样缺乏统一的规范和标准，教材对语法项目的划分也未达成共识，大量中间状态均作模糊处理。究其根本，出现这种现象的原因是没有统一的汉语教学大纲作为教材编写的依据和指导。

针对这种现象，笔者认为，在“无大纲”国家推行汉语教学与汉语教材发展的当务之急就是从国家层面设计和编写符合汉语传播目的国实际情况的汉语教学大纲。然后以统一的教学大纲为标准，分别制定不同学习阶段的课程大纲和语言要素大纲，如汉字大纲、词汇大纲、语法大纲、文化大纲等。

（二）汉语教学大纲的制定途径

制定教学大纲的途径可分为通过政府推动制定、民间与政府合作推动制定、民间推动制定3种。

1. 政府推动制定

政府推动制定指通过国家与国家教育部门领导之间的高层互访，通过国家职能部门组织和协调相关部门进行大纲的研发和编写，并由上而下推动大纲的实行。同时应加大在汉语大纲编写和研制方面的投入力度。汉语大纲的制定是一个系统工程，需要以大量翔实具体的汉语教学资料和教学调研为基础，需要花费一定的财力、物力，因此由政府主导将保证大纲的高效制定。同时，高层主导编写大纲的行为本身就是对汉语教学发展的一种促进。

2. 民间与政府合作推动制定

民间与政府合作推动制定汉语教学大纲的方式指的是将大纲制定与目前孔子学院和孔子课堂的发展相结合。孔子学院和孔子课堂是在海外设立的以教授汉语和传播中国文化为宗旨的非营利性教育机构，其任务是增进世界人民对中国语言和文化的了解，发展中国与外国的友好关系，促进世界多元文化发展，为构建和谐世界贡献力量。近年来，孔子学院和孔子课堂在各国发展迅速，成为国际汉语教学的中坚力量。以美国为例，根据2014年的统计，美国已设立100所孔子学院和356个孔子课堂。海外孔子学院的管理者和教师具有丰富的汉语教学经验，可以成为一个国家汉语教学大纲制定不容忽视的力量。可以利用孔子学院联席会议的机会，结合汉语传播目的国汉语课程安排等实际情况，探讨在一定区域内有针对性地制定教学大纲的可能性。

3. 民间推动制定

民间组织也可以成为推动汉语教学大纲编写的力量。如美国汉语教师协会（Chinese Language Teachers Association），全美中小学中文教师协会（Chinese Language Association Of Secondary-Elementary Schools）等。这些民间组织均专门从事中国语言文化的研究和教学等工作，为推动美国汉语教学的发展做出了很多贡献。这些民间组织的主要成员是美国大中小学的汉语教师，他们最了解美国汉语教学各阶段应该遵循的教学目的、教学原则、教学内容以及对每个等级对学生能力的要求。如果由他们负责进行汉语教学大纲的研发和编写，最契合汉语教学的实际情况。

二、多元文化国家汉语教材开发

美国是一个多民族的大熔炉，不仅有原著印第安人，还有欧洲、非洲、拉丁美洲、亚洲人移民以及后裔。在美国的土地上，各种文化与宗教信仰在不同种族之间不断地交融，这使得美国成为一个多元文化的国家。

美国对不同文化的尊重和理解也体现在语言教学的方方面面。比如美国很多州都没有规定官方语言，在语言教学和二语教学中为公民的母语学习留有空间，在教学活动的组织和实施过程中，老师要充分考虑和公平对待不同种族的学生。由此可见，在编写面向美国等多元文化国家汉语教材的时候，要做到尊重国外汉语教学的文化特征，合理而适当地介绍中华文化，尽量做到多元文化的和谐融合。

（一）尊重目的国的文化特征

国际汉语教材的编写首先要做到尊重汉语传播目的国的文化。而尊重建立在理解的基础上。首先要对目的国的文化进行调查，了解目的国的文化本质和文化表征，然后结合汉语教学活动的层次和等级、教材使用的具体环境以及学习者的年龄和心理特征等，总结并整理与汉语教学相关的多元文化要素，将其体现在教材中，如不同民族的饮食习惯、传统节日、宗教信仰、共同性格等。

其次，对国外文化的尊重不仅体现在显性文化项目上，也可以通过其他语言要素加以体现。如在词汇方面，可以适当加入目的国常用的文化词；在语法方面，可以通过对比目的语与学习者母语在语用和语义功能方面的不同，来凸显文化差异。如西方国家多信奉基督教，参加教会活动是他们生活中的一部分，宗教词汇在日常用语中非常普遍，尤其在表达“感叹”、“吃惊”等情绪时。这些都可以体现在教材中。

（二）合理而适当地介绍中华文化

“对外汉语教学中的文化教学担当的任务是以语言层面的文化任务为主，涉及的文化范围可宽，但内容不宜太深，尺度就是不应因‘文化’的因素而影响‘语言’教学，从而喧宾夺主。”① 国际汉语教材中的文化要素一方面要具有代表性，一方面要做到适度。

文化的外延是无限的，但是文化的核心内容是有限的。要选取有代表性的文化项目。多数国内出版的汉语教材中将文化简单地等同于一些文化行为，如“中国结”、“剪纸”、“太极拳”、“京剧”、“包饺子”等，并认为只要在教材中安排一些关于这方面的介绍，就算是体现了教材的文化特色了。笔者认为，这种做法对于中国文化的理解和传播可能起到负面作用，造成学习者对中国文化的误读。因此，提炼中国文化的本质尤为重要。要选取那些真正影响中国人衣食住行、待人接物、思维习惯、生活方式的文化项目，并将其融入语言教学当中，以达到传播中华文化的目的。

另外，在传统文化和现当代文化的取舍方面，要侧重现当代文化。中国传统文化博大精深，要领会其精髓绝非朝夕之间可以完成，如过分强调传统文化，只能增加学习者对中华文化的误解。而伴随中国经济的迅速发展，传承中华传统文化并在科技文明基础上予以发扬的现代文化应在教材中加以体现，如由儒家“和谐”思想延伸而来的“顾面子”、“说话委婉”、“忍让”，由世袭制度和宗族观念传承而来的“家族观念”、“重孝道”、“长幼有序”等等。

在使用隐性表达还是显性表达方面，应侧重隐性表达。即在引进文化项目的方式上，不一定简单地在教材体例中专门安排关于“文化项目”的介绍。在选择话题，选编课文语料的时候，安排交际任务，设计练习项目时，可以将相关文化主题安排进去，这样更利于学习者从细处了解和体会中华文化的本质和精髓。

---

① 张英，《对外汉语文化教材研究－兼论对外汉语文化教学等级大纲建设》，载《汉语学习》，2004 年第 1 期。

（三）尽量做到多元文化的和谐融合

尊重目的国的文化特征与适当而合理的介绍中华文化这两点之间如果能够达到一定程度的平衡，就在客观上实现了教材多元文化的和谐融合。要达到这种平衡需要注意以下几个方面：

首先，教材对待西方多元文化应采取包容的态度，无论介绍文化项目还是对中外文化进行对比，都应保持客观公允的态度，避免带有主观色彩的评价，给学习者创造相对独立的思考空间。

其次，要了解目的语国家的文化禁忌，并用跨文化交际态度处理不同文化中的禁忌事物。比如在泰国、中东等地，接触他人的头部等被认为是不礼貌的，在伊斯兰国家“猪”被认为是不洁的象征。在教材中应该避免提到这些禁忌。同时，对中国文化中的禁忌，如对长辈称呼姓名，与“性”相关的话题等，应该在教材中适当交代。通过这种方法来减少文化差异所带来的跨文化交际障碍，消除误解，保证交际的顺利进行。

三、名校效应对教材编写的启示

通过对美国高校汉语教材的调查和研究以及笔者对高校教师进行的访谈分析，笔者发现美国比较流行的汉语教材要么出自名校，要么编写者为汉语教学届的知名专家。如普林斯顿大学作为美国高等教育的重要高等学府，是美国开展汉语教学最早的学校之一，由普林斯顿大学出版社出版的中级和高级汉语教材在美国高校中享有很高的声誉。《中文听说读写》的编写者姚道中任美国夏威夷大学东亚语言文学系中文课程部主任，具有多年汉语教学工作经验，他编写的汉语教材集中体现了他对语言学规律，汉语作为二语的学习规律的认识，这是《中文听说读写》在美国能够流行的因素之一。可见，“名校效应”对美国汉语教材的使用情况有很大的影响作用。

名校效应实际上是一种普遍性的规律。究其本质是一种品牌效应。比如普林斯顿大学作为世界最著名的高等院校之一，经过多年的发展，其自身已经形成了非常强大的品牌效应。这种效应来自学校在教育界和学术界的成就和巨大的影响力，来自其在教学、科研等方面所占有的资源以及其他综合优势。教师和学生在选择教材的时候，受到这种品牌效应的影响，更容易对普林斯顿大学出版的教材产生信赖。另外从教材的质量看，普林斯顿大学具有悠久的汉语教学历史，有一大批多年来从事汉语教学工作的学者和教授，他们有丰富的课堂教学经验，对汉语教学的理论和方法有深刻的认识和独到的见解，他们所编写的汉语教材必能在质量上有所保证。

国际汉语教材的编写应充分认识并发挥“名校效应”的作用。可以充分调动国内名校在汉语教学方面的优势。比如北京语言大学多年来一直从事汉语国际教学相关工作，在国际汉语教学界享有盛誉。可以利用其在学科中的名牌影响力，发挥其在教材研究与编写方面的优势。还可以利用汉语教学目的国的名校品牌资源，积极发挥目的国著名高校在本国的影响力，采用中外合作的方式探讨教材研究与编写的思路。

四、以“后方法”为指导的教材编写理念

20 世纪中后期以后，外语教学界开始出现一种超于传统教学法概念的外语教学思想——“后方法”。后方法与传统意义上的教学法流派有所不同，它是一种灵活、动态、开放的外语教学思想，反对把外语教学简单化，强调充分考虑外语教学的各种复杂因素，强调语境，尤其是社会、政治、教育制度等因素对外语教学的影响。简单地说，“后方法”认为教学方法各有特点又各有局限，所谓“最佳教学法”是不存在的，因此外语教学应该以学生为中心，应该采用“多元”、“开放”、“相对”的态度来处理外语教学中的各种问题。

这种语言教学思想对美国汉语教材的编写产生了一定的影响。从本文研究看，在美国高校使用的汉语教材中，多数教材没有局限于使用某一种教学方法作为基本指导思想。从教材的自身定位看，教材编写者一般不会明确指出教材编写的教学法思想，因为这样做无疑会在一定程度上限制教师对教材的选择，进而影响教材的使用范围。而从教材的内容和结构编排，构成要素的分析中，我们也很难推导出某套教材以哪个明确的教学法思想为指导。这反映出在教材编写领域中，以“后方法”思想为指导已经成为美国汉语教材编写的一个趋势，在不久的将来，这种方法很可能成为国际汉语教材编写的基本理念和方法。

也就是说，以单一教学法为指导编写的教材将损害而不是提高人们对语言本身复杂性的理解，同时使教材的使用者——教师和学习者——在语言教学的理论环节和实践环节中被相互割裂，不利于学习者最大限度地实现自我潜力，也不利于发挥教师在教学活动组织中的作用。因此，汉语教材的编写应该破除教学法的禁锢，突出以学生为中心的特点，在内容设计、结构编排和要素的选择等方面提升灵活性。

五、教材编写的“优选论”理念

优选论（Optimality Theory）是一种音系学理论，20 世纪 90 年代由生成音系学研究者提出，后来这个理论被借鉴运用到生成句法领域。在语言学领域，优选论的创新在于，判断一个句子结构是否合句法，并不孤立地看一个候选项是否符合所有规则，而是把候选项进行对比，最好地满足制约条件的候选项才是合句法的。并且，优选项不一定要满足所有的制约条件。

经过分析，本文认为美国汉语教材编写从某种程度上也是一种“优选论”的结果，这种方法对国际汉语教学领域中的教材编写具有重要的借鉴意义。从“优选论”思想分析教材编写，判断一套教材是否合适的标准，不能孤立地通过一个维度进行考察，也不能用是否符合某一规则或者所有规则的标准进行衡量，而是要对编写理论，内容与编排结构，构成要素这三个维度的总体情况进行对比，最大限度地满足汉语教学的课堂要求，使学习者更快更好习得汉语的教材才是最好的教材。与此同时，衡量教材的标准应该允许存在差异性，也就是说，即使一套教材不能满足所有既定标准，只要符合学习者、教师或课程等方面的要求，也极有可能是适合的教材。

美国汉语教材编写的“优选论”实际上也体现了一种实用主义，这与美国学术民主，自由竞争的意识形态不谋而合。这一理论要求将“多方面”、“总体性”和“有差异”作为教材编写和衡量教材是否合适的标准，不仅提升了教材编写的理论内涵，同时对国际汉语教材编写具有较为普遍的借鉴意义。

附录一 《汉语拼音正词法》基本规则

序号		序号		序号	规则和示例
1	分词连写规则	1.1	名词	1.1.1	名词与后面的方位词，分写。
					shān shàng（山上）shù xià（树下）
				1.1.2	名词与后面的方位词已经成词的，连写。
					tiānshang（天上）dìxia（地下）
		1.2	动词	1.2.1	动词与后面的动态助词“着”、“了”、“过”，连写。
					kànzhe（看着）tǎolùn bìng tōngguòle（讨论并通过了）
				1.2.2	句末的“了”兼做语气助词，分写。
					Zhè běn shū wǒ kàn le.（这本书我看了。）
				1.2.3	动词与所带的宾语，分写。
					kàn xìn（看信）chī yú（吃鱼）
				1.2.4	动词（或形容词）与后面的补语，两者都是单音节的，连写；其余情况，分写。
					gǎohuài（搞坏）dǎsǐ（打死）
		1.3	形容词	1.3.1	单音节形容词与用来表示形容词生动形式的前附成分或后附成分，连写。
					mēngmēngliàng（蒙蒙亮）liàngtángtáng（亮堂堂）
				1.3.2	形容词和后面的“些”、“一些”、“点儿”、“一点儿”，分写。
					dà xiē（大些）dà yīxiē（大一些）
		1.4	代词	1.4.1	人称代词、疑问代词与其他词语，分写。
					Wǒ ài Zhōngguó.（我爱中国。） Tāmen huílái le.（他们回来了。）

续表

序号		序号		序号	规则和示例
1	分词连写规则	1.4	代词	1.4.2	指示代词“这”、“那”，疑问代词“哪”和名词或量词，分写。
					zhè rén（这人）nà cì huìyì（那次会议）
				1.4.3	“各”、“每”、“某”、“本”、“该”、“我”、“你”等与后面的名词或量词，分写。
					gè guó（各国）gè rén（各人）
		1.5	数词和量词	1.5.1	汉字数字用汉语拼音拼写，阿拉伯数字则仍保留阿拉伯数字写法。
					èr líng líng bā nián（二〇〇八年） èr fèn zhī yī（二分之一）
				1.5.2	十一到九十九之间的整数，连写。
					shíyī（十一）shíwǔ（十五）
				1.5.3	“百”、“千”、“万”、“亿”与前面的个位数，连写；“万”、“亿”与前面的十位以上的数，分写，当前面的数词为“十”时，也可连写。
					shí yì líng qīwàn èrqiān sānbǎi wǔshíliù/ shíyì líng qīwàn èrqiān sānbǎi wǔshíliù （十亿零七万二千三百五十六）
				1.5.4	数词与前面表示序数的“第”中间，加连接号。
					dì-yī（第一）dì-shísān（第十三）
				1.5.5	代表月日的数词，中间加连接号。
					wǔ-sì（五四）yī’èr-jiǔ（一二·九）
				1.5.6	数词和量词，分写。
					liǎng gè rén（两个人） yī dà wǎn fàn（一大碗饭）
		1.6	副词	1.6.1	副词与后面的词语，分写。
					hěn hǎo（很好）dōu lái（都来）
		1.7	介词	1.7.1	介词与后面的其他词语，分写。
					zài qiánmiàn zǒu（在前面走） xiàng dōngbian qù（向东边去）
		1.8	连词	1.8.1	连词与其他词语，分写。
					gōngrén hé nóngmín（工人和农民） tóngyì bìng yōnghù（同意并拥护）

续表

序号		序号		序号	规则和示例
1	分词连写规则	1.9	助词	1.9.1	结构助词“的”、“地”、“得”、“之”、“所”等与其他词语，分写。其中，“的”、“地”、“得”前面的词是单音节的，也可连写。
					dàdì de nǚ’ ér（大地的女儿）
				1.9.2	语气助词与其他词语，分写。
					Nǐ zhīdào ma?（你知道吗?） Zěnme hái bù lái a?（怎么还不来啊?）
				1.9.3	动态助词主要有“着”、“了”、“过”。见6.1.2.1的规定。
		1.10	叹词	1.10.1	叹词通常独立于句法结构之外，与其他词语分写。
					Ng，nǐ shuō shénme?（嗯，你说什么?）
		1.11	叹词	1.11.1	拟声词与其他词语，分写。
					“hōnglōng” yī shēng（“轰隆”一声） chánchán liúshuǐ（潺潺流水）
		1.12	成语和其他熟语	1.11.1	成语通常作为一个语言单位使用，以四字文言语句为主。结构上可以分为两个双音节的，中间加连接号。
					fēngpíng-làngjìng（风平浪静）àizēng-fēnmíng（爱憎分明）
2	人名地名拼写规则	2.1	人名拼写	2.1.1	汉语人名中的姓和名分写，姓在前，名在后。复姓连写。双姓中间加连接号。姓和名的首字母分别大写，双姓两个字首字母都大写。笔名、别名等，按姓名写法处理。
					Lǐ Huá（李华）Wáng Jiànguó（王建国）
				2.1.2	人名与职务、称呼等，分写；职务、称呼等首字母小写。
					Wáng bùzhǎng（王部长）Tián zhǔrèn（田主任）
				2.1.3	“老”、“小”、“大”、“阿”等与后面的姓、名、排行，分写，分写部分的首字母分别大写。
					Xiǎo Liú（小刘）Lǎo Qián（老钱）
				2.1.4	已经专名化的称呼，连写，开头大写。
					Kǒngzǐ（孔子）Bāogōng（包公）

续表

序号		序号		序号	规则和示例
2	人名地名拼写规则	2.2	地名拼写	2.2.1	汉语地名中的专名和通名，分写，每一分写部分的首字母大写。
					Běijīng Shì（北京市）Héběi Shěng（河北省）
				2.2.2	专名与通名的附加成分，如是单音节的，与其相关部分连写。
					Xīliáo Hé（西辽河）Jǐngshān Hòujiē（景山后街）
				2.2.3	已专名化的地名不再区分专名和通名，各音节连写。
					Hēilóngjiāng（黑龙江〔省〕）Wángcūn（王村〔镇〕）
		2.3	非汉语人名、地名的汉字名称，用汉语拼音拼写。		Wūlán fū（乌兰夫，Ulanhu）
		2.4	人名、地名拼写的详细规则，遵循 GB/T28039《中国人名汉语拼音字母拼写规则》《中国地名汉语拼音字母拼写规则（汉语地名部分）》。		
3	大写规则	3.1	句子开头的字母大写。		Chūntiān lái le.（春天来了。）
		3.2	专有名词的首字母大写。		Běijīng（北京）
		3.3	专有名词成分与普通名词成分连写在一起的，是专有名词或视为专有名词的，首字母大写。		Míngshǐ（明史）Hànyǔ（汉语）

续表

序号		序号		规则和示例
4	缩写规则	4.1	连写的拼写单位（多音节词或连写的表示一个整体概念的结构），缩写时取每个汉字拼音的首字母，大写并连写。	Běijīng（缩写：BJ）（北京） ruǎnwò（缩写：RW）（软卧）
		4.2	分写的拼写单位（按词或语节分写的表示一个整体概念的结构），缩写时以词或语节为单位取首字母，大写并连写。	hànyǔ shuǐpíng kǎoshì（缩写：HSK）（汉语水平考试）
		4.3	为了给汉语拼音的缩写形式做出标记，可在每个大写字母后面加小圆点。	Běijīng（北京）也可缩写：B. J.；guójiā biāozhǔn（国家标准）也可缩写：G. B.
		4.4	汉语人名的缩写，姓全写，首字母大写或每个字母大写；名取每个汉字拼音的首字母，大写，后面加小圆点。	Lǐ Huá（缩写：Lǐ H. 或 LI H.）（李华）
5	标调规则	5.1	声调符号标在一个音节的主要元音（韵腹）上。韵母 iu、ui，声调符号标在后面的字母上面。在 i 上标声调符号，应省去 i 上的小点。	āyí（阿姨）　cèlüè（策略） dàibiǎo（代表）　guāguǒ（瓜果）

续表

序号		序号		规则和示例
5	标调规则	5.2	“一”、“不”一般标原调，不标变调。	yī jià（一架）yī tiān（一天）
		5.3	ABB、AABB形式的词语，BB一般标原调，不标变调。	lǜyóuyóu（绿油油）chéndiàndiàn（沉甸甸）
		5.4	在某些场合，专有名词的拼写，也可不标声调。	Li Hua（缩写：Li H. 或 LI H.）（李华）Beijing（北京）
		5.5	除了《汉语拼音方案》规定的符号标调法以外，在技术处理上，也可采用数字、字母等表明声调，如采用阿拉伯数字1、2、3、4、0分别表示汉语四声和轻声。	
6	移行规则	6.1	移行要按音节分开，在没有写完的地方加连接号。音节内部不可拆分。	guāngmíng（光明）移作“……guāng- míng”（光明）
		6.2	音节前有隔音符号，移行时，去掉隔音符号，加连接号。	Xī’ān（西安）移作“……Xī-ān”（西安）
		6.3	在有连接号处移行时，末尾保留连接号，下行开头补加连接号。	chēshuǐ-mǎlóng（车水马龙）移作“……chēshuǐ- -mǎlóng”（车水马龙）

续表

序号		序号		规则和示例
7	标点符号使用规则	7.1	根据识字需要（如小学低年级和幼儿汉语识字读物），可按字注音。	
		7.2	辞书注音需要显示成语及其他词语内部结构时，可按词或语素分写。	chīrén shuō mèng（痴人说梦）wèi yǔ chóumóu（未雨绸缪）
		7.3	辞书注音为了提示轻声音节，音节前可标中圆点。	zhuāng · jia（庄稼）qīng · chu（清楚）
		7.4	在中文信息处理方面，表示一个整体概念的多音节结构，可全部连写。	guómínshēngchǎnzǒngzhí（国民生产总值）

附录二　美国高校汉语教材使用情况统计表（简表）

	学校	年级	教材	中文名称
1	Baruch College of The City University of New York 纽约城市大学	1	Chinese Primer Volumes 1-3	中文入门
			Integrated Chinese	中文听说读写
		2	Oh! China	中国啊，中国
			Integrated Chinese	中文听说读写
		3	All Things Considered	事事关心
			A Kaleidoscope of China	中国社会百态
		4	Anything Goes	无所不谈
			China's Own Critics	中国知识分子的自省
			Literature and Society	文化与社会
			China's Peril and Promise	中国的危机与希望
			Readings in Contemporary Chinese Cinema	当代中国电影宣读
			Newspaper Readings The USA in the People's Daily	人民日报笔下的美国
2	University of Hawaii-Manoa 夏威夷大学——莫纳校区	1	Integrated Chinese	中文听说读写
		2	Integrated Chinese	中文听说读写
		3		中国社会文化写真
		4		中文高级阅读教程
				商务汉语入门
				商务汉语提高
				经理人汉语
3	Hofstra University 霍夫斯特拉大学	1	Integrated Chinese	中文听说读写
		2	Integrated Chinese	中文听说读写
		3	Integrated Chinese	中文听说读写
		4		实用商务中文

续表

<table>
<tr><th></th><th>学校</th><th>年级</th><th>教材</th><th>中文名称</th></tr>
<tr><td rowspan="8">4</td><td rowspan="8">University of California--Davis 加州大学戴维斯分校</td><td rowspan="8">1</td><td>Integrated Chinese</td><td>中文听说读写</td></tr>
<tr><td>A Primer for Advanced Beginners of Chinese</td><td>大学语文</td></tr>
<tr><td>Wrong, Wrong, Wrong</td><td></td></tr>
<tr><td>If I Didn't Have You</td><td></td></tr>
<tr><td>I Really Want to Find Her</td><td></td></tr>
<tr><td>Two Children Seeking the Joy Bridge</td><td></td></tr>
<tr><td>Our Geese Have Gone</td><td></td></tr>
<tr><td>Reading into a New China</td><td></td></tr>
<tr><td rowspan="2">5</td><td rowspan="2">The College of William and Mary 威廉玛丽学院</td><td>1</td><td>Chinese Link</td><td>中文天地</td></tr>
<tr><td>2</td><td>Chinese Link</td><td>中文天地</td></tr>
<tr><td rowspan="3">6</td><td rowspan="3">New York University 纽约大学</td><td>初</td><td>Integrated Chinese</td><td>中文听说读写</td></tr>
<tr><td>中</td><td>Integrated Chinese</td><td>中文听说读写</td></tr>
<tr><td>高</td><td>Crossing Cultural Boundaries</td><td>文化纵横观</td></tr>
<tr><td rowspan="4">7</td><td rowspan="4">Amherst College 阿莫斯特学院</td><td>1</td><td>Integrated Chinese</td><td>中文听说读写</td></tr>
<tr><td>2</td><td>Integrated Chinese</td><td>中文听说读写</td></tr>
<tr><td>3</td><td>Discussing Everything Chinese:</td><td>中国面面谈</td></tr>
<tr><td>4</td><td>Everything Goes</td><td>无所不谈</td></tr>
<tr><td rowspan="4">8</td><td rowspan="4">Carnegie Mellon University 卡内基梅隆大学</td><td>1</td><td>Chinese Link</td><td>中文天地</td></tr>
<tr><td>2</td><td>Chinese Link</td><td>中文天地</td></tr>
<tr><td>3</td><td>Chinese Link</td><td>中文天地</td></tr>
<tr><td>4</td><td>Chinese Link</td><td>中文天地</td></tr>
<tr><td rowspan="2">9</td><td rowspan="2">Embry Riddle Aeronautical University 安柏瑞德航空航天大学</td><td>初</td><td>Integrated Chinese</td><td>中文听说读写</td></tr>
<tr><td>高</td><td>自编教材</td><td></td></tr>
<tr><td rowspan="4">10</td><td rowspan="4">University of Vermont 佛蒙特大学</td><td>1</td><td>自编教材</td><td></td></tr>
<tr><td>2</td><td>Practical Rhythmic Chinese</td><td>实用节奏汉语</td></tr>
<tr><td>3</td><td>New Practical Chinese Reader</td><td>新实用汉语课本</td></tr>
<tr><td>4</td><td>Boya Chinese</td><td>博雅汉语</td></tr>
</table>

续表

	学校	年级	教材	中文名称
11	Ohio State University 俄亥俄州立大学	1	Chinese Communicating in the Culture Performance	
11	Ohio State University 俄亥俄州立大学	2	Chinese Communicating in the Culture Performance	
11	Ohio State University 俄亥俄州立大学	3	Chinese Communicating in the Culture Performance	
11	Ohio State University 俄亥俄州立大学	4	Chinese Communicating in the Culture Performance text 4	
12	Princeton University 普林斯顿大学	1	Mandarin Primer	国语入门
12	Princeton University 普林斯顿大学	2	A New China	新的中国
12	Princeton University 普林斯顿大学	3	A Kaleidoscope of China	中国社会百态
12	Princeton University 普林斯顿大学	3	All Things Considered	事事关心
12	Princeton University 普林斯顿大学	4	Anything Goes	无所不谈
12	Princeton University 普林斯顿大学	4	Literature and Society	文化与社会
13	University of Kansas 堪萨斯大学	1	Chinese Link	中文天地
13	University of Kansas 堪萨斯大学	2	Chinese Link	中文天地
13	University of Kansas 堪萨斯大学	3	All Things Considered	事事关心
13	University of Kansas 堪萨斯大学	4	Masterworks Chinese Companion: Expressive Literacy through Reading and Composition	名著导读与写作
13	University of Kansas 堪萨斯大学	4	Advanced Reader of Contemporary Chinese Short Stories: Reflections on Humanity	
13	University of Kansas 堪萨斯大学	4	Readings in Contemporary Chinese Cinema	当代中国电影选读，中国侧影
14	Purdue University 普渡大学	1	New Practical Chinese Reader	新实用汉语课本
14	Purdue University 普渡大学	2	New Practical Chinese Reader	新实用汉语课本
14	Purdue University 普渡大学	3	New Practical Chinese Reader	新实用汉语课本
14	Purdue University 普渡大学	4	New Practical Chinese Reader	新实用汉语课本
15	Columbia University 哥伦比亚大学	1	Colloquial Chinese	
15	Columbia University 哥伦比亚大学	1	A First Reader for Advanced Beginners	
15	Columbia University 哥伦比亚大学	2	Study Abroad in China	留学中国
15	Columbia University 哥伦比亚大学	2	Taiwan Today	今日台湾
15	Columbia University 哥伦比亚大学	2	Study Reference to Taiwan Today	
15	Columbia University 哥伦比亚大学	2	Dictionary Exercise Book and Study Reference	

续表

	学校	年级	教材	中文名称
15	Columbia University 哥伦比亚大学	3		感受中国
			Excellence In Business Chinese-Practical Application	
			An Advanced Reader I	文化中国
			Cultural Interpretation of China	
			An Advanced Reader II	解读中国
			Getting into Chinese Thought	
		4	Legal Chinese	
			自编教材	
16	California State University 加州州立大学	1	Integrated Chinese	中文听说读写
		2	Integrated Chinese	中文听说读写
		3	自编教材	
17	University of Rhode Island 罗德岛大学	1	Integrated Chinese	中文听说读写
			Chinese for Tomorrow	走向未来
		2	Integrated Chinese	中文听说读写
			Developing Chinese Fluency	表达
		3	All Things Considered：Advanced Reader of Modern Chinese	事事关心
			The Routldege Advanced Chinese Multimedia Course：Chinese Cultural Boundaries	文化纵横观
		4	Master Works Chinese Companion：Expressive Literacy through Reading and Composition	名著导读与写作
18	Yale University 耶鲁大学	1	Integrated Chinese	中文听说读写
		2	David and Helen in China	大卫与海琳在中国
		3	The Routldege Advanced Chinese Multimedia Course：Chinese Cultural Boundaries	文化纵横观
19	Massachusetts Institute of Technology 麻省理工学院	1	Integrated Chinese	中文听说读写
		2	Integrated Chinese	中文听说读写
		3	Discovering Chinese cultures and societies	

续表

	学校	年级	教材	中文名称
20	Duke University 杜克大学	1	Integrated Chinese	中文听说读写
			Oh, China	中国啊，中国
		2	Me and China	
			Integrated Chinese	
		3	All Things Considered	
			A Chinese Text for a Changing China	
			Crossing Cultural Boundaries	
			Language of the Dragon I	
			Advanced Reader of Contemporary Chinese Short Stories: Reflections on Humanity	
21	Northwestern University 西北大学	1	New Practical Chinese Reader 1	新实用汉语课本
		2	New Practical Chinese Reader 2	新实用汉语课本
		3	China Scene—An Advanced Chinese Multimedia Course	
		4	China's Peril and Promise	中国的危机与希望
22	Brown University 布朗大学	1	Integrated Chinese	中文听说读写
		2	Integrated Chinese	中文听说读写
		3	Oh! China	中国啊，中国
			All Things Considered	事事关心
			The Lady in the Painting	
		4	Literature and Society	文学与社会
			Masterworks Chinese Companion	名著导读与写作
			A Kaleidoscope of China	中国社会百态
23	Johns Hopkins University 约翰霍金斯大学	1	Integrated Chinese	中文听说读写
			Primer. beginners of Chinese	大学语文
		2	Integrated Chinese	中文听说读写
			Developing Chinese Fluency	表达
		3	kaleidoscope of China	中国社会百态
			Classical Chinese Primer Reader	中国古典文学入门

续表

	学校	年级	教材	中文名称
24	University of California—Berkeley 加州大学伯克利分校	1	Modern Chinese Conversation	
		2	Talks on Chinese Culture Thought and Society	
			Across the Straits	两岸对话
			Frankly Speaking	实话实说
		3	Participation Academic Topics Society and Culture	
			Intermediate Spoken Chinese	中级汉语口语
			Advanced Spoken Chinese	高级汉语口语
25	Georgia Institute of Technology 佐治亚理工学院	1	Integrated Chinese	中文听说读写
		2	Integrated Chinese	中文听说读写
26	Wake Forest University 维克森林大学	1	Integrated Chinese	中文听说读写
		2	Integrated Chinese	中文听说读写
		3	Integrated Chinese	中文听说读写
		4	Reading Into a New China	变化中的中国
27	University of Michigan 密歇根大学	1	Integrated Chinese	中文听说读写
		2	Integrated Chinese	中文听说读写
		3	A New Chinese	
		4	Advanced Chinese: Intention, Strategy, and Communication	高级汉语：意图、技巧和表达
			A Primer for Advanced Beginners of Chinese	大学语文
28	University of Rochester 罗彻斯特大学	1	Integrated Chinese	中文听说读写
		2	Integrated Chinese	中文听说读写
		3	Comprehensive Chinese-advanced Chinese	汉语综合教程
		4	Comprehensive Chinese-advanced reading	汉语综合教程

附录三 《中文听说读写》话题表

序号	册序	课序	话 题	序号	册序	课序	话 题
1	1	1	问好	21	3	1	开学
2	1	2	看全家福	22	3	2	宿舍
3	1	3	朋友生日时请吃饭	23	3	3	在饭馆儿
4	1	4	谈爱好	24	3	4	买东西
5	1	5	去朋友家	25	3	5	选课
6	1	6	给老师打电话	26	3	6	男朋友 女朋友
7	1	7	你考得怎么样	27	3	7	电脑和网络
8	1	8	日记：学校的一天	28	3	8	打工
9	1	9	买衣服	29	3	9	教育
10	1	10	寒假回家	30	3	10	中国地理
11	2	11	明天的天气比今天更好	31	4	11	中国的节日
12	2	12	出去吃饭	32	4	12	中国的变化
13	2	13	你上哪儿去	33	4	13	旅游
14	2	14	我们去参加生日聚会吧	34	4	14	生活与健康
15	2	15	我的肚子疼死了	35	4	15	男女平等
16	2	16	看电影	36	4	16	环境保护与节约能源
17	2	17	找个好点儿的地方	37	4	17	理财与投资
18	2	18	我的肚子越来越大	38	4	18	中国历史
19	2	19	去北京旅行	39	4	19	面试
20	2	20	办理登机手续	40	4	20	外国人在中国

附录四　《中文听说读写》汉字表（简表）

一级汉字		二级汉字		三级汉字		附录汉字		超纲汉字	
ID	字段	ID	字段	ID	字段	ID	字段	ID	字段
1	啊	1	阿	1	哎	1	蔼	1	菠
2	爱	2	挨	2	哀	2	隘	2	伽
3	安	3	矮	3	癌	3	澳	3	咕
4	按	4	碍	4	艾	4	靶	4	芥
5	八	5	岸	5	唉	5	掰	5	柯
6	把	6	案	6	昂	6	扳	6	來
7	爸	7	暗	7	凹	7	谤	7	噜
8	吧	8	傲	8	熬	8	磅	8	們
9	白	9	巴	9	奥	9	镑	9	麼
10	百	10	拔	10	扒	10	煲	10	噢
11	班	11	罢	11	叭	11	豹	11	莎
12	般	12	摆	12	芭	12	狈	12	俑
13	板	13	败	13	坝	13	绷	13	俞
14	办	14	拜	14	霸	14	痹	14	瑜
15	半	15	搬	15	柏	15	碧	15	圳
16	帮	16	版	16	颁	16	辫	16	侄
17	包	17	扮	17	斑	17	飙	17	棕

续表

一级汉字		二级汉字		三级汉字		附录汉字		超纲汉字	
ID	字段	ID	字段	ID	字段	ID	字段	ID	字段
18	保	18	伴	18	拌	18	彬	18	锂
19	报	19	榜	19	瓣	19	缤	19	豇
20	抱	20	棒	20	邦	20	秉	20	茓
21	打	21	储	21	赐	21	卉		
22	大	22	触	22	匆	22	讳		
23	代	23	串	23	葱	23	秽		
24	带	24	闯	24	丛	24	豁		
25	待	25	纯	25	凑	25	霍		
26	单	26	辞	26	窜	26	讥		
27	但	27	刺	27	催	27	缉		
28	蛋	28	聪	28	摧	28	稽		
29	当	29	粗	29	粹	29	棘		
30	刀	30	促	30	翠	30	嫉		
31	导	31	醋	31	搓	31	颊		
32	倒	32	脆	32	磋	32	跤		
33	到	33	寸	33	挫	33	礁		
34	道	34	措	34	歹	34	嚼		
35	得	35	搭	35	怠	35	绞		
36	的	36	呆	36	逮	36	矫		
37	灯	37	贷	37	丹	37	茎		

附录五 《中文听说读写》词汇表（简表）

一级汉字		二级汉字		三级汉字		附录汉字		超纲汉字	
ID	词目	ID	词目	ID	词目	ID	词目	ID	词目
1	你	1	啊	1	衬衫	1	味精	1	电脑中心
2	好	2	别	2	文	2	弓	2	运动场
3	请	3	才	3	哎	3	清淡	3	电脑中心
4	问	4	餐厅	4	公寓	4	一干二净	4	运动场
5	贵	5	长短	5	滑冰	5	衣食住行	5	王朋
6	姓	6	打	6	烤鸭	6	纬度	6	电脑中心
7	我	7	大哥	7	梨	7	感情	7	活动中心
8	呢	8	得	8	用功	8	粽子	8	活动中心
9	小姐	9	得	9	盘	9	计时	9	看看
10	叫	10	封	10	暑期	10	熬夜	10	红绿灯
11	什么	11	付	11	素	11	体贴	11	这个
12	名字	12	复习	12	往返	12	麻将	12	一个
13	先生	13	寒假	13	位子	13	朝代	13	很多
14	是	14	好	14	痒	14	旗袍	14	日文
15	老师	15	好	15	转机			15	东京
16	吗	16	觉	16	哎呀			16	日本
17	不	17	节	17	不见得			17	王朋

续表

一级汉字		二级汉字		三级汉字		附录汉字		超纲汉字	
ID	词目	ID	词目	ID	词目	ID	词目	ID	词目
18	学生	18	咖啡	18	打交道			18	高小
19	也	19	看	19	待			19	音
20	人	20	客气	20	地道			20	舞会
21	中国	21	裤子	21	地道			21	七点
22	北京	22	酷	22	地理			22	小音
23	那	23	聊	23	栋			23	音
24	那	24	律师	24	供			24	表姐
25	的	25	哪	25	乖			25	白英爱
26	照片	26	卡	26	过节			26	王红
27	这	27	日记	27	河流			27	音
28	爸爸	28	售货员	28	家教			28	音
29	妈妈	29	刷	29	结果			29	花儿
30	个	30	帅	30	开朗			30	小音
31	女	31	宿舍	31	口水			31	音
32	孩子	32	算了	32	口味			32	六点
33	谁	33	挺	33	马虎			33	王朋
34	她	34	王	34	美满			34	李友
35	姐姐	35	喂	35	嫂子			35	小音
36	男	36	喂	36	上瘾			36	李友
37	弟弟	37	舞	37	难怪			37	小红
38	他	38	呀	38	嫩			38	每天

附录六　《中文听说读写》语法项目表（简表）

ID	册序	课序	语法项目	内容
1	part1	1	你好	你好 is a common form of greeting. It can be used to address introduction or between old acquaintances. To respond, simply repeat the same greeting.
2	part1	1	请问	请问 is a polite formula to be send to get someone's attention before sking a question or making an inquiry, similar to "excuse me, may I please ask..." in English.
3	part1	1	你	You can replace 你 with its honorific form, 您, if you wish to be more polite and respectful. See Lesson 6, Dialogue 1, Language Note 1.
4	part1	1	小姐	小姐 is a word with two third tone syllables. The tone sandhi rule applies, thus making the first third tone 小 a second tone. The second syllable 姐 can also be pronounced in the neutral tone.
5	part1	1	姓	姓 is both a noun and a transitive verb. When it is used as a verb, it must be followed by an object. 1) A: 你姓什么? B: 我姓李. 姓 is usually negated with 不. \ [See Grammar 6. \ ] 2) A: 你姓李吗? B: 我不姓李. It is incorrect to say: * 我不姓 0 However, when 姓 is used with 贵 to form
6	part1	1	呢	呢 often follows a noun or pronoun to form a question when the content of the question is already clear from the context. 1) A: 请问, 你贵姓? B: 我姓李, 你呢? 2) A: 你叫什么名字? B: 我叫王朋, 你呢? When 呢 is used in this way, there must be some context. In each of the two examples above, t

续表

ID	册序	课序	语法项目	内容
7	part1	1	叫	The verb 叫 has several meanings. It means"to be called"in this lesson. Like 姓, it must be followed by an object, which can be either a full name or a given name, but seldom a given name that consists only of one syllable. 1) A: 你叫什么名字? B: 我叫王朋. 叫 is usually n
8	part1	1	"不"的变调	The original tone of 不 is a 4th tone "bù". However, when followed by another 4th tone syllable, changes to 2nd tone, as in 不是.
9	part1	1	是	In Chinese, 是 is a verb which can be used to link two units that are in some way equivalent. These two units can be nouns, pronouns, or noun phrases, e. g. , 1) A: 你是老师吗? B: 我是老师. 2) 李友是学生. 是(shì) is usually negated with 不. \ [See also Grammar 6 below \ ] 3) 王朋不是美国人.
10	part1	1	吗	When 吗 is added to the end of a declarative statement, that statement is turned into a question. To answer the question in the affirmative, drop the 吗, and insert a negative adverb—usually 不—before the verb. \ [See also Grammar 6 below \ ] 1) Question: 你是老师吗? Affi
11	part1	1	不	In Chinese there are two negative adverbs. One of the two, 不, occurs in this lesson. 1) 我不是北京人. 2) 李友不是中国人. 3) 老师不姓王. 4) 我不叫李中.

续表

ID	册序	课序	语法项目	内容
12	part1	1	也	The adverb 也 basically means "too" or also. In Chinese, adverbs , especially one-syllable adverbs, normally appear after subjects and in front of verbs. The adverb 也 usually cannot be put before the subject or at the end of a sentence. 1) 我也是学生. 2) 王朋是学生, 李友也是学生
13	part1	2	1. 这,那	In colloquial Chinese, 这 can also be pronounced as zhei and 那 as nei if followed by a measure word or a numeral and a measure word.
14	part1	2	2. 儿子, 女儿	"son"in Chinese is 儿子, and 儿子 cannot be replaced by 男孩子. "Daughter" is 女儿, and 女儿 cannot be interchanged with 女孩子
15	part1	2	3. the Particle 的(1)	To indicate a pissessive relationship, the particle 的 appears between the "possessor" and the "possessed." To that extent, it is equivalent to the "s" structure in English. For example: 老师的名字=teacher's name. the particle 的 is often omitted in colloquial speech

附录七 《中文听说读写》文化项目表（简表）

序号	课序	课名	文化项目	序号	课序	课名	文化项目
1	1	问好	中国的姓	21	7	你考得怎么样	笔
2	1	问好	姓名的表述	22	7	你考得怎么样	文房四宝
3	1	问好	姓名的表达	23	8	日记：学校的一天	祝好
4	2	看全家福	家庭称呼	24	8	日记：学校的一天	大学学期
5	2	看全家福	家庭称呼	25	9	买衣服	售货员
6	2	看全家福	学校制度	26	9	买衣服	讲价
7	3	朋友生日时请吃饭	月份	27	9	买衣服	传统服饰
8	3	朋友生日时请吃饭	岁数	28	10	寒假回家	出租车
9	3	朋友生日时请吃饭	长寿面	29	10	寒假回家	火车系统
10	4	谈爱好		30	10	寒假回家	春节
11	4	谈爱好		31	1	开学	度量单位
12	4	谈爱好	麻将	32	1	开学	气候
13	5	去朋友家	打招呼	33	1	开学	美国地名翻译
14	5	去朋友家	日常生活	34	1	开学	网吧
15	5	去朋友家	茶	35	2	宿舍	中国菜
16	6	给老师打电话	电话	36	2	宿舍	主食
17	6	给老师打电话	打长途电话	37	2	宿舍	餐具
18	6	给老师打电话	中文和汉语	38	2	宿舍	快餐
19	7	你考得怎么样	简体字繁体字	39	3	在饭馆儿	打招呼
20	7	你考得怎么样	书写顺序	40	3	在饭馆儿	交通灯

附录八　《中国啊，中国!》汉字表（简表）

一级汉字		二级汉字		三级汉字		附录汉字		超纲汉字	
ID	字段	ID	字段	ID	字段	ID	字段	ID	字段
1	啊	1	碍	1	邦	1	澳	1	蔡
2	爱	2	岸	2	逮	2	唐	2	怅
3	安	3	暗	3	雇	3	孔	3	忱
4	八	4	傲	4	惧	4	欧	4	藩
5	把	5	巴	5	鲁	5	韩	5	闳
6	爸	6	摆	6	伦	6	阂	6	瑾
7	吧	7	败	7	譬	7	溶	7	剌
8	白	8	搬	8	渔	8	浙	8	咯
9	百	9	扮	9	浴	9	州	9	驴
10	班	10	触	10	喻	10	洲	10	闵
11	般	11	促	11	寓			11	噢
12	办	12	担	12	孕			12	熔
13	半	13	付	13	慨			13	耶
14	帮	14	妇	14	堪			14	圳
15	包	15	附	15	砍				
16	保	16	钢	16	慷				
17	报	17	港	17	恳				

续表

一级汉字		二级汉字		三级汉字		附录汉字		超纲汉字	
ID	字段	ID	字段	ID	字段	ID	字段	ID	字段
18	抱	18	割	18	蛮				
19	打	19	革	19	歧				
20	大	20	隔	20	腔				
21	代	21	供	21	侨				
22	带	22	即	22	毯				
23	待	23	挤	23	孝				
24	单	24	既	24	丁				
25	但	25	甲	25	徽				
26	当	26	励	26	兰				
27	刀	27	怜	27	苗				
28	导	28	恋	28	姆				
29	倒	29	良	29	剔				
30	到	30	聊	30	鸦				
31	道	31	料	31	窄				
32	得	32	邻	32	帐				
33	的	33	贫	33	阀				
34	灯	34	聘	34	贩				
35	等	35	凭	35	妨				
36	低	36	坡	36	嫁				
37	底	37	迫	37	廊				

附录九 《中国啊，中国！》词汇表（简表）

一级汉字		二级汉字		三级汉字		附录汉字		超纲汉字	
ID	词目	ID	词目	ID	词目	ID	词目	ID	词目
1	啊	1	兴趣	1	保姆	1	回忆录	1	（要）不然
2	爱	2	姓名	2	保暖	2	苦力	2	…得很
3	爱人	3	选择	3	比起	3	强加	3	…化
4	安排	4	学会	4	比喻	4	人道	4	…以上
5	把	5	学科	5	不见得	5	土生土长	5	…之内
6	爸爸	6	学术	6	不像话	6	衣食住行	6	V起…来
7	白人	7	学位	7	不得已	7	远见	7	V着
8	办	8	学问	8	不堪	8	发源地	8	安徽
9	办法	9	学者	9	诚恳	9	隔阂	9	澳门
10	帮	10	压迫	10	耻辱	10	香料	10	把…当作
11	保持	11	严肃	11	逮捕	11	孝顺	11	把…看做…
12	保护	12	严重	12	单身			12	白V
13	保留	13	沿海	13	地理			13	百分之X
14	报导	14	样	14	地毯			14	百货公司
15	报纸	15	要	15	点心			15	败在…手里
16	北京	16	一再	16	定居			16	搬出去
17	被	17	移民	17	懂事			17	保持住

续表

一级汉字		二级汉字		三级汉字		附录汉字		超纲汉字	
ID	词目	ID	词目	ID	词目	ID	词目	ID	词目
18	比	18	乙	18	堵塞			18	保留区
19	比较	19	以及	19	多年来			19	北方人
20	必须	20	意愿	20	额外			20	北京大学
21	必要	21	意志	21	烦恼			21	被叫做
22	便宜	22	饮食	22	繁体字			22	比方说
23	变	23	优先	23	繁重			23	避孕
24	变成	24	尤其	24	贩卖			24	边儿
25	标准	25	有关	25	方言			25	兵舰
26	表示	26	有害	26	妨碍			26	不可分割
27	表现	27	有没有	27	风尚			27	不平常
28	别	28	有趣	28	付款			28	不再 V 了
29	别的	29	有限	29	改良			29	不知不觉地
30	别人	30	于是	30	高明			30	不周到
31	并	31	语法	31	公寓			31	蔡元培
32	并且	32	远远	32	孤立			32	参议院
33	不	33	允许	33	固然			33	缠足
34	不但	34	再说	34	雇			34	车程
35	不断	35	早期	35	乖			35	车衣厂
36	不过	36	增进	36	官吏			36	称谓
37	不好意思	37	债	37	官僚			37	趁机会
38	不仅	38	战争	38	过日子			38	吃不惯

附录十 《中国啊，中国！》语法项目表（简表）

序号	课序	语法点标题	语法文本
1	1	第	第 is a prefix that turns cardinal numbers (一, 二, 三...) into ordinal numbers.
2	1	两 and 二	两 and 二 both mean "two." 二 is used (a) when there is no auxiliary noun (cal1ed an AN, see note 3), as in simple counting or reading off a number like a telephone number; (b) at the end of higher numbers that end in two (whether or not an AN is involved): 十二
3	1	张 个	Some nouns in English, such as water and sugar, are cal1ed "col1ective nouns." In order to talk about certain amounts of water or sugar, you have to say a pail of water, a lump of sugar, or the like. In theory, all Chinese nouns are collective in this sens
4	1	天干	甲 is the first of the ten 天干 'heavenly stems'. The others are 乙, 丙, 丁, 戊, 己, 庚, 辛, 圭, and 葵. You should learn at least the first four, which are used like A, B, C, D... in English.
5	1	什么	什么 is composed of two characters that singly are pronounced shèn and má, but in this combination there are tone and vowel changes. The n sound drops, producing shém. me. (In the official 汉语拼音 system, the n is kept even though it is not pronounced, and the w
6	1	Nounl 是 shi Noun2	Chinese sentences of the form "Nounl 是 shi Noun2" can be used for two different concepts: (1) Noun1 and Noun2 are the same thing, and (2) Nounl falls into the tegory of Noun2. The first use can be translated with the English "to be," but the second often c
7	1	The question word 什么	The question word 什么? can be used as a noun, as it was two lines above, or as the modifier of a noun, as it is here: 什么地图? 'What map?'

续表

序号	课序	语法点标题	语法文本
8	1	的	In the phrase 中国地图, it might appear that 'China'is an adjective modifying 'map', but this is not the case. 中国 is a noun. It can modify another noun, like 地图, sing the particle 的. de in a phrase like Zhōng. guo . de dìtú (see note 14) . But here the. de drops out
9	1	那么	那么, pronounced in neutral tones at the beginning of a question, and paired with 呢 . ne at its end, operates something like "Well, then..." in English. It tells the listener that the question it envelops is related to the immediately preceding topic. 乙 has just
10	1	那 这	那 that, those' belongs to a group of words called determinatives. Other eterminatives are 这 'this, these', 哪 'which?' and 每 'each'. Nà, zhè, and na have alternate pronunciations of nèi, zhèi, and nei (originally derived from nà+ 一 yi'; : zhè + yi'; and na + yi
11	1	也	也 'also' is an adverb. An adverb in Chinese comes right before the verb (unless another adverb intervenes) . It cannot come before the subject, or at the end of a sentence, as adverbs can in English. In English we can say "I am a person, too"; in Chinese it
12	1	为什么	为什么? 'why?' is called a movable modifier because it can come either before or after the subject. 甲 could just as well have said 这两张地图为什么不一样呢? Movable modifiers (such as jīn. tian 'today') sometimes seem like adverbs and can be translated using adverbs in Eng
13	1	呢	The 呢 here is the one that goes with . ne. me as described in note 9, but with the . ne. me omitted.
14	1	的	The particle 的 is used to modify nouns in the pattern: \ [modifier \ ] . de Noun The modifier can be: 1) a noun or pronoun: 老师的桌子 'the teacher's desk', 你的地图 'your map'; 2) an adjective (as defined in note 16) : 大的问题 'big problem' (usually shortened to dà wèn 的;

续表

序号	课序	语法点标题	语法文本
15	1	比	比, a verb meaning 'compare' , is used to compare nouns in the pattern: Nounl bi Noun2 + Adjective Examples: 这张桌子比那张高.This table is higher than that one. 今年的老师比去年的更奇怪.This year the teacher is even more strange than last. In the second example gèng carries th
16	1	大	大 'big' looks like an English adjective, but grammatically it is a type of verb, because it can fol1ow a subject directly to make a complete sentence. The sentences dìtú dà 'the map is big(ger) ' and zhuo. zi gão 'the table is tal1(er) ' use dà and gāo as ve
17	1	bi-pattem	The bi-pattem introduced in note 15 tells the listener that one thing exceeds another, but doesn't say by how much. Adding 一点(. yi. dianr) or yìdiar (. yi. diar) after the adjective says that the difference is small; adding . de duo or duo. 1e says it is large
18	1	年	1949-年 nián is formally a noun, but is also a time word. Other time words are 现在 'now', 今天 'today', and so on. Although time words often correspond to English adverbs in meaning, they are not adverbs in Chinese. They are "movable modifiers" (see note 12).
19	1	以前 以后	以前 'before' and its opposite 以后 'after' can attach to time words (as here) or to verbs: kàn dìtú yi qián 'before looking at the map'; 买书以后 'after buying the books'.
20	1	了	了, a partic1e with several functions, here signals that the speaker has taken note of a new situation. The sense is rather like the word "now" in the English sentence, "Oh, now I get it. "This use of . 1e is called the "new situation . 1e", or sometimes the

附录十一　《华夏行》和《现代汉语中级读本》话题表

华夏行		现代汉语中级读本	
课序	课文题目	课序	课文题目
1	到了北京	1	给爸爸妈妈的信
2	厕所里没有卫生纸	2	爸爸的回信
3	报到·注册	3	电话
4	学生食堂	4	申请工作
5	我是个穷学生	5	信（一）
6	不干不净吃了没病	6	信（二）
7	加州牛肉面	7	信（三）
8	没有什么大不同	8	信（四）
9	要求太高了	9	信（五）
10	为什么不排队？	10	五封信的讨论
11	Privacy	11	到中国去
12	走后门	12	中国青年的烦恼
13	老外上当	13	中国的人口（一）
14	北京的早晨	14	中国的人口（二）
15	北京的夏天	15	北京·上海·台北
16	北京的交通	16	孔子
17	打的	17	长城与运河

续表

华夏行		现代汉语中级读本	
课序	课文题目	课序	课文题目
18	换房间-问题不大，可是有一定的困难	18	胡适
19	麦当劳	19	鲁迅
20	大家向“钱”看	20	学生运动与文化大革命
21	原子弹不如茶叶蛋	21	外国地名的中文翻译
22	个体户	22	中东战争
23	《华夏行》是不是一本好教材		
24	单位与个人		
25	中国的妇女		
26	离婚		
27	家里的小皇帝		
28	读书和考试		
29	可怜的名胜古迹		
30	中国不是博物馆		
31	长江三峡		
32	苏州 · 杭州		
33	现在好还是从前好		
34	海峡两岸		
35	中国的方言		
36	中国的文字改革		

附录十二 《华夏行》汉字表（简表）

一级汉字		二级汉字		三级汉字		附录汉字		超纲汉字	
ID	字段	ID	字段	ID	字段	ID	字段	ID	字段
1	啊	1	阿	1	癌	1	涮	1	憧
2	爱	2	碍	2	芭	2	宋	2	枫
3	安	3	岸	3	坝	3	痰	3	矶
4	按	4	案	4	雇	4	唐	4	妓
5	八	5	傲	5	灌	5	遛	5	剌
6	把	6	摆	6	惧	6	咏	6	螂
7	白	7	败	7	卵	7	杭	7	闽
8	百	8	版	8	膨	8	秦	8	噢
9	班	9	纯	9	譬	9	浙	9	乾
10	般	10	刺	10	薯	10	州	10	杉
11	办	11	聪	11	霜			11	啼
12	半	12	贷	12	斯			12	斡
13	帮	13	袋	13	诵			13	杏
14	包	14	担	14	渔			14	颐
15	保	15	付	15	寓			15	蟑
16	报	16	妇	16	迪				
17	抱	17	附	17	堪				

续表

一级汉字		二级汉字		三级汉字		附录汉字		超纲汉字	
ID	字段	ID	字段	ID	字段	ID	字段	ID	字段
18	打	18	盖	18	烤				
19	大	19	钢	19	磕				
20	代	20	割	20	垦				
21	带	21	革	21	闷				
22	待	22	隔	22	棋				
23	单	23	供	23	胎				
24	但	24	即	24	汰				
25	蛋	25	疾	25	贪				
26	当	26	籍	26	摊				
27	导	27	挤	27	孝				
28	倒	28	迹	28	宰				
29	到	29	既	29	丁				
30	道	30	甲	30	兜				
31	得	31	厉	31	堕				
32	的	32	炼	32	惑				
33	灯	33	良	33	夸				
34	等	34	疗	34	庙				
35	低	35	聊	35	寞				
36	底	36	料	36	窃				
37	够	37	偏	37	拳				
38	姑	38	骗	38	淘				

附录十三　《现代汉语中级读本》汉字表（简表）

一级汉字		二级汉字		三级汉字		附录汉字		超纲汉字	
ID	字段	ID	字段	ID	字段	ID	字段	ID	字段
1	啊	1	阿	1	唉	1	磅	1	••
2	爱	2	岸	2	奥	2	宋	2	埃
3	安	3	案	3	斑	3	孔	3	嗳
4	按	4	暗	4	逮	4	刘	4	毫
5	八	5	巴	5	寡	5	爹	5	菲
6	把	6	拔	6	矩	6	昧	6	剌
7	爸	7	拜	7	君	7	腥	7	螂
8	吧	8	刺	8	鲁	8	俄	8	琉
9	白	9	担	9	伦	9	欧	9	噢
10	百	10	付	10	罗	10	韩	10	稣
11	班	11	妇	11	譬	11	杭	11	隋
12	般	12	附	12	斯	12	秦	12	宛
13	办	13	盖	13	诱	13	浙	13	耶
14	半	14	港	14	愚	14	州	14	蟑
15	帮	15	革	15	舆	15	洲	15	茁
16	保	16	挤	16	狱			16	籽
17	报	17	迹	17	裕				

续表

一级汉字		二级汉字		三级汉字		附录汉字		超纲汉字	
ID	字段	ID	字段	ID	字段	ID	字段	ID	字段
18	抱	18	既	18	孕				
19	打	19	甲	19	颠				
20	大	20	厉	20	痕				
21	代	21	丽	21	轰				
22	带	22	励	22	恳				
23	待	23	俩	23	霉				
24	单	24	良	24	歧				
25	但	25	聊	25	嗽				
26	当	26	料	26	胎				
27	导	27	列	27	泰				
28	倒	28	裂	28	孝				
29	到	29	邻	29	泻				
30	道	30	临	30	泽				
31	得	31	偏	31	敦				
32	的	32	骗	32	堕				
33	灯	33	贫	33	唤				
34	等	34	坡	34	荒				
35	低	35	迫	35	徽				
36	底	36	葡	36	惑				
37	够	37	守	37	饥				
38	古	38	授	38	腊				

附录十四 《华夏行》词汇表（简表）

	一级词汇		二级词汇		三级词汇		附录词汇		超纲词汇	
	ID	词目	ID	词目	ID	词目	ID	词目	ID	词目
生词	1	北京	1	摆	1	癌症	1	涮	1	芭蕾舞
	2	飞机	2	搬	2	案件	2	孝顺	2	把…看作是
	3	国际	3	办事	3	坝	3	争先恐后	3	百万
	4	机场	4	包围	4	保障	4	忙乱	4	办成
	5	通过	5	宝贝	5	背诵	5	夜市	5	办得通
	6	海关	6	保守	6	标语	6	下海	6	办事员
	7	顺利	7	抱怨	7	不见得	7	成千上万	7	北海
	8	找	8	倍	8	不可避免	8	大锅饭	8	比方说
	9	派	9	被迫	9	苍蝇	9	解雇	9	变得
	10	接	10	笨	10	趁	10	兜售	10	别处
	11	先生	11	表面上	11	趁着	11	得不偿失	11	冰块儿
	12	等	12	兵	12	成年人	12	不以为然	12	冰水
	13	小时	13	博物馆	13	城墙	13	打猎	13	不到
	14	让	14	不幸	14	底层	14	湖泊	14	不久以后
	15	不安	15	不再	15	点心	15	歌咏	15	不是…而是
课文	1	飞机	1	降落	1	随身	1	妥	1	牛肉面
	2	今天	2	首都	2	幸亏	2	孝顺	2	纽约
	3	晚上	3	处	3	好在	3	争先恐后	3	纽约州
	4	半	4	才	4	和气	4	遛	4	偶尔
	5	钟	5	宿舍	5	惯	5	忙乱	5	然
	6	在	6	新鲜	6	支票	6	遛	6	热水瓶
	7	北京	7	兴奋	7	随身	7	夜市	7	人人
	8	国际	8	厕所	8	四合院	8	妥	8	日本

续表

	一级词汇		二级词汇		三级词汇		附录词汇		超纲词汇	
	ID	词目	ID	词目	ID	词目	ID	词目	ID	词目
课文	9	机场	9	得	9	瓦	9	下海	9	三百
	10	通过	10	着	10	譬如	10	成千上万	10	三峡
	11	海关	11	厕所	11	念书	11	天分	11	商业化
	12	以后	12	要	12	小气	12	兜售	12	上海
	13	很	13	厕所	13	过日子	13	痰	13	上下班
	14	顺利	14	电灯	14	苍蝇	14	得不偿失	14	烧卖
	15	地	15	自来水	15	癌症	15	不以为然	15	社会制度
练习	1	回答	1	啊	1	随身	1	孝顺	1	虱
	2	问题	2	搬	2	惯	2	下海	2	十二点
	3	你	3	保守	3	和气	3	得不偿失	3	食
	4	次	4	抱怨	4	惯	4	不以为然	4	仕
	5	开车	5	本	5	四合院	5	歌咏	5	是非题
	6	的	6	必	6	支票			6	四十八
	7	时候	7	别	7	夸大			7	速
	8	紧张	8	博物馆	8	小气			8	所在地
	9	不	9	不然	9	一一			9	台湾
	10	紧张	10	不止	10	小贩			10	天天
	11	让	11	才	11	葱			11	填空
	12	他	12	厕所	12	能源			12	外办
	13	坐	13	插	13	说到底			13	外事

附录十五 《现代汉语中级读本》词汇表（简表）

	一级词汇		二级词汇		三级词汇		附录词汇		超纲词汇	
	ID	词目	ID	词目	ID	词目	ID	词目	ID	词目
生词	1	开学	1	爱国	1	唉	1	磅	1	…也好…也好
	2	学期	2	案子	2	安定	2	不以为然	2	阿Q正传
	3	门	3	办事	3	案件	3	爹	3	阿尔及利亚
	4	经济	4	宝贵	4	绑	4	人道	4	阿根廷
	5	历史	5	保守	5	保障	5	难说	5	阿毛
	6	决定	6	暴力	6	报社	6	成千上万	6	埃及
	7	专业	7	北极	7	不见得	7	朝代	7	挨批斗
	8	不同	8	背景	8	不像话	8	孝顺	8	安徽
	9	发现	9	倍	9	不知	9	压制	9	安全带
	10	从小	10	被迫	10	诚恳	10	相提并论	10	奥地利
	11	科学	11	毕业	11	出卖	11	远见	11	奥国
	12	进	12	才	12	创始人			12	巴黎
	13	大学	13	材料	13	打仗			13	巴拿马
	14	文学	14	参考	14	大吃一惊			14	巴西
	15	相当	15	餐厅	15	待			15	拔牙
课文	1	爸爸	1	或许	1	支票	1	磅	1	安徽
	2	妈妈	2	兴趣	2	敬	2	不以为然	2	安全带
	3	开学	3	才	3	要紧	3	爹	3	奥
	4	已经	4	尤其	4	结果	4	人道	4	奥地利
	5	一	5	教授	5	深夜	5	成千上万	5	奥尔良
	6	个	6	严	6	学业	6	朝代	6	巴黎
	7	星期	7	得	7	泻	7	孝顺	7	巴拿马

续表

	一级词汇		二级词汇		三级词汇		附录词汇		超纲词汇	
	ID	词目	ID	词目	ID	词目	ID	词目	ID	词目
课文	8	了	8	好	8	要命	8	压制	8	巴西
	9	这	9	要	9	借口	9	相提并论	9	拔牙
	10	学期	10	本	10	应付	10	远见	10	白话文
	11	我	11	回信	11	暑期			11	斑马线
	12	选	12	来信	12	柜台			12	半儿
	13	了	13	讨厌	13	报社			13	保罗
	14	四	14	居然	14	念书			14	报案
	15	门	15	毕业	15	案件			15	抱不平
练习	1	完成	1	啊	1	念书	1	相提并论	1	汉奸
	2	对话	2	爱国	2	要命	2	磅	2	杭州
	3	在	3	案子	3	圈	3	不以为然	3	好几
	4	大学	4	办事	4	裁	4	爹	4	好久不见
	5	贵	5	宝贵	5	以	5	人道	5	好望角
	6	不	6	保守	6	续	6	难说	6	好像…的样子
	7	得	7	暴力	7	要紧	7	成千上万	7	好些
	8	就	8	北极	8	吸毒	8	朝代	8	黑海
	9	这	9	背景	9	免不了	9	孝顺	9	横冲直撞
	10	学期	10	倍	10	婚姻	10	压制	10	红海
	11	你	11	被迫	11	结果	11	远见	11	红绿灯
	12	的	12	本	12	重伤			12	红卫兵
	13	课	13	毕业	13	烦恼			13	胡适
	14	怎么样	14	别	14	乡下			14	花钱
	15	什么	15	才	15	惯			15	华盛顿

附录十六 《华夏行》语法项目表（简表）

	课序	知识点标题	知识点文本
1	1	在	The prepositional phrase"在…", indicating locality, usually appears before a verb. However, verbs such as: 住, and 降落 exceptions and may appear either before or after the verb. Therefore, it is possible to say bo 降落在北京首都国际机场 and 在北京首都国际机场降落.
2	1	…多…	多 is used after a number to indicate a fraction over a given unit. 多 must appear immediately after numbers 十, 百, 千. with a number less than ten, 多 appears between the measure word and the noun. When a noun is a measure word at the same time, 多 follows. § 三个多小时 over t
3	1	(3) A 让 B Adj to make, to cause	让 is used to indicate a situation which causes the object of 让, usually a person, to have certain emotional or physical reactions. § 张先生等了我三个多小时, 真让我觉得不安. I felt uneasy because Mr. Zhang waited over three hours for me. 1. 天气很热, 让我想睡觉. Hot weather makes me want
4	1	面包车	面包车 is a taxicab. It's usually called 面的. To take a taxicab is 打的. The pronunciation of "di"comes from Hong kong where Cantonese for taxi is 的士.
5	1	才	才 is an adverb indicating something which happens later than what one expects. In those sentences which use 才, 了 is never used even for a completed action. The adverb 就 is used to contrast with 才 to indicate an event which took place at a comparatively earlie
6	1	路	路 means road. The expression 在路上 does not litera1ly mean on the road, it means on the way to a destination. In the text, it refers to the school.

续表

	课序	知识点标题	知识点文本
7	1	从来 have never, never before	从来 is always used with the negative markers either 不 or 没. 从来不 emphasizes a habitual event whereas 从来没 denotes an experience 由 at has not happened yet The verb suffix 过 must be used with 从来没 . §我从来没见过那么多人骑自行车. I've never seen so many people riding bicycles bef
8	1	对…来说	对 is a preposition used to introduce the object which appears after 对 . 对…来说 is a common expression meaning "to or for someone". §这对我来说非常新鲜. This is all very new to me. 1. 对他来说,学三年级中文恐怕不太合适. Third year Chinese is probably not appropriate for him. 2. 写中国字对我来说
9	1	A 对 B 有兴趣 A is interested in B	A 对 B 有兴趣 A is interested in B ① 我进了大学以后才知道自己对文学,历史也很有兴趣. 1 didn't find out that 1 was also interested in literature and history until after 1 entered college. (1) 我对历史很有兴趣. I'm very interested in history. (2) 张先生对看电影有没有兴趣? Is Mr. Chang interested in watch
10	1	尤其 especially, particularly	尤其 especially, particularly ① 这几门课都相当重,尤其是化学课. These several courses are quite difficult, especially chemistry. 尤其 sv (1) 他们家的人都很高,他父亲尤其高. The people in his family are all very tall; his father is especially tall. (2) 这儿的东西都很贵,吃的东西尤其贵. Everything here is ex
11	1	Question Words +都 indicating inclusiveness	Question Words +都 indicating inclusiveness ① 她什么都好,就是男朋友的电话太多. Everything about her is good, it's just that her boyfriend calls too much. (1) 你在哪儿住都行. Wherever you live is alright. (2) 多么贵的书我都买得起. No matter how expensive the books are, 1 can afford them

附录十七　《现代汉语中级读本》语法项目表（简表）

序号	课序	知识点标题	知识点文本
1	1	A 对 B 有兴趣 A is interested in B	A 对 B 有兴趣　A is interested in B ① 我进了大学以后才知道自己对文学，历史也很有兴趣. 1 didn't find out that 1 was also interested in literature and history until after 1 entered college. (1) 我对历史很有兴趣. I'm very interested in history. (2) 张先生对看电影有没有兴趣? Is Mr. Chang interested in watch
2	1	尤其 especially, particularly	尤其 especially, particularly ① 这几门课都相当重，尤其是化学课. These several courses are quite difficult, especially chemistry. 尤其 sv (1) 他们家的人都很高，他父亲尤其高. The people in his family are all very tall; his father is especially tall. (2) 这儿的东西都很贵，吃的东西尤其贵. Everything here is ex
3	1	Question Words +都 indicating inclusiveness	Question Words +都　indicating inclusiveness ① 她什么都好，就是男朋友的电话太多. Everything about her is good, it's just that her boyfriend calls too much. (1) 你在哪儿住都行. Wherever you live is alright. (2) 多么贵的书我都买得起. No matter how expensive the books are, 1 can afford them

续表

序号	课序	知识点标题	知识点文本
4	1	Question Words +都…就是 The 就是 phrase indicates exclusiveness	Question Words +都…就是 The 就是 phrase indicates exclusiveness ① 她什么都好，就是男朋友的电话太多. Everything about her is good, it's just that her boyfriend calls too much. (1) 你在哪儿住都行，就是别住在学校宿舍. Wherever you live is alright, just don't live in the school's dormitory. (2
5	1	还没…呢 still have not …	①有几本书还没买呢! There are several books (I) still haven 't bought! (1) A: 你的书买了没有? A: Have you bought your books (yet)? B: 我有好几本书还没买呢. B: There are quite a few books 1 haven't bought yet. (2) A: 你早饭吃了没有? A: ave you eaten breakfast? B: 我还没吃呢. B: 1 still have
6	1	光是 A 就 B only, merely, just	① 光是物理课的书就花了一百五十多块钱. Just for the books for my physics class, 1 spent over one hundred and fifty dollars. (1) 光是预备中文课就花了三个钟头. (He) spent three hours just preparing for the Chinese lesson. (2) 在美国上大事很贵，光是住宿舍就要两千块钱. Attending college in America is very expe
7	2	居然 surprisingly, unexpectedly	① 你在小学的时候常说最讨厌历史课，现在居然也喜欢文学、历史了. When you were in elementary school, you always said that you hated history. Now you surprisingly like literature and history. (1) 我们已经二十多年没见了，他居然还记得我的名字. It' s already been twenty years since we have seen each other, (but

续表

序号	课序	知识点标题	知识点文本
8	2	让 to make; to cause	① 这让我很高兴. This makes me very happy. (1) 这件事让我很高兴. This matter makes me very happy. (2) 弟弟不喜欢上学让父母很生气. My litt1e brother' s dislike of schoo1 makes my parents very angry.
9	2	为了 in order to	① 很多人为了毕业以后找工作,学一些自己并不喜欢的课. In order to find a job after graduation, many people take courses that they themselves don't like. (1) 为了学好中文,他跟中国人住在一块儿. In order to learn Chinese well, he lives with Chinese people. (2) 为了找一个好工作,他去念大学. In order to find a goo
10	2	A 到 B 有好处 A is beneficial to B	① 多选一些不同的课,对你是很有好处的. Taking more different courses is beneficial to you. (1) 运动对身体有好处. Exercise is beneficial to your hea1th. (2) 喝酒对你没有好处. Drinking is not good for you. (3) 会说中文对找工作有没有好处? Is knowing Chinese beneficial in finding a job?
11	2	连…都/也… even (intensive stressing the comparative degree)	① 有时连周末都得上班. Sometimes 1 even have to work on weekends. 连+ noun (1) 妈妈连周末都得上班. Mom even has to work on weekends. (2) 他做的饭连狗都不吃. Even dogs won't eat his cooking. (3) 他连我说的话都不相信. He won't even believe what I say. (4) 他连明天的功课都做好了. He even finished tomorrow's

续表

序号	课序	知识点标题	知识点文本
12	3	(都)快…了	① 到现在都快十天了，你也没来个电话. Up until now it has been almost ten days, and you still haven 't called. (1) 都快考试了，他还没开始念书. It will soon be exam time, and he has still not started studying. (2) 都快吃晚饭了他才回来. He didn 't return until it was almost time to eat supper.
13	3	A跟B有关系 A is related to B; A has something to do with B	① 这几天很多人拉肚子，大概跟餐厅的饭有关系. These past several days many people have had diarrhea. It's probably related to the cafeteria food. (1) 拉肚子跟餐厅的饭有关系. Diarrhea is related to the cafeteria food. (2) 我不想上大学跟钱没有关系. My not wanting to go to college has nothing to do wit

附录十八　美国高校高级汉语教材话题表

教材名称	课序	课　文　题　目
人民日报笔下的美国	1	被抛弃的美国青少年命运悲惨
	2	美国童工苦难多
	3	美国广告“入侵”中小学
	4	美国学生携枪上学，校园内外犯罪激增
	5	美国的“教育危机”
	6	象牙塔里的幽灵
	7	美国人的“棕色化”
	8	美国人的“黑白鸿沟”
	9	美白岂能颠倒
	10	海湾危机与短波收音机
	11	美国生活方式导致吸毒
	12	美国失业人口在扩大
	13	“人权卫士”为何怕谈生存权
	14	美国社会风气每况愈下
	15	《人民日报》笔下的美国
文学中的现实-现代汉语高级读本-当代中国短篇小说选读	1	爱的阅读
	2	幸福家庭公司
	3	腹部切口
	4	遗憾
	5	吵架
	6	一生的痛悔
	7	遗嘱
	8	父亲的病
	9	两个人的历史

续表

教材名称	课序	课　文　题　目
文学中的现实-现代汉语高级读本-当代中国短篇小说选读	10	伤痕
	11	风雪茫茫
	12	讹诈
	13	被爱情遗忘的角落
中国的理想与迷惘-高年级中文课本	1	今天是星期二
	2	熄灭
	3	伤痕（上）
	4	伤痕（下）
	5	二十万辆菲亚特（上）
	6	二十万辆菲亚特（下）
	7	第三次浪潮
	8	海龟
	9	我与地坛
	10	故乡
	11	在延安文艺座谈会上的讲话
	12	在中国文学艺术工作者第四次代表大会上的祝词
现代汉语高级读本-中国知识分子的自省	1	祝贺女青年会
	2	慈幼的问题
	3	谈儿女
	4	买卖婚姻
	5	中国本位的文化建设选样
	6	试评所谓“中国本位的文化建设”
	7	办城邦
	8	中国今后的文字问题
	9	汉字改革的理论与实际
	10	所谓“国医”
	11	容忍与自由
	12	我们究竟应当不应当爱国
	13	文革博物馆

附录十九　教材合适度评估表

Textbook Review Form

Title of the proposed book: ______________________________

Author/s: ______________________________

Publisher: ______________________________

Circle the approximate level: I　II　III　IV　V　VI

Circle the major skill area/s:	Grammar	Reading	Writing	Vocabulary
	Listening	Speaking	Pronunciation	Idioms
Circle the content focus:	General	Academic	Business	Cultural
	Other: ______________			

Evaluation Checklist

(adapted from a template by Patricia Byrd & Marianne Celce-Murcia)

Evaluation of the fit	***Yes*** (*a good fit*)	***Perhaps*** (*adequate fit*)	***Probably Not*** (*a poor fit*)	***Absolutely Not*** (*wrong for curriculum/ Students/teachers*)
Fit between the textbook and the curriculum:				
* fits curriculum/goals	____	____	____	____
* has appropriate linguistic content	____	____	____	____
* has appropriate thematic content	____	____	____	____
* fits the pedagogical philosophy of the course	____	____	____	____
Fit between the textbook and the students:				
* explanations are understandable/usable for the students	____	____	____	____
* examples are understandable/usable for the students	____	____	____	____

* activities are appropriate for students	______	______	______	______
* thematic content is understandable and culturally appropriate	______	______	______	______
Fit between the textbook and the teachers:				
* provides explanations usable by our teachers	______	______	______	______
Evaluation of the fit	***Yes*** (*a good fit*)	***Perhaps*** (*adequate fit*)	***Probably Not*** (*a poor fit*)	***Absolutely Not*** (*wrong for curriculum/ Students/teachers*)
* provides examples usable and expandable by our teachers	______	______	______	______
* fits the needs and preferences of teachers (Is this a book that you personally would like to use?)	______	______	______	______
* provides in-book or instructor's manual support for teachers	______	______	______	______
* provides technological support (CDs, Website, CNN, NPR, etc.)	______	______	______	______
Overall evaluation of the fit of the book for this course in this program:				
* ***Should text be adopted***?	______	______	______	______
* ***Additional comments***:				

* ***Submitted by*** (***name***): ______________________

* ***Date of review***: ______________________

附录二十　教材分项内容评估表

EDTE 447 Textbook Evaluation Rubric

General Information：

Title：______________________________

Author（s）：______________________________

Publisher（s）：______________________________

Subject/Grade Level：______________　Copyright Date ______________

Instructions：On a scale of 0 to 3 with 3 as the highest，use the items listed to evaluate a textbook of your choice.

Organization		3 fully evident	2 mostly evident	1 partially evident	0 little or no evidence	Overall rating
1	Textbook provides a useful table of contents，glossary & index					
2	Layout is consistent and chapters are arranged logically					
3	Chapters contain clear and comprehensive introductions and summaries					
4	Textbook contains references，bibliography and resources					
5	Information is accurate & current					
6	Reading level is appropriate for age/grade					
7	Size and format of print is appropriate					
8	Format is visually appealing & interesting					
	Other（please specify）					
Content Criteria						
9	Real-life applications are given					
10	Information and directions are clearly written and explained					

续表

Organization		3 fully evident	2 mostly evident	1 partially evident	0 little or no evidence	Overall rating
11	Activities are developmentally appropriate					
12	Non-text content (maps, graphs, pictures) are accurate and well integrated into the text					
13	Lessons/activities are interdisciplinary					
14	Activities apply to a diversity of student abilities, interests and learning styles					
15	Activities include guiding questions which encourage the development of higher-level thinking skills					
	Other (please specify)					
Inclusion Criteria						
16	All groups are presented in broad scope					
17	Nouns, adjectives, terms and illustrations are non-stereotypical and non-prejudicial					
18	Children of both sexes and various cultures and physical conditions will use the materials without feeling excluded, estranged or diminished					
Alignment Criteria						
19	Textbook content aligns to district/organization curriculum					
20	This textbook will be a useful resource in preparing students to meet the requirements of the Michigan State & the SDA standards, and statewide assessments					
"Money, like oxygen, isn' t everything" **TOTAL POINTS:**						
Rating Scale: **Excellent** (60-51), **Good** (50-41), **Fair** (40-31), **Poor** (30-0).						

Comments:

主要参考文献

Brinton, D. M., Snow, M. A., Wesche, *M. B. Content - based Second Language Instruction* (*Classics Ed.*). MI: University of Michigan Prss, 2003: 2.

Cunningsworth, A., *Choosing Your Coursebook*. Shanghai: Shanghai Foreign Language Education Press. 2002.

McDonough, J. &Shaw, C., *Materials and Methods in ELT*. Cambridge and Mass: Blackwell, 1993. 参见赵勇，郑树棠（2006）。

Met, M., *Centent-based instruetion: Defining terms, making decisions*. NFLC Reports, The National Foreign Language Center, 1999.

Nelly Furman, David Goldberg, and Natalia Lusin., *Enrollments in Languages Other Than English in United States Institutions of Higher Education*, Fall 2006. Modern Language Association. 2007.

Prator, Clifford H. with Marianne Celce-Murcia, *An Outline of Language Teaching Approach*. 载 Teaching English as a Second or Foreign Language.

《汉语国际教育用音节汉字词汇等级划分》课题组，汉语国际教育用音节汉字词汇等级划分（国家标准·应用解读本），北京语言大学出版社，2010年。

陈昌来，《对外汉语教学概论》，复旦大学出版社，2009年。

程晓堂，《英语教材分析与设计》，外语教学与研究出版社，2002年。

崔永华，《对外汉语教学设计导论》，北京语言大学出版社，2008年。

顾明远，《教育学大辞典》（第1卷），上海教育出版社，1990年。

国家汉语国际推广领导小组办公室，《国际汉语教学通用课程大纲》，外语教学与研究出版社，2008年。

侯敏，《计算语言学与汉语自动分析》，北京广播学院出版社，1999年。

黄征澄主编《标准汉语教程》第二版，北京大学出版社，2008年。

李泉，《对外汉语教学理论思考》，教育科学出版社，2005年。

李晓琪主编《博雅汉语》第二版，北京大学出版社，2013年。

刘群，《汉英机器翻译若干关键技术研究》，清华大学出版社，2008年。

刘新科，《现代西方教育思潮》，陕西人民教育出版社，2006年。

刘珣，《对外汉语教学引论》，北京语言文化大学出版社，2000年。

束定芳、庄智象，《现代外语教学—理论、实践与方法》，上海外语教育出版社，1996年。

王策三，《教学论稿》，人民教育出版社，1985年。

吴应辉，《汉语国际传播研究理论与方法》，中央民族大学出版社，2013年。

夏征农，《辞海》（普及本），上海辞书出版社，1999年。

熊川武，《教学通论》，人民教育出版社，2010年。

张西平，《世界汉语教育史》，商务印书馆，2009年。

周小兵，《对外汉语教学入门》（第二版），中山大学出版社，2009年。

蔡云凌，《谈对外汉语教材的可操作性—对教材编写原则及课程规范化的思考》，载《汉语教学学刊》，2009年第5期。

常保儒，《美国汉语教学和汉语研究状况》，载《语言教学与研究》，1979年第1期。

陈贤纯，《强化教学：提高效率之路—〈汉语强化教程〉的编写与实验》，载《语言教学与研究》，2005年第6期。

陈晓霞，《关于对外汉语教材语音部分编写的几点建议》，载《学理论》，2010年第6期。

陈作宏，《对外汉语写作教学与写作教材建设刍议—兼论〈体验汉语写作教程〉的编写思想及特点》，载《民族教育研究》，2010年第5期。

崔颂人，《美国汉语教学的先驱—戈鲲化》，载《世界汉语教学》，1994年第3期。

崔希亮，《汉语国家教育"三教"问题的核心和基础》，载《世界汉语教学》，2010年第1期。

戴曼纯，《以国家安全为导向的美国外语教育政策》，载《外语教学与研究》，2012年第4期。

董于雯，《对外汉语教学视野下的汉语语用研究》，见《国际汉语学报》，学林出版社，2011年。

郭晓麟，《对外汉语教材语法教学示例的基本原则—以趋向结构为例》，载《语言教学与研究》，2010年第5期。

韩立栋，《MARC与DC元数据格式研究》，载《现代情报》，2004年第8期。

韩铁，《福特基金会与美国的中国学》，中国社会科学出版社，参见吴原元，《中美建交前美国汉语教育史述略》，载《华文教学与研究》，2012年第4期。

津田量，《日本汉语教材综合研究及分析》，载《汉语学习》，2010年第2期。

康艳红、董明，《初级对外汉语教材的词汇重现率研究》，载《语言文字应用》，2005年第4期。

李泉，《关于建立国际汉语教育学科的构想》，载《世界汉语教学》，2009年第3期。

李泉，《论对外汉语教材的科学性》，载《语言文字应用》，2008年第4期。

李泉，《论对外汉语教材的实用性》，载《语言教学与研究》，2007年第3期。

李绍林，《〈等级大纲〉与汉语教材生词的确定》，载《汉语学习》，2006年第5期。

李绍林，《对外汉语教材练习编写的思考》，载《云南师范大学学报》，2003年第3期。

李天锡，《北美洲华文教育的历程及其特点》，载《华侨大学学报（哲社版）》，2002年第4期。

李燕、张英伟，《〈博雅汉语〉教材语料难度的定量分析-兼谈影响教材语言难度的因素和题材的选择》，载《云南师范大学学报（对外汉语教学与研究）》，2010年第1期。

李志凌，《国际汉语教学常用术语辨义》，载《汉语国际传播研究》，商务印书馆，2014年第1期。

梁宇，《基于"学习者感受"的体验式国际汉语教材设计》，载《语言教学与研究》，2011年第4期。

刘海涛，《语言网络：隐喻，还是利器?》，载《浙江大学学报》，2011年第3期。

刘颂浩，《对外汉语教学中练习的目的、方法和编写原则》，载《世界汉语教学》，2009年第1期。

刘颂浩，《关于对外汉语教材趣味性的几点认识》，载《世界汉语教学》，2008年第1期。

刘颂浩，《我们的汉语教材为什么缺乏趣味性》，载《暨南大学华文学院学报》，2005年第2期。

刘文娟，《基于内容教学法和任务教学法的C+T+F教学法》，载《海外英语》，2011年第12期。

卢桂芝，《有关对外汉语教材中生词英文注释问题》，载《衡阳师范学院学报》，2010年第1期。

鲁子问，《美国外语政策的国家安全目标对我国的启示》，载《社会主义研究》，2006年第3期。

陆丙甫、蔡振光，《"组块"与语言结构难度》，载《世界汉语教学》，2009年第1期。

陆俭明，《进一步以科学态度对待汉语教材编写-汉语国际教育标准语多元化教学》，第九届国际汉语教学研讨会，2008年。

罗春英，《美国大学汉语教材现状对海外教材开发的启示》，载《现代教育科学》，2011年第5期。

吕必松，《"听说法"评介》，载《语言教学与研究》，1981年第4期。

吕必松，《对外汉语教学概论（讲义）》，载《世界汉语教学》，1993年第3期。

沙平，《论第二语言教学的文化导入》，载《福建师范大学学报》，1991年第1期。

沈紫薇，《英语新闻的一些语言特点语料库分析法》，载《经济与社会发展》，2003年3月。

盛译元，《2005年以来国内汉语教材研究的现状与问题》，载《哈尔滨学院学报》，2012年第8期。

宋海燕，《对外汉语教材语音教学编排研究》，载《南阳师范学院学报》（社会科学版），2009年第11期。

苏新春，《对外汉语词汇大纲与两种教材词汇状况的对比研究》，载《语言文字应用》2006 年第 5 期。

苏新春等，《话题分析模块及七套海外汉语教材的话题分析》，载《江西师范科技师范学院报》，2011 年第 6 期。

陶炼，《“结构-功能-文化”相结合教学法试说》，载《语言教学与研究》，2000 年第 4 期。

王汉卫，《论对外汉语教材生词释义模式》，载《语言文字应用》，2009 年第 1 期。

王建勤，《美国“关键语言”战略与我国国家安全语言战略》，载《云南师范大学学报（哲学社会科学版）》，2010 年第 3 期。

王晓均，《互动性教学策略及教材编写》，载《世界汉语教学》，2005 年第 3 期。

王衍军，《20 世纪 50 年代以来对外汉语精读教材用字情况调查—以五套对外汉语精读教材为例》，载《暨南大学华文学院学报》，2009 年第 2 期。

魏红，《试论对外汉语教材的评估与使用》，载《沙洋师范专科学校学报》，2009 年第 2 期。

魏梅，《对任务型教学法的理论基础与课程时间的思考》，载《新疆大学学报（社会科学版）》，2003 年第 9 期。

吴春红，《美国外语教育政策与外语教育》，载《中国成人教育》，2012 年第 2 期。

吴应辉，《关于国际汉语教学“本土化”与“普适性”教材的理论探讨》，载《语言文字应用》，2013 年第 3 期。

吴应辉，《国际汉语教学学科建设及汉语国际传播探讨》，载《语言文字应用》，2010 年第 3 期。

吴原元，《试析 1949 年前美国高校的中国知识教育》，载《江西师范大学学报（哲学社会科学版）》，2008 年第 4 期。

吴原中，《中美建交前美国汉语教育史述略》，载《华文教学与研究》，2010 年。

肖顺良，《美国个外语政策与美国汉语传播》见《汉语国际传播研究》〈第 2 辑〉，商务印书馆，2011 年。

徐子亮，《语言练习设计的认知因素分析》，载《汉语教学学刊》，2009 年第 5 期。

许嘉璐，《放开眼界，更新观念，让汉语走向世界——在北京师范大学纪念展开对外汉语教学 40 周年大会上的讲话》，载《语言文字应用》，2006 年第 2 期。

许琳，《汉语国际推广的形势和任务》，载《世界汉语教学》，2007 年第 2 期。

杨继洲，《编写初级汉语教材的几个问题》，载《语言教学与研究》，2003 年第 4 期。

杨翼，《对外汉语教材练习题的有效性研究》，载《语言教学与研究》，2010 年第 1 期。

翟讯，《汉语教学资源体系所要求的新一代对外汉语教学》，载《长江学术》，2010 年第 1 期。

张宝林，《汉语中介语语料库建设的现状与对策》，载《语言文字应用》，2010 年第 3 期。

张宁志，《汉语教材语料难度的定量分析》，载《世界汉语教学》，2000 年第 3 期。

张西平，《西方人早期汉语学习史的研究初探——兼论对外汉语教学史的研究》，载《国外汉语教学动态》，2003 年第 4 期。

张英，《对外汉语文化教材研究-兼论对外汉语文化教学等级大纲建设》，载《汉语学习》，2004 年第 1 期。

赵宏勃，《对外汉语文化教材编写思路初探》，载《语言文字应用》，2005 年第 3 期。

赵金铭，《从对外汉语教学到汉语国际推广（代序）》，见李泉编著《对外汉语教材研究》，商务印书馆，2005 年。

赵贤州，《建国以来对外汉语教材研究报告》，见《第二届国际汉语教学讨论会论文选》，北京语言学院出版社，1988 年。

周小兵、罗宇、张丽，《基于中外对比的汉语文化教材系统考察》，载《语言教学与研究》，2010 年第 5 期。